MUNDO ARTS PUBLICATIONS

LOS SONIDOS DE LAS NACIONES IMAGINADAS

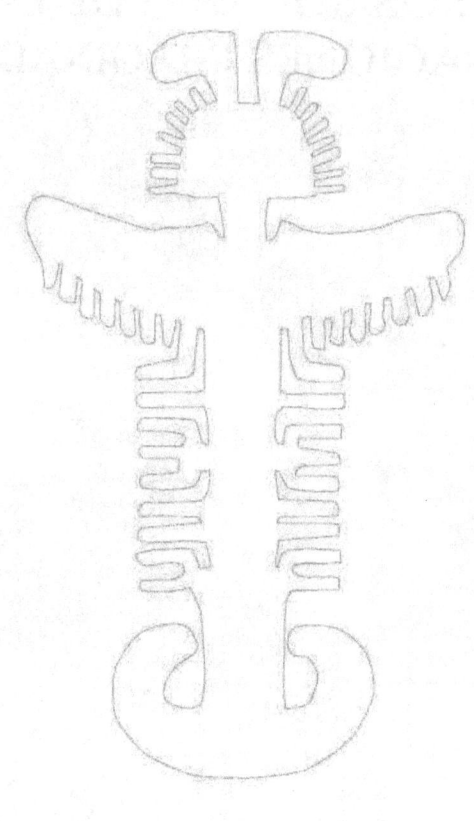

PATRICIA CAICEDO

LOS SONIDOS DE LAS NACIONES IMAGINADAS

La canción artística latinoamericana
en el contexto del nacionalismo musical

MUNDO ARTS PUBLICATIONS

Primera edición: Barcelona, marzo 2018

Los sonidos de las naciones imaginadas. La canción artística latinoamericana en el contexto del nacionalismo musical.
Patricia Caicedo

Obra de cubierta del artista Jorge Caicedo Angulo. Cortesía del artista.

© Patricia Caicedo, 2018

© Mundo Arts Publications, 2018
Calle de la Torre 28, 1-3, 08006, Barcelona, España.

Info@mundoarts.com
www.mundoarts.com

ISBN 13: 978-0-9817204-9-4
ISBN 10: 0-9817204-9-8

Depósito legal: B 3184-2018

Mundo Arts Spain, S.L.U., 2018

Primera edición realizada con el apoyo de la
**Fundación Autor de la Sociedad General de Autores de España.
Fundación SGAE.**

fundación sgae

Todos los derechos reservados. No se permite la reproducción total o parcial de este libro, ni su incorporación a un Sistema informático, ni su transmisión en cualquier forma o por cualquier medio, sea éste electrónico, mecánico, por fotocopia, por grabación u otros métodos, sin permiso previo y por escrito del editor.

Impreso en Barcelona.

Con admiración y gratitud a los compositores, poetas e intérpretes que han contribuido a la creación y difusión del repertorio de canción artística latinoamericana.

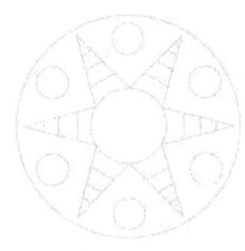

CONTENIDOS

Prefacio por Walter Clark	11
Preludio	15
Introducción	23
1. Los sonidos de las naciones imaginadas	33
2. Una tormenta creativa (1910-1930)	77
3. Nuevas facetas del nacionalimo en el siglo XX	135
4. Siglo XXI: hacia un transnacionalismo musical o la disolución de las fronteras	149
5. La *performance practice* de la canción artística latinoamericana	165
Notas	203
Bibliografía	237
Discografía	249
Índice de ilustraciones	253
Índice alfabético	255
Sobre la autora	261
Índice de contenidos	263

PREFACIO

Por Walter Clark

Mientras escribo este prólogo, justo antes del Día de San Valentín 2018, recuerdo unas palabras que cambiaron mi vida: "El corazón decidirá". Recibí este valioso consejo de un viejo y sabio amigo durante un momento de mi vida, hace décadas, cuando el camino a seguir no era claro y las decisiones de carrera eran frustrantemente difíciles de tomar. A pesar de (o debido a) mi extenuante gimnasia intelectual, al final, el corazón decidió. Después de eso, todo encajó y tuvo sentido.

Como académicos a veces olvidamos lo que necesariamente entendimos como intérpretes: aprendemos todo lo que podemos sobre una obra musical, pero al final, nos guiaremos por la intuición espontánea, por las respuestas emocionales que surgen de una dimensión de nuestra conciencia más allá de nuestra conciencia normal y sobre la cual tenemos poco control. Confiar en esa parte de nosotros a menudo es tan difícil como necesario.

Cuando reflexiono sobre la carrera y los logros de la Dra. Patricia Caicedo, pienso en una mente y un corazón en notable equilibrio musical, trabajando en armonía para investigar un repertorio olvidado y luego transmitiéndolo a audiencias y lectores con una convicción nacida no solo de investigaciones minuciosas sobre biografía, contexto histórico-cultural y análisis teórico pero también de un amor genuino por la unión fascinante de palabras y notas, así como de una fascinación por las identidades que simbolizan, incluso construyen.

La Dra. Caicedo está hábilmente y quizás especialmente calificada para emprender este importante trabajo. Creció y se formó en Bogotá, Colombia, sobresaliendo en la interpretación tanto del repertorio euro clásico como del folclore nativo, como el *bambuco*. Después de vivir durante varios años en los Estados Unidos, realizando estudios musicales avanzados allí y en Europa, se radicó en Barcelona y es una ferviente devota de la cultura catalana. En su ciudad adoptiva organiza el Barcelona Festival of Song (BFOS), evento que integra clases y conciertos dedicados a preservar y promover el vasto patrimonio de música vocal ibérica y latinoamericana.

La conocí hace algunos años cuando serví en el tribunal de defensa de su disertación doctoral en la Universidad Complutense de Madrid. Escribió una tesis brillante sobre la canción artística latinoamericana y su relación con el desarrollo de la identidad nacional que sigue siendo un estudio pionero y formó la base de este libro.

Los sonidos de las naciones imaginadas abarca una impresionante cantidad de material con un profundo conocimiento de temas culturales e históricos relevantes, especialmente en términos del importante papel que las canciones artísticas han desempeñado en la formación de la identidad nacional. El libro se inicia analizando los conceptos de nacionalismo e identidad, preparando el terreno para el estudio de la canción artística, que se inicia a principios del siglo XIX coincidiendo con los movimientos de independencia de América Latina y se mueve sistemáticamente durante las siguientes décadas del siglo XIX, observando a compositores destacados como Alberto Nepomuceno en Brasil o Alberto Williams en Argentina. Su enfoque cambia al llegar a inicios del siglo XX, época en la que florecen las tradiciones nacionales, dedicando cuidadosa atención a Argentina, Brasil, Cuba, Perú y Venezuela. Después de analizar el desarrollo de la canción artística a partir de 1940 y reflexionar sobre las identidades en el siglo XXI, cambia su énfasis hacia temas más teóricos, especialmente relacionados con la *performance practice* de la canción, tema de gran interés para los intérpretes.

Así, esta talentosa soprano se ha convertido también en una destacada especialista en música, tan prolífica como innovadora. Su investigación es lectura obligada para todo aquel interesado en comprender e interpretar el rico patrimonio de canción latinoamericana.

Por varios años he disfrutado escuchando sus grabaciones y me he beneficiado enormemente de su investigación y en el proceso hemos cultivado una sólida amistad. He hecho presentaciones en dos de sus eventos anuales de BFOS, y ella ha actuado en mi campus en dos ocasiones acompañada del brillante pianista griego Nikos Stavlas.

El conocer y respetar tanto a su persona como a su trabajo, hacen que sea para mi un privilegio y un placer escribir este prólogo. Cualquiera que escuche su música y lea sus escritos quedará tan impresionado como yo por su pasión, su inteligencia y su encanto.

Durante sus primeros años en Colombia, Patricia Caicedo encontró el tiempo para convertirse en médica, recibiendo su título a la tierna edad de 23 años. Por lo tanto, es "doctora" dos veces. Pero su corazón decidió no seguir una carrera en la medicina y la guió hacia la música. El resultado de esa decisión ha sido una brillante profusión de conciertos, grabaciones, ediciones, y ahora este libro. Por todo eso, le expresamos nuestra sincera gratitud.

Walter Aaron Clark
Profesor Distinguido de Musicología
Universidad de California, Riverside

PRELUDIO

*A mi pueblo no siempre he necesitado comprenderlo,
porque me ha bastado con amarlo.*
Luís Cardoza y Aragón[1]

Nací en América, concretamente en Colombia, país privilegiado por su posición geográfica situado en la esquina noroccidental de América del sur, desde donde mira sin obstáculos al norte.

Como todos los nacidos en la hoy llamada América Latina, nací mirando arriba y afuera. Desde el "descubrimiento", los nacidos en estas tierras hemos sufrido una suerte de patología que nos impide centrarnos y mirarnos a nosotros mismos, siendo condenados a construirnos por comparación con los países del norte. Y en ese proceso hemos perdido parte de lo que nos hace únicos.

Sin embargo, la inclinación a mirar hacia fuera ha traído algunas cosas positivas, y hoy, en el contexto del siglo XXI, cuando los discursos se mezclan y el mundo se ha convertido en un espacio pequeño, podemos integrarnos más fácilmente. No hemos caído en la situación de muchas naciones europeas que siguen creyendo que son el centro del mundo, un mundo que hace tiempo dejó de tener un centro y que, si los llegase a tener los tendría múltiples y móviles.

Mi destino se forjó de forma atípica, discontinua. Para construir lo que hoy soy he recorrido universos muy distintos, aprendiendo diversos lenguajes y formas de aproximarme a la realidad. Inicié mi vida estudiando música, luego me convertí en médica, me doctoré en musicología y he sido cantante de música folclórica y lírica. He vivido en Colombia, en Catalunya y en los Estados Unidos, absorbiendo costumbres y modos de hacer y aprendiendo en el camino algunas de las lenguas más habladas del mundo; el español, el inglés y el portugués. También aprendí catalán, lengua hablada únicamente por diez millones de personas, resultado de los movimientos históricos de una nación que continúa luchando por construir un estado propio en la segunda década del siglo XXI.

La construcción de mi propia identidad ha sido discontinua y se ha ido armando en la medida en que he hallado valores con los cuales me puedo identificar y que dan sentido a mi existencia, una construcción constante y cambiante. A lo largo de este proceso ha estado siempre presente la música. Como la de millones de personas, mi vida ha estado "ambientada" por una especie de banda sonora que ha ido cambiando en la medida en que recorro nuevos caminos. De alguna manera la música ha reflejado mis movimientos al tiempo que mis movimientos se reflejan en ella.

Mi historia, que a primera vista podría parecer compleja y discontinua, que refleja la búsqueda y proceso de construcción de la identidad de un individuo, es de alguna manera representativa de las historias de miles de sujetos que hoy en día, gracias a la movilidad real y virtual que proporciona la tecnología, construyen su identidad a retazos, como un rompecabezas.

La construcción de la identidad personal, compleja y dolorosa es un proceso que demanda valentía, autocrítica y capacidad de observación y en ello se asemeja a los procesos recorridos por las naciones. Los procesos de conformación de la identidad individual reflejan los procesos de conformación de identidad de la sociedad en general y de las naciones en las que los individuos habitan en particular.

Para América Latina, la búsqueda de la identidad ha sido un proceso dramático y doloroso, debido a la multiplicidad de discursos y plurivalencias que hacen que no haya sido posible identificarse con un solo conjunto de valores. La diversidad y pluri-dimensionalidad que constituyen su mayor riqueza, han sido al mismo tiempo las que la desgarran en su inútil intento de encontrar una identidad única y las que la podrían situar como post-moderna mucho antes de que el término existiera.

El mundo latinoamericano caracterizado por el sincretismo, la heterogeneidad étnica y cultural y la multiplicidad de lenguajes culturales se estructura en la posibilidad de que coexistan identidades múltiples. Para entender la identidad latinoamericana el término de *hibridación*, acuñado por García Canclini[2] resulta de gran utilidad pues sugiere la mezcla de diferentes influencias, construcciones planeadas y construcciones producidas por azar, evoca lo extranjero mezclado con lo local, lo nacional y lo global, lo moderno con lo tradicional, lo rural con lo urbano. Al mismo tiempo encierra los conflictos de inclusión-exclusión que resultan de las luchas de poder que constantemente tienen lugar.

El tema de la identidad se sitúa en el centro al intentar estudiar una de las expresiones sociales más importantes de América Latina, su música. Identidad personal e identidades colectivas que implican estructuras sociales y sistemas ideológicos complejos y heterogéneos.

Al pensar en identidades colectivas tácitamente clasificamos a las personas y a los grupos sociales. Generalmente la identidad del grupo se asocia al hecho de que sus miembros comparten elementos culturales objetivos: una lengua, una religión y sus propias costumbres. Sin embargo, este enfoque esencialista y reduccionista desecha los elementos subjetivos que son justamente los que hacen posible que personas se sumen a una identidad colectiva, aunque no compartan obligatoriamente una cultura común, ni una psicología común. Lo que comparten únicamente son emblemas, símbolos que se articulan en el tiempo en un eje que incluye presente, pasado y futuro y que sirven para marcar su diferencia cultural. Por consiguiente, la identidad colectiva no se sustenta exclusivamente en elementos comunes objetivos sino en la creencia subjetiva en determinados elementos considerados distintivos.

En este escenario se desintegra la idea de la nación moderna homogénea en la que se comparte una idea de progreso y organicismo cultural para dar paso a una en la que conviven múltiples formas de vivir, múltiples sociedades, interpretaciones, narrativas, voces. La construcción de la nación se convierte entonces en una serie superpuesta de historias (narrativas) que interactúan y dejan al descubierto la naturaleza ambivalente o polivalente de la nación, una construcción temporal producto de una realidad social transicional.

Las constantes negociaciones de la identidad nacional se evidencian sin duda en el lenguaje, espacio de representación por excelencia en donde se enuncian las diferencias y se negocian lo racional con lo irracional, se construyen narrativas, casi siempre desde las elites que inventan la nación.

En este escenario, la música y particularmente las canciones, por su doble naturaleza verbal-musical, se convierten en espejos en los que se reflejan de manera fiel los procesos de construcción de identidad nacional. En ellas, espacios de representación y herramienta catártica al mismo tiempo, el pensamiento, la lengua y la música -considerada como lenguaje- han estado al servicio de unos intereses, cumpliendo funciones concretas en la construcción de esta identidad.

A nivel individual los procesos de construcción de identidad se reflejan en los gustos musicales y la música nos moldea al tiempo que se convierte en marcador social. Nos preguntamos: ¿Por qué unas canciones nos hacen llorar, unas reavivan el sentimiento patrio y otras nos transportan al pasado?, ¿Por qué algunas queremos cantarlas mientras que a otras las ignoramos? ¿Por qué las mismas canciones cambian de función y significado en el tiempo, como si tuvieran vida propia y escribieran su propia biografía?

La misma curiosidad me ha llevado a preguntarme porqué las naciones producen determinadas canciones en momentos concretos y cuáles son los procesos que llevan a los grupos sociales a identificarse con esos sonidos en determinadas épocas, asignando diferentes usos y significados a las mismas piezas en diferentes momentos.

Dime qué escuchas y te diré quién eres sería el *slogan* apropiado. La música que escuchamos nos identifica y afilia a un conjunto de valores, a una clase, a un lugar, a un estado de ánimo, a un deseo o aspiración. Habla también de nuestra historia convirtiéndose en cimiento de la memoria. Al fin de cuentas, las canciones de los diferentes periodos históricos, como las fotografías que retratan a un individuo en un momento y un lugar concretos, reflejan los valores, aspiraciones, ideas y necesidades que consciente o inconscientemente tiene un grupo social en un momento histórico determinado, proporcionando una ventana hacia al pasado y hacia el interior de los pueblos que puede ayudarnos a entenderlos y a entendernos. Las canciones se reafirman como espejos que reflejan a la sociedad y a sus individuos, espejos móviles cuya imagen, más que representar lo que somos, representa lo que queremos ser, nuestros anhelos, nuestra historia y el lugar que habitamos. También constituyen lugares de negociación de conflictos y valores.

En las canciones se evidencia que la construcción de la identidad es un proceso continuo, constante y cambiante en el que se superponen diversas historias y que cambia cuando cambian nuestras formas de pesar, escuchar y experimentar. Vistas así, las canciones son textos históricos en donde se reflejan las interacciones sociales y constantemente se negocian el pasado, el presente y el futuro[3].

Intentar entender en su totalidad a la gran América Latina es sin duda una utopía. Sus sonidos son variados, ricos y sobre todo inabarcables. En mi intento utilizaré a las canciones como espejos que me permitan observar diferentes momentos históricos visibilizando las interconexiones que existen entre su desarrollo y el desarrollo de los conceptos de identidad y nacionalismo en regiones específicas de América Latina.

Personalmente no puedo entenderme sin entender los lugares que he recorrido y habitado, sin escuchar sus sonidos, los sonidos de la lengua y del agua, de las risas y el canto, sin entender sus silencios, sus colores y paisajes. Para entender a una región tan diversa como América Latina he intentado conocer, entender y reflexionar sobre su realidad, sobre su historia, una historia mediada por los sonidos. A lo largo de este libro reflexionaré sobre la necesidad de repensar el concepto de nacionalismo a la luz del pensamiento postmoderno y sobre los efectos sonoros resultantes de la aparición de los espacios transnacional y global.

La era digital que nos ha tocado vivir presenta innumerables oportunidades y al tiempo impone numerosos retos. Retos que experimentamos de manera personal, al vivir dispersos, construyendo relaciones mediadas por la tecnología en las que antagonizan tiempo y espacio. Como resultado, con frecuencia nos encontramos aislados, al tiempo que estamos conectados con amigos desperdigados en lejanas geografías, construyendo relaciones virtuales en las que se edifican nuevas parcelas del yo, un yo mediado por la tecnología.

La identidad personal y la identidad nacional vuelven a estar en el punto de mira. Identidades que ya no se asocian necesariamente con lugares geográficos y que remiten a la hibridación, a la constante negociación del yo soy y del somos como nación desde una geografía imaginada. El estado-nación ve cuestionadas sus fronteras y la identidad nacional reclama una construcción de consenso en la diferencia, alejada de la uniformidad cultural de antaño.

En este escenario la nación se construye en un tercer espacio de ambigüedades en donde se encuentran los diferentes para construir una ficción que superpone múltiples capas y voces narrativas, identidad necesariamente múltiple en la que el territorio se percibe subjetivamente, siendo una cuestión de percepción y quizá aún más importante, una cuestión relacionada con la forma en que un lugar y unas circunstancias son imaginadas[4].

La canción y la música en general no están al margen de estos movimientos. El advenimiento de la era digital ha supuesto una revolución que ha transformado las maneras de comunicarse de sus diferentes agentes productores de significado, posibilitando nuevos espacios a los creadores, favoreciendo el desarrollo de nuevas audiencias y abriendo nuevos espacios de representación y negociación para la canción. En este contexto la canción se ubica de nuevo en un lugar central desde el cual se construyen y negocian identidades.

La observación de la música y de la canción resulta fascinante porque nos permite aproximarnos al tema de la identidad nacional desde una óptica nueva y podría decir, más sensual y personal puesto que todos en mayor o menor medida nos identificamos con canciones, relacionándolas con momentos históricos o movimientos sociales.

Desde el punto de vista personal, este trabajo ha representado un viaje extraordinario y es el resultado de mis propias vivencias, de mi sentir de la música, de la observación y asimilación de los lugares recorridos y de la interpretación de las canciones que me han acompañado desde la infancia. Espero que estas líneas contagien al lector de la pasión que siento por América Latina y su música y contribuyan al conocimiento de una región, un repertorio y unos compositores que merecen ser finalmente valorados y contextualizados.

INTRODUCCIÓN

La canción artística, también conocida como canción de cámara o *lied*, es un género musical que surgió en los países germánicos, durante los siglos XVIII y XIX. Es una composición para voz solista con acompañamiento de piano o guitarra cuyas características más notables son la brevedad de la forma, la renuncia al virtuosismo belcantístico, la estrecha relación con el poema, la intimidad de su contexto de ejecución y la fuerte influencia de la canción popular alemana (Volkslied). La principal motivación en su composición fue la de resaltar las palabras, el texto poético. En esta unión de música y poesía, la melodía pasa de lo declamatorio a lo *cantabile* y frecuentemente une estos dos momentos en una sola frase para resaltar el significado del texto.

En la canción artística, el acompañamiento es parte esencial del género puesto que no se limita a duplicar la línea vocal. En ella, melodía, acompañamiento e intérprete están al servicio de la palabra, del poema, para resaltar su significado.

El modelo estético del *Lied* se extendió por todo el mundo y compositores de formación académica de Europa y las Américas empezaron a componer obras musicalizando a poetas locales, como sucedió en América Latina a partir de mediados del siglo XIX.

Mi interés por la canción artística latinoamericana se inició cuando estudiaba canto en el Conservatorio de Música del Tolima en Colombia en 1993. El acercamiento al repertorio no fue facilitado por los estudios académicos, sino motivado por la búsqueda personal de un nuevo repertorio que ampliara y diversificara el habitual en la enseñanza del canto. El plan de estudios que se lleva a cabo en el nivel superior de canto en los conservatorios y universidades colombianos se estructura en torno a tres grandes áreas: la ópera, el oratorio y el *lied*. Dentro de cada una de ellas predominan obras del repertorio italiano, alemán y francés; en menor medida, obras del repertorio español y rara vez del repertorio latinoamericano. Esta situación se reproduce, con pequeñas diferencias, en prácticamente todos los conservatorios de América Latina. He tenido la oportunidad de comprobar que la situación es prácticamente igual en conservatorios y universidades de Estados Unidos y Europa en donde las obras de compositores latinoamericanos no forman parte del curriculum académico o se conocen solo unas pocas partituras, generalmente las composiciones de los argentinos Alberto Ginastera, Carlos Guastavino, del brasileño Heitor Villa-Lobos o del mexicano Manuel M. Ponce.

Todo el sistema se orienta a enseñar lo que se considera el "repertorio central" de la música académica, que está compuesto sobre todo por el repertorio europeo de los países antes mencionados. Esta orientación está determinada por un conjunto de valores y por una historiografía de la música en esencia euro centristas.

Varios son los factores que contribuyen al desconocimiento del repertorio de canción artística latinoamericana. Razones políticas y sociales han conducido a una falta de valoración de la producción de los compositores nativos de los países latinoamericanos, que tiene como consecuencia que estas obras no se publiquen y por consiguiente no se ejecuten ni promuevan. Si los intérpretes no tienen acceso a la música, se genera un círculo difícil de romper, que se materializa de la siguiente manera:

Ilustración 1: Círculo vicioso que perpetúa el desconocimiento de la canción artística latinoamericana

También ha de tenerse en cuenta que en los propios países latinoamericanos – y de otras latitudes- se conoce poco o muy poco la producción de música "clásica" autóctona, a lo que se suma una creencia bastante común, de que este tipo de música, cuando se compone en un país latinoamericano, no alcanza la calidad de la música europea. Así mismo los estudios antropológicos y etnomusicológicos han dado mayor relieve al análisis de la música popular y folclórica y la incidencia de esta en los medios de difusión y la industria cultural; en tanto la musicología y la historiografía se han mantenido más rezagadas en lo que respecta a la llamada música culta o artística latinoamericana.

Contribuye también al escaso conocimiento del género el pobre desarrollo de la industria editorial musical en América Latina, hecho evidente hasta nuestros días y que no solo afecta a la canción sino a toda la producción musical latinoamericana. No obstante, podemos mencionar notables excepciones de industria editorial musical, especialmente en el cono sur.

Quizá la más importante de estas editoriales fue la editorial Ricordi Americana, filial de la G. Ricordi & Co. de Milán fundada por Giovanni Ricordi en Italia en 1808. Ricordi de Argentina inició su labor en Buenos Aires en 1924, desarrollando un importante catálogo de música popular, sinfónica, lírica y de cámara; publicó desde la fecha citada hasta la década del cincuenta las obras más importantes escritas por los compositores latinoamericanos, especialmente del cono sur. Estas publicaciones fueron importantísimas para la preservación y difusión del género de canción artística durante la primera mitad del siglo XX. Ricordi Argentina publicó las obras vocales de reconocidos compositores argentinos como Pasqual Quarantino, Arturo Luzzatti, Carlos López Buchardo, Manuel Gómez Carrillo, Floro Ugarte, Felipe Boero, Gilardo Gilardi, Jacobo Fisher, Abraham Jurafsky, Carlos Guastavino, Everett Helm, Angel Lasala y Alberto Ginastera entre otros. Publicó también obras de compositores de otros países del cono sur.

En 1927, la editorial Ricordi llegó a Brasil, instalándose en la ciudad de São Paulo. En el catálogo brasileño figuraban, ya en 1929, obras de compositores como Barroso Neto, Agostinho Cantú, Lorenzo Fernandez y Henrique Oswald entre otros. La editorial pasó a llamarse Ricordi Brasilera en 1956 cuando se consolida con uno de los mayores catálogos musicales del país.

Sin embargo, aunque algunas obras fueron publicadas, no gozaron de una distribución internacional, en el sentido moderno de la palabra, y además sus tiradas fueron tan pequeñas que tuvieron poco impacto social. Muchas de las canciones publicadas en esta época nunca volvieron a ser reeditadas, y quedaron ligadas a contratos editoriales que hasta el día de hoy las vinculan a un número reducido de casas editoras que no están motivadas en su reimpresión por no considerarlo una inversión que pueda generar retorno o ganancia. Este es sin duda uno de los dramas que vive la música clásica latinoamericana compuesta durante el siglo XX.

El género de canción artística latinoamericana experimenta una situación aún más precaria que el resto de la música artística latinoamericana debido a su pequeño formato y a su ambiente de ejecución. Sabemos que la canción artística en general no es un género que convoque a grandes audiencias, incluso cuando nos referimos a las canciones de Schubert, Schumann, Wolf y en general a los compositores de mayor difusión dentro del género. La situación con las canciones artísticas latinoamericanas es aún más grave puesto que no existe una base de conocimiento de sus compositores y cómo mencionamos anteriormente, el repertorio no forma parte de los curricula de los cantantes en conservatorios y universidades.

Al mismo tiempo, una vasta cantidad de obras, -la mayoría de ellas- nunca han sido publicadas y reposan en bibliotecas familiares o en archivos especializados en los distintos países latinoamericanos, en Estados Unidos y en Europa. Diversos factores económicos, políticos y sociales, han aplazado una y otra vez su publicación.

Esta situación de desamparo y desconocimiento generalizado del género, avivó mi interés, lo que me llevó a iniciar una pesquisa casi detectivesca, buscando canciones en diferentes países de América Latina. En la búsqueda y catalogación de las obras tropecé entonces con el obstáculo de la falta de ediciones y reediciones y con la dificultad de ubicar y contactar a los descendientes de los compositores para acceder a los archivos familiares. Durante los primeros años de mi búsqueda, encontrar una canción era un logro inmenso, cada canción era un tesoro, aunque en muchas oportunidades se trataba de una fotocopia de alguna de las antiguas ediciones. Pasado un tiempo comencé a hallar obras originales y manuscritos depositados en archivos privados, bibliotecas especializadas y sobre todo obtuve la colaboración de los familiares y herederos de los propios compositores. También inicié el contacto profesional con un buen número de compositores contemporáneos quienes de manera generosa me envían sus obras. Mi colección de canciones fue creciendo hasta alcanzar, en aproximadamente 18 años, la cifra de 2500 canciones.

De manera paradójica, el proceso se invirtió, es decir, la dificultad inicial para encontrar una canción fue reemplazada por la adquisición masiva, algunas veces, debido a que los compositores o sus herederos tomaron conciencia de mi interés por difundir y dar vida a las obras, mediante la interpretación en conciertos, grabaciones, enseñándolas e interpretándolas junto a mis alumnos y más tarde publicándolas. El tamaño de la colección me obligó a organizar las canciones por país, compositor, poeta y fecha de composición.

El número de canciones por sí mismo me hizo reflexionar sobre la importancia y magnitud del género. Al evidenciar el tamaño del repertorio y contrastarlo con los pocos estudios que se habían realizado hasta el momento sobre él, la situación de desconocimiento resultaba aún más patética y preocupante.

Llama la atención también que la musicología no se ha ocupado suficientemente del tema; solo debemos mencionar la recuperación de las obras de figuras de renombre internacional como Alberto Ginastera, Carlos Guastavino[1,2,3], Manuel M. Ponce y Heitor Villa-Lobos[4] y la elaboración de trabajos de investigación sobre la obra de Carlos Gómes[5], Alberto Nepomuceno[6] y Juan Bautista Plaza[7,8,9] entre otros. Tristemente la mayoría de los trabajos de investigación no se publican y su impacto se limita al ámbito académico local. Hasta ahora la canción artística ha sido vista dentro del panorama general de la música latinoamericana y apenas se empieza a estudiar como un género único y expresión de sensibilidades profundamente ligadas a la identidad nacional de cada país. Paralelamente en mi faceta de intérprete me surgían preocupaciones y preguntas con respecto al género y a su definición. Habiendo sido cantante de música folclórica latinoamericana antes de iniciar mi formación de cantante lírica, observé un fenómeno que muchas veces me confundía: en la medida en que mi colección aumentaba se hizo más difícil la identificación y clasificación de las canciones. Se hizo evidente que la distinción entre música artística y música folclórica en la música de América Latina, no es tan clara como podríamos pensar en un primer acercamiento.

Este inconveniente para situar el género dentro de una categoría bien definida me condujo a investigar sus orígenes, a escudriñar en su historia, lo que inevitablemente me llevó a estudiar el nacionalismo musical y cultural en América Latina y a plantear una serie de preguntas sobre los procesos de formación de la identidad nacional y cómo estos se reflejan en las canciones.

Las canciones se convirtieron en la puerta de entrada a un territorio más amplio, pasando del estudio de las canciones y sus compositores al estudio del contexto social en el que se desarrollaron. La canción se convirtió en una ventana que permitía vislumbrar el tema más amplio del desarrollo y conformación de la identidad nacional de los países latinoamericanos.

Estudiar los aspectos históricos, sociológicos, políticos y antropológicos que rodearon el nacimiento de este género musical es era sin duda interesante pero no suficiente para analizar el hecho musical. Para ello fue importante mi experiencia como intérprete. En mi quehacer musical continuaba encontrando canciones difíciles de clasificar y como ejecutante empecé a traspasar las fronteras entre los mundos de lo folclórico y de lo "artístico".

En este punto se hizo central el tema de la *performance practice*, ya que la música sólo existe en el momento en el que se ejecuta, solo existe en el momento en el que se ejecuta, solo existe en su *performance*. Estudiando la *performance* de la canción y comparando su desarrollo con el de movimientos precedentes, sobre todo en las artes plásticas, fue posible repensar el concepto de canción artística latinoamericana y ampliar sus fronteras, que a mi parecer eran rígidas y borrosas.

El estudio de la *performance practice* de la canción artística latinoamericana aunado al análisis de su contexto de creación me permitió proponer nuevas formas de interpretarla. Formas que parten de la conciencia de que existe reciprocidad entre las personas y los lugares que estas habitan, una reciprocidad que se expresa a través del cuerpo.Reciprocidad que debe evidenciarse en el momento de la interpretación musical.

Se hizo evidente que abordar el género de canción artística exclusivamente desde su historiografía presenta un gran número de limitaciones. Haciendose necesario estudiarla integralmente, es decir desde los tres pilares que la constituyen como hecho social, histórico y musical, así se puede alcanzar un análisis tridimensional, a mi juicio más completo.

Este tipo de acercamiento es coherente con la visión de la obra de arte como un producto social, es decir, una visión que considera a la obra de arte, incluso a la producida en el más absoluto aislamiento, como el producto de un conjunto de relaciones sociales, relaciones simbólicas en las que el creador, el ejecutante y todos los agentes que producen significado y visibilizan a la obra son igual de importantes e interdependientes[10]. Las obras y sus creadores son "artefactos culturales"[11] en constante construcción y movimiento, en continuo diálogo e intercambio simbólico: "Las obras de arte musicales son codificaciones o elementos que reflejan las acciones creativas del ser humano y por ende deben ser analizadas a través del análisis de su contexto cultural"[12].

Por las razones anteriormente expuestas este libro aborda la canción latinoamericana desde su creación y su *performance practice*. Ante la imposibilidad de llevar a cabo un estudio pormenorizado de todos y cada uno de los compositores que han cultivado el género en la totalidad de las repúblicas latinoamericanas he optado por presentar una visión general, a la manera de un *collage* que permita distinguir diferentes momentos, lugares y épocas con el fin de "armar" una visión de conjunto de la canción latinoamericana.

De este modo se presentan situaciones, imágenes, sonidos, historias que se entrecruzan, se superponen y al final forman un todo, un poco a la manera rizomática en la que se ha construido el mundo latinoamericano. Es decir, su historia no ha sido lineal y se ha caracterizado por la disrupción, discontinuidad, variabilidad, la superposición de discursos, de imágenes y de sonidos. Una historia palimséstica que a modo de un collage construye una nueva realidad en constante movimiento y revisión. El fin último de este trabajo es reproducir la sensación y la realidad de múltiples capas, múltiples discursos, múltiples sonidos que se superponen y que al final constituyen un todo.

A lo largo del libro encontraremos diversos compositores y obras representativos de momentos importantes de transición o transformación. Con el fin de que el libro "suene", el lector encontrará en las notas, links que le permitan escuchar las obras que están grabadas en *Spotify* o en *Youtube*. También proporcionamos un apéndice con una amplia selección de discografía de canción artística latinoamericana. Animo al lector a escuchar las obras para acercarse a ellas desde un punto de vista menos intelectual y más orgánico, sensual y corpóreo.

Para mí ha sido de vital importancia la interpretación de las obras pues así pude incorporar en mi experiencia vital y emocional sus textos, melodías y ritmos, así como una buena cantidad de elementos que no están escritos en la partitura y que sólo logran salir a la luz a través del hecho interpretativo. Aproximarnos a las obras desde diversos ángulos nos permite entender su valor simbólico y lo que representan en el contexto latinoamericano[13].

Lejos de buscar hacer un análisis exhaustivo sobre el género y sus creadores, empresa imposible para una sola persona, este libro busca llenar un vacío en la formación de los intérpretes y del público general que desconoce el género y su contexto de creación.

Sin duda, el tema de la canción artística es apasionante e importante debido a sus características únicas en el desarrollo de la estética nacionalista y a su contribución en la formación de una identidad nacional, pero es importante también por su belleza, por su riqueza musical, por las posibilidades de expresión que ofrece y por la diversidad de emociones y realidades que se plasman en cada obra.

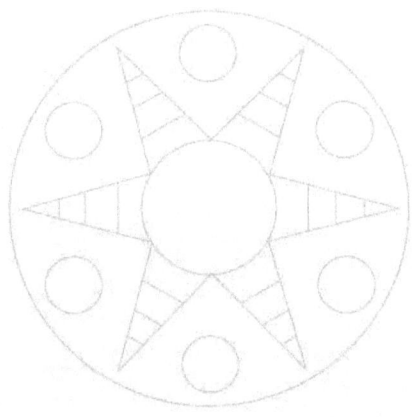

1

LOS SONIDOS DE LAS NACIONES IMAGINADAS

Es una idea grandiosa pretender formar de todo el mundo nuevo una sola nación con un sólo vínculo que ligue sus partes entre sí y con el todo [...]. Mas esta unión no nos vendrá con prodigios divinos, sino por efectos sensibles y esfuerzos bien dirigidos.

Simón Bolívar, Carta de Jamaica, 1815

En el periodo comprendido entre 1810 y 1830 prácticamente todas las colonias en territorio americano lograron su independencia. A partir de ese momento iniciaron procesos de búsqueda de la identidad nacional que se manifestaron en todos los niveles y expresiones de la cultura y la sociedad.

En este contexto surge el nacionalismo musical como una forma de nombrar y ordenar todas aquellas músicas que estaban fuera de los órdenes establecidos desde los centros de poder desde donde se generaba el pensamiento moderno, es decir, músicas producidas fuera del eje centro-europeo. Este concepto de nacionalismo musical que clasifica y ordena la música producida en la 'periferia", que surgió como expresión del pensamiento moderno del siglo XIX, sólo recientemente, en la alta modernidad, se ha empezado a cuestionar.

Llamado inicialmente nacionalismo romántico, el nacionalismo se presentó como una forma de creación de una unidad homogénea, el estado. Este deriva su legitimidad política como consecuencia de la homogeneidad y unidad del grupo que gobierna. Unidad determinada por características compartidas tales como la lengua, la raza, la religión y las costumbres de las personas que nacieron dentro de una cultura concreta. Esta forma de nacionalismo que nació como reacción a las hegemonías de las dinastías reales en Europa, fue inspirado por Jean-Jacques Rousseau y Johann Gottfried von Herder, quien en 1784 argumentaba que el espacio geográfico que comparte una comunidad, determina sus costumbres y su cultura. Por consiguiente, el nacionalismo romántico se basó en la creencia de una cultura y un patrimonio históricamente desarrollados y compartidos, dando origen a conceptos como el de folclore, concepto diseñado para reordenar la tradición oral y servir con fines ideológicos políticos.

El lenguaje se situó en el centro del proyecto nacionalista como instrumento para construir y representar la realidad evidenciando los nexos entre las realidades políticas, culturales y lingüísticas. Se empezaron a valorar la tradición oral, las viejas leyendas y la poesía y a idealizar los relatos que se consideraban productos auténticos de la cultura en cuestión. La música desde el comienzo constituyó una poderosa fuerza constructora del discurso nacionalista.

En este contexto nace el *Lied*, un tipo de canción con acompañamiento de piano o guitarra cuyo principal objetivo fue resaltar las palabras, el texto poético. En el lied el acompañamiento juega un rol determinante puesto que ya no se limita a duplicar la línea vocal, como lo había hecho hasta entonces. Melodía, acompañamiento e intérprete están al servicio de la palabra, del poema, para resaltar su significado. En este tipo de canción se unen dos poderosos lenguajes: la música y la poesía.

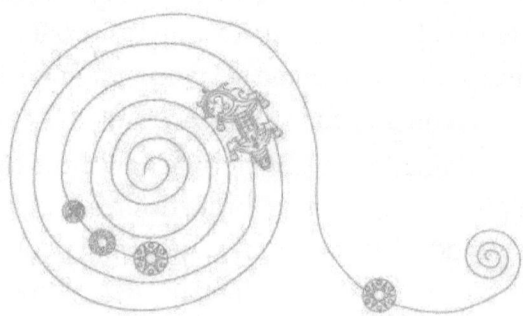

Hacia una definición amplia del nacionalismo

En 1965 Kohn definía nacionalismo como "apego profundo al lugar de origen, a las tradiciones locales y a la autoridad territorial establecida"[1]. Ernest Gellner por otro lado hace referencia a elementos políticos al decir que el nacionalismo representa una cultura compartida sustentada en burocracias políticas, económicas y educativas[2].

Autores como Turino reservan la palabra nacionalismo para referirse al discurso y los movimientos políticos destinados a unificar ciertos grupos, teniendo como presupuesto que para el nacionalismo moderno la nación se ha definido como una entidad unificada desde el punto de vista sociocultural y que tiene el derecho a gobernarse a sí misma, generando una relación entre nación y estado.

> Entendemos estado como el gobierno central que comprende a las instituciones que controlan y dan legitimidad al territorio. El estado es el que pone en vigor las normas que regulan derechos y deberes, que incorpora normativas, sanciones legales, pasaportes, impuestos. En este contexto la nación es una unidad de identidad cuyos miembros se identifican a sí mismos como nación en relación con su aspiración de tener su propio estado[3].

El nacionalismo cultural hace referencia al conjunto de prácticas destinadas a la creación de emblemas que construyen la nación y la distinguen de otra, sobre todo emblemas que sirven en la socialización de los ciudadanos para inculcar el sentimiento nacional. Se percibe como un proceso constante, una construcción permanente en la que se apoya el proyecto nacionalista. En este contexto las artes en general y las diversas expresiones de la cultura constituyen los pilares del edificio nacionalista.

Desde este punto de vista el nacionalismo es un proceso de construcción histórica que pertenece a un período concreto y que está tejido en el entramado social. Para Hobsbawn[4] el concepto de nación excede criterios objetivos tales como la lengua, el territorio, la historia común y los rasgos culturales compartidos. Las naciones se construyen o se imaginan desde "arriba" como diría Anderson, es decir, desde las élites que las "inventan"[5].

La nación se convierte así en un sistema cultural que representa la vida social y que enfatiza su carácter inestable y ambivalente. Se combinan en ella progreso y regresión, racionalidad e irracionalidad, definiéndose al final tanto por sus narrativas dominantes como por las que han sido dejadas de lado. Al igual que la realidad, la nación está sujeta a diversas interpretaciones.

El nacionalismo musical es entonces una expresión del nacionalismo cultural en la que la música sirve como herramienta para construir la identidad nacional y unificar a la nación en torno a un estado[6]. Un libro de referencia como el *New Harvard Dictionary of Music*[7] definía al nacionalismo musical como:

> el uso en música artística de materiales que pueden ser identificados como de carácter nacional o regional. Esto comprende música folclórica, melodías o ritmos que asemejan música folclórica y otros elementos que puedan sugerir su proveniencia de folclore, mitos o literatura. El concepto de nacionalismo musical ha sido empleado más frecuentemente para describir música de la última parte del siglo XIX y de principios del XX, escrita por compositores de los considerados países periféricos. En términos generales se considera que la música proveniente de los países de habla germana y en menor medida Italia y Francia constituyen la tradición central de la música occidental. A pesar de que estas ideas también se encuentran en el romanticismo musical alemán de comienzos del siglo XIX y de que la música italiana y francesa de los siglos XIX y XX con mucha frecuencia tienen elementos que son claramente identificables como nacionales, el nacionalismo es un fenómeno atribuido a la música de las naciones "periféricas", naciones estas que buscan salir de la dominación de los estilos internacionales, particularmente los de origen germánico[8].

La definición continúa con una lista de países y compositores que se consideran pertenecientes a esta "periferia" musical tales como España, Noruega, Checoslovaquia, Rusia, Hungría, Inglaterra y Estados Unidos entre otros.

En esta definición los países son divididos en dos grupos, el del centro y el de la periferia, y se atribuye la producción nacionalista a los países de la periferia. En esta definición, que toma como centro del universo musical a los países centroeuropeos, se insinúa que el uso de elementos nacionales tuvo en música una función más política que musical y que el objetivo del uso de material de origen folclórico, por parte de los compositores de la "periferia" se hacía como una estrategia para salir de la dominación cultural a la que estaban sometidos por la música de los países del "centro". No se contempla la posibilidad de que el uso de material de origen folclórico respondiera a una necesidad estética ni fuera producto de un contexto socio-cultural-histórico específico que otorgaba a los compositores una voz única y distinta de acuerdo a su país de origen.

Es una definición insertada dentro del discurso de la modernidad que surge desde una narrativa unilateral proveniente de los países centrales. No se contempla la posibilidad de que la aparición de música con elementos "nacionales" respondiera a un intento de construcción de identidad nacional motivada conscientemente por un deseo de construcción de estado.

Esta definición, la comúnmente aceptada, ha sido la promovida por la musicología de la "cultura dominante" que afirma como valores centrales de la música, aquellos provenientes de la música alemana y en menor medida los de la francesa e italiana. Una definición claramente euro-centrista.

Desde el punto de vista estilístico, esta definición asume que la música es nacionalista cuando incluye elementos, melódicos o rítmicos provenientes de la música folclórica. Poca atención se ha prestado poca atención a los motivos que hayan podido tener los compositores para elegir o incorporar estos elementos, tal como afirmaba Béhague[9]. Tampoco se ha puesto atención al grado de conciencia que los compositores hayan tenido al elegir ciertos elementos ya sea musicales o literarios que le confieran a la obra musical, un sentido nacional, ni a los efectos que su música haya podido tener sobre determinados grupos sociales.

Lo que es indiscutible es que a lo largo de la historia la música ha tenido y tiene un poder social y político definitivo en la construcción de la identidad nacional, siendo el compositor fruto de un medio socio-cultural y perteneciente a una determinada clase que hacen de su música un vehículo de una ideología. La música por lo tanto no se puede aislar de su contexto y no existe como ente absoluto. Este hecho es especialmente notorio cuando nos adentramos en el estudio del nacionalismo musical, no solo como movimiento estético sino socio-cultural. Al considerar al nacionalismo como un movimiento estético-socio-cultural, es posible diferenciar la música de estilo nacional de la música nacionalista. Siendo el estilo nacional el uso directo del motivo floclórico y la música nacionalista la música que se inserta dentro de un proyecto de creación de nación, que puede incluir o no motivos folclóricos. Según Béhague "La visión tradicional de estilo nacional como elemento definitorio del nacionalismo es precisamente lo que ha evitado durante largo tiempo tener un concepto inclusivo del nacionalismo musical" [10].

Esta idea tradicional, que igualó estilo nacional a nacionalismo musical, pudo funcionar durante el siglo XIX, pero no es posible validarla a partir del siglo XX cuando los compositores de un determinado país asignaban carácter nacional a una música que podía no tener ningún signo identificable como perteneciente a un estilo nacional. El elemento nacional se subjetiviza, se diluye. En palabras de Dahlhaus: "Si el compositor pensó una obra musical como de carácter nacional y sus oyentes lo creen, este hecho es algo que el historiador debe considerar como un hecho estético, aun si el análisis estilístico no presenta ninguna evidencia."[11]

Lo que entonces define a la obra musical como nacionalista es todo un conjunto de valores culturales que son percibidos tanto por el compositor como por la audiencia; el concepto de identidad se sitúa en el punto central de esta discusión. Estos elementos subjetivos se originan en una de las características de la especie humana que representa el origen de las expresiones políticas y sistemas de organización humana, el sentido de pertenencia al grupo y de compartir rasgos comunes[12]. Sin embargo, el hecho de compartir una cultura no implica que necesariamente se compartan rasgos nacionales.

La identidad colectiva clasifica a las personas y grupos sociales que comparten elementos culturales objetivos, como una lengua, una religión y sus propias costumbres. Este enfoque esencialista exagera los fundamentos objetivos de la identidad colectiva y desecha los fundamentos subjetivos.

Los elementos subjetivos de la identidad, que son los que nos ayudarán a distinguir la música nacional, son los que hacen posible que las personas que se sumen a una identidad colectiva no compartan obligatoriamente una cultura, ni una psicología común. Lo que comparten únicamente son emblemas, símbolos que sirven para marcar su diferencia cultural. Por consiguiente, la identidad colectiva se sustenta, no sobre elementos comunes objetivos, sino en la creencia subjetiva en determinados elementos considerados distintivos. Las identidades colectivas implican entonces estructuras sociales y sistemas ideológicos complejos y heterogéneos. Rachik habla de la identidad dura y la blanda:

> Cuando el grupo con el que tratamos corresponde a una categoría social amplia, la identidad es blanda y se reduce a estereotipo que tienen efectos en las interacciones sociales. El uso de identidades colectivas como medio de movilización, como instrumento político, exige que el grupo en cuestión esté organizado. Cuanto más organizado esté el grupo y cuanto más sistemática su ideología, más numerosas son las obligaciones de sus miembros y más dura es de llevar la identidad nacional[13].

Integrando este concepto observaremos como la música nacionalista en América Latina progresivamente se ha subjetivizado. Es decir, se observa en la música la transición que se inicia en una etapa en la que se denominaba la música como nacionalista de acuerdo con criterios objetivos rígidos, generalmente asociados con el uso del motivo folclórico, hasta la creación de músicas nacionales que no integran ningún elemento reconocible como folclórico o nacional. Esta transición la apreciaremos en el análisis que sigue a continuación.

América Latina: identidades múltiples

Cuando pensamos en la identidad vienen a la mente los procesos individuales que transitamos para descubrir, o quizá mejor, construir lo que nos define ante nosotros mismos y ante los otros en un contexto social determinado. Esta construcción requiere la constante negociación de dos percepciones en relación con uno mismo; la social y la personal[14]. La integración de formas de estar con nosotros con formas de estar con los otros da como resultado la identidad personal. Según Erickson los individuos experimentamos un periodo de exploración y búsqueda de la identidad que sirve para identificarnos con grupos y valores[15]. Se define la identidad cuando el individuo halla un conjunto de valores con los cuales se identifica y que dan un sentido y una orientación al devenir de su existencia.

Identidad personal e identidad social están interconectadas: "cuando busco al grupo me encuentro a mí mismo y cuando me busco a mí mismo encuentro al grupo"[16]. La identidad individual, en constante cambio, es moldeada por los mundos sociales que habita el individuo y en el que este desempeña roles diferentes, roles cambiantes en la medida en que esos mundos mutan a través del tiempo y el espacio.

De manera similar al individuo, un grupo alcanza su más alto nivel cuando encuentra un conjunto de valores que la tipifican, y su madurez consiste en llevar este conjunto de valores hasta su mayor expresión.

Para América Latina, la búsqueda de la identidad ha sido un proceso dramático y doloroso, debido a la multiplicidad de discursos y plurivalencias que hacen que no sea posible identificarse con un solo conjunto de valores. La diversidad y pluridimensionalidad que constituyen su mayor riqueza, son al mismo tiempo las que la desgarran en su inútil intento de encontrar una identidad única.

La imagen del mundo latinoamericano caracterizado por la heterogeneidad étnica y cultural, el sincretismo y la difusión de lenguajes culturales, se estructura en la posibilidad de que coexistan identidades múltiples. Un paradigma difuso en esencia, polisémico y contradictorio[17].

Es quizá por esta razón que América Latina ha sido considerada por muchos como una "anomalía" en la historia del nacionalismo. Si se trata de estudiar este movimiento de acuerdo con los modelos tradicionales europeos encontraremos muy difícil analizar esta región debido a que carece de las tradicionales distinciones lingüísticas y étnicas asociadas con las identidades nacionales en Europa y Asia. Los identificadores convencionales de nacionalismo están todos presentes, pero de maneras complicadas.

están todos presentes, pero de maneras complicadas[18].

El término acuñado por García Canclini[19], de hibridación resulta de gran utilidad cuando nos referimos a la identidad latinoamericana, pues sugiere la mezcla de diferentes influencias, construcciones planeadas y construcciones generadas sin intencionalidad, sugiere lo extranjero mezclado con lo local, lo nacional y lo global, lo moderno con lo tradicional, lo rural con lo urbano. Al mismo tiempo encierra los conflictos de inclusión-exclusión que resultan de las luchas de poder que constantemente tienen lugar. Según García Canclini[20], la idea de hibridación integra una red de conceptos que incluyen contradicción, mestizaje, sincretismos, fusión, transculturación y criollización. Algunos de estos términos que habitualmente se vinculan a disciplinas concretas, como es el caso de sincretismo para lo religioso, hibridación en la biología, mestizaje para describir desarrollos antropológicos y fusión para lo musical, remiten a la realidad latinoamericana.

Nacionalismo musical en América Latina: 1810-1880

Soy de un país que en su primer decreto
mandó asesinar todas las flautas
y alzar un monumento
al clarinete traído de Europa.

Fragmento del poema Medias nonas de Anabel Torres[21]

Las poblaciones de los hoy llamados países latinoamericanos, están conformadas por tres grupos multiétnicos que aportaron rasgos distintivos y únicos; los indígenas, los descendientes de europeos y los provenientes de África.

Durante el siglo XIX en América Latina se llevaron a cabo las luchas de independencia y particularmente en el periodo comprendido entre 1810 y 1830, se independizaron la mayor parte de los países que habían estado bajo la dominación de la corona española.

Al lograr la independencia de España, fueron los criollos, en esencia descendientes de españoles nacidos en América, quienes quedaron como grupo dirigente de las nacientes naciones. Poco interesadas en construir una nación-estado inclusiva que integrara a todos los miembros de la sociedad, las élites criollas tenían como principal objetivo el restablecimiento de los privilegios que perdieron debido a las reformas impuestas por los Borbones, que favorecían a los españoles peninsulares sobre los españoles americanos[22].

En un principio sus energías estuvieron dirigidas a crear y consolidar instituciones y a establecer nuevos órdenes y modos de gobernar. Se logró la independencia política, pero no la económica ni la cultural. Algunas de las instituciones administrativas y la iglesia se mantuvieron durante casi todo el siglo XIX sin cambio alguno que hiciera perceptible la independencia alcanzada[23].

En aquel momento era lógico desear el establecimiento de una identidad distinta no solo de España sino también distinta de los países de la región. Existía el deseo de diferenciarse de los "otros", reacción natural en las naciones "emergentes", según los postulados de Chatterje[24].

Habitualmente, para crear estos rasgos distintivos, los grupos hegemónicos, en este caso los criollos, se convierten en los constructores de la imagen de la nación, simplemente buscando los elementos culturales o incluso geográficos que les hicieran "únicos". Estos rasgos únicos fueron después promovidos no solo entre los miembros de su nación sino promovidos al mundo entero para convertirlos en marcadores de identidad[25].

Sin embargo, en el caso de América Latina existe una paradoja; Chatterjee clasifica a las naciones en dos tipos, las occidentales y las orientales. La diferencia radica en que las naciones "occidentales" que generalmente son equiparadas con Europa occidental y los Estados Unidos, en el proceso de comparar y contrastar su cultura con otros, tienen unos parámetros de desarrollo que los hacen percibirse a si mismos como "equipados culturalmente". Ellos comparten valores, objetivos, necesidades y habilidades o tecnologías. Por otra parte, las naciones "orientales", como por ejemplo la mayoría de los países de África, Asia y América Latina, probablemente no comparten los mismos valores, necesidades y pueden no estar al nivel de desarrollo que les permita alcanzar los niveles de las sociedades que imponen los modelos.

Por esta razón, los países de las naciones "orientales" intentan alcanzar el nivel de las naciones "occidentales" y en ese intento pierden lo que los distingue como únicas. Aquí se genera una fuerte contradicción pues al mismo tiempo que imitan a un modelo son hostiles a él. Inconscientemente estas sociedades "orientales" se auto-colonizan y aunque parece en la superficie que se construye una identidad propia, lo que refuerzan es la identidad y los valores de las naciones "occidentales".

En América Latina el grupo de los criollos blancos, tuvo como modelo a Europa, especialmente a Francia, país que dictaba los ideales estéticos del momento. Esta élite criolla, que constituía un porcentaje muy pequeño de la población de aproximadamente un 5%, se encontró inventando un orden a imitación de los países que, en el momento, y abanderados con las ideas de la ilustración, inauguraban la modernidad.

Al imitar a la sociedad y los valores europeos, especialmente franceses, las élites de las nuevas naciones americanas daban la espalda por completo a las poblaciones indígenas y negras, negando de un tajo su presencia y aporte cultural. Esta contradicción que se genera al intentar construir la identidad básicamente negando los elementos que nos hacen únicos y nos distinguen, se pudo observar a lo largo y ancho de América Latina en todas las artes en este periodo inmediatamente posterior a la independencia y hasta entrado el siglo XX. Este comportamiento les incluye en la clasificación de Chatterjee como sociedades "orientales". Un ejemplo lo encontramos en el siguiente texto del músico cubano Eliseo Grenet:

> Tomando como punto de partida la prosodia del cubano educado, la cual es muy cercana a la del español, podemos observar cómo en la medida en que nos adentramos en las clases populares, el acento español se va perdiendo y se contamina con la forma que el negro tiene de usar el lenguaje y expresar sus pensamientos. La misma situación se observa en

la música. La tendencia musical cercana a la tradición blanca, está inspirada por la más pura herencia española y muestra elegancia, delicadeza y aristocracia en su expresión. En esta tradición musical blanca encontramos a personalidades como Eduardo Sánchez de Fuentes, educado en un ambiente colonial y alumno de Ignacio Cervantes, quien vivió en el mismo ambiente y usó el mismo lenguaje. Sánchez de Fuentes, quien no niega la profundidad de las raíces africanas en nuestra música, confiesa que él no siente que su producción tenga elementos africanos[27].

Simultáneamente Europa se encontraba en medio de una lucha por la hegemonía entre los nuevos poderes: los anglosajones y los franceses. Los franceses decidieron proclamarse herederos del imperio romano y llamarse a sí mismos "latinos". Es en este momento cuando progresa la idea de Latinoamérica entre las élites criollas, que, al llamarse a sí mismas latinoamericanas, se sienten parte de la Europa de la que tanto desean formar parte[28]. Sin embargo, los criollos blancos latinoamericanos se sintieron europeos de segunda categoría y en ellos prevaleció un sentimiento de inferioridad racial y cultural que estuvo en la base de políticas que incentivaron fuertemente las migraciones europeas y que continuaron con el exterminio de las poblaciones indígenas (como sucedió en el caso de Argentina).

> La conciencia de los criollos constituyó un caso singular de doble conciencia: la conciencia de no ser lo que se suponía que eran (Europeos). Ese ser y no ser es la característica de la colonialidad del ser. Los afro-criollos y los indígenas no tuvieron el mismo problema. Su conciencia de sí mismos surgió del sentimiento de no ser considerados humanos, no de no ser considerados europeos[29].

A estos sentimientos de inferioridad racial se sumaron creencias de que el clima tropical impedía el desarrollo de una "civilización"[30], creencias reforzadas por las teorías evolucionistas y biologistas en boga. Se había logrado la independencia de España y Portugal, pero la mentalidad colonizada continuaba operando, hecho que se reflejó en todas las manifestaciones culturales y sociales. La música no fue una excepción y continuó utilizando el canon europeo, situación que se conserva en gran medida hasta nuestros días en la música considerada artística o académica. Esta situación no es exclusiva de

América Latina pues se observa también en la música de la América anglosajona. En palabras de García Canclini, refiriéndose a la situación europea durante la época en que allí florecieron los movimientos nacionalistas:

> El pueblo comienza a existir como referente del debate moderno a fines del siglo XVIII y XIX, por la formación en Europa de estados nacionales que trataron de abarcar a todos los niveles de la población. No obstante, la ilustración piensa que este pueblo al que hay que recurrir para legitimar el gobierno secular y democrático es también el portador de lo que la razón quiere abolir: la superstición, la ignorancia y la turbulencia. Por eso se desarrolla un dispositivo complejo, en palabras de Martín Barbero, "de inclusión abstracta y de exclusión concreta"[31]. El pueblo interesa como legitimador de la hegemonía burguesa, pero molesta como lugar de lo in-culto por todo lo que le falta[32].

En el caso de América Latina la élite criolla empezó a usar el término nación con la intención de legitimar su afiliación con España y para evidenciar sus diferencias con ella y con los otros grupos raciales que habitaban sus respectivos países, es decir para enfatizar su no pertenencia a los grupos indígenas, africanos o mestizos que en su caso representan al "pueblo".

Para este grupo un término más cercano a lo que hoy entendemos por estado-nación fue entonces el término de patria, el cual implicaba pertenencia a un territorio, pero no necesariamente identificación con todos sus habitantes (el pueblo), de manera que varias naciones podían existir en una patria. Esta situación persistió en América Latina hasta bien entrado el siglo XIX, justamente porque evitaba confrontar el complicado problema de cómo integrar a toda la población dentro de la nación[33].

En esta etapa no hubo un intento de incluir a todos los grupos que representaban al pueblo. El nacionalismo cultural y el musical fueron sobre todo un proyecto, un deseo de construcción de una identidad por ese entonces imaginada, a través de los sonidos. Tal como afirma Michel Rolph Trouillot[34], todas las narrativas son la síntesis de la negociación entre lo que se dice y lo que se omite. La priorización de los elementos europeos en la música de esta época evidencia un conjunto de valores y sobre todo una aspiración.

El ámbito musical continuó dominado por músicos europeos. Hacia la mitad del siglo XIX numerosos músicos llegaron al Nuevo Mundo provenientes especialmente de Italia y España, la mayoría llegaban como integrantes de compañías de ópera italiana que luego se quedaban y posteriormente fundaron numerosas escuelas de música y canto[35]. Estos músicos hicieron su mayor esfuerzo por poner al día a las clases privilegiadas de los diversos países, con las modas musicales de Europa.

Como dice Bernardo Illari:

> En un momento en que la nación era un puro rótulo, deseo y proyecto, sin poder estatal que la sustentara y una vida comunitaria propia, la música nacional puede haber sido considerada tal en función de, por una parte, representar las características formales que se quería infundir a la futura nación, y por otra, desarrollar un estilo distintivo, referencia autóctona o no. Su nacionalismo era tan volátil como la misma volátil y etérea idea de nación, y en el mejor de los casos, constituía una propuesta desarrollada en el seno de un grupo social generacional, a ser recogida por las futuras generaciones; pero ello no la hace menos interesante para entender los procesos que relacionan música e identidad territorial, ni menos nacional, a su modo[36].

Es importante recordar que, dada la extensión y diversidad de América Latina, las generalizaciones al referirnos al movimiento nacionalista sirven como marco de referencia, sin perder de vista que existieron situaciones únicas en cada país. Incluso el hecho de delimitar cada período con fechas resulta aventurado puesto que dentro de un mismo periodo coexisten compositores que escriben en diferentes estilos. A lo largo del libro proporciono un marco general, que ilustro con situaciones locales, con el fin de que el lector obtenga una visión de conjunto, un punto de partida para iniciarse en determinado país, época o compositor.

Los himnos nacionales latinoamericanos: ¿Hacia una identidad nacional?

Que alegría más desgarradora, que ternura más acongojada y jubilosa. Las muchachas y muchachos, los viejos y los niños, las mujeres pidieron el Himno Nacional a la marimbita. Hacía muchos años, muchos años, que no lo había escuchado. Me tocó cantarlo con mi pueblo en aquella ocasión inolvidable. No creo ser patriotero ni sentimental: simplemente, se me reveló entonces, de nuevo, cuán definitivos son la niñez y el dominio de la tierra.

Fragmento de "Guatemala, las líneas de su mano" de Luís Cardoza y Aragón[37].

En la época posterior a la independencia, cuando las naciones latinoamericanas intentaban construir su imagen de nación, creando símbolos que las identificaran como tales, uno de los símbolos más importantes, relacionado con la música, fue la composición del himno nacional o canción nacional como se le llamó inicialmente. El himno nacional representa la asociación más directa y evidente entre música-nacionalismo-construcción de la identidad nacional:

> "la música en sí misma es un poderoso símbolo de identidad, del mismo modo que el lenguaje ... Es uno de aquellos aspectos de la cultura que, cuando surge la necesidad de ello, mejor sirven al propósito de afirmar la "identidad étnica". Su efectividad puede ser doble: no sólo actúa como un medio eficaz para la identificación de diferentes grupos étnicos o sociales, sino que posee fuertes connotaciones emocionales y puede ser utilizada para afirmar y negociar la identidad de una manera especialmente poderosa"[38].

La necesidad de tener un himno nacional se desarrolló en Europa alrededor de 1750. Tan temprano como 1812, muchos países latinoamericanos siguieron este modelo. Tal es el caso de Argentina y Chile en 1819 y Perú en 1821. Tal como dijera Turino:

> En la creación de los emblemas musicales en este momento histórico, no existía intención de resaltar elementos distintivos locales porque la idea de nación como una unidad cultural distinta no era operativa todavía como generador de legitimidad política. En vez de resaltar lo que los hace únicos

desde el punto de vista cultural, los himnos nacionales fueron adoptados para mostrar un símbolo que los legitimara con otros estados en términos internacionales; es decir, la legitimidad y soberanía de los estados nacientes se basaba en su similitud con los estados existentes y no en sus diferencias[39].

Una observación detenida a estos himnos y a sus fechas de composición y compositores servirá para ilustrar como la música y los modelos estéticos de los países latinoamericanos en aquel momento estaban en manos de músicos europeos y fuertemente influenciados por la ópera italiana.

Podemos mencionar el caso del Himno Nacional Argentino compuesto en 1812 por el catalán Blas Parera (1776-1840), el de Colombia, compuesto en 1887 por el cantante italiano Oreste Sindici (1837-1904), quien había llegado a Bogotá con una compañía de ópera años atrás. Usando los versos del ex-presidente colombiano Rafael Núñez, Sindici compuso el himno oficialmente adoptado como tal en 1920. El himno nacional de Ecuador fue creado por el francés Antonio Neuname (1818-1871) quien recibió su formación musical en los conservatorios de Milán y Viena. El Himno Nacional de Bolivia fue escrito por el cantante italiano Benedetto Vincenti (1815-1914) en 1845, el de Chile, publicado en Londres en 1828, fue comisionado por el delegado de Chile en Londres, Mariano de Egaña (1793-1846) al catalán Ramon Carnicer (1789-1955), considerado uno de los compositores españoles más importantes de su época.

Los himnos nacionales de Uruguay, adoptado en 1845 y el de Paraguay adoptado en 1846, fueron compuestos por el compositor y director de orquesta húngaro José Francisco Debali (1791-1859) quien recibió su formación en Hungría e Italia. El himno uruguayo llama especialmente la atención pues al escuchar sus primeros compases se puede pensar que se está escuchando una obra de Donizetti o de Rossini. Incluso algunos compases son prácticamente idénticos a fragmentos de *Lucrecia Borgia* de Gaetano Donizetti.

La composición de los himnos nacionales latinoamericanos ilustra como en aquel momento lo nacional se construye proyectando una serie de valores pertenecientes a las élites de procedencia europea. El himno nacional, también llamado canción nacional representa representa un lugar al que se aspira llegar y un lugar de negociación identitaria de las nuevas naciones.

Caso interesante, precisamente por constituir una excepción, es el del Himno Nacional de Brasil, compuesto por el brasileño Francisco Manoel da Silva (1795–1865), uno de los compositores latinoamericanos mejor preparados de su tiempo quien fuera alumno del padre José Mauricio[40]. Compuso numerosas *modinhas* y *lundus* y la ópera *O prestigio da lei*. Se desempeñó como profesor de música en Río de Janeiro y fue uno de los fundadores de la Academia de Música y Ópera Nacional, institución que se convertiría más adelante en el Instituto Nacional de Música.

Ilustración 2: Fragmento de la primera página del *Himno de la República Oriental de Uruguay* compuesto por el húngaro José Francisco Debali (1791-1859). Llama la atención el estilo de escritura operístico, muy influenciado por la música de Donizetti. La influencia de la ópera italiana en la composición de los himnos nacionales pone de manifiesto el hecho de que la construcción de la identidad nacional se basa en los modelos europeos.

Música de salón e influencia de la ópera italiana

En la música de salón de este período, tanto en Latinoamérica como en Europa predominó la ópera italiana y la música para piano. Su influencia se hizo sentir en toda América Latina y dejó una impronta importantísima en la historia musical de la región. Siguiendo lo sucedido en Europa, se construyeron teatros, se invitó a compañías enteras de ópera (provenientes especialmente de Italia) y se crearon las infraestructuras para sustentar esta "moda".

La ópera, fenómeno urbano y público, fue desde sus inicios un espejo en el que se reflejaron la sociedad y los valores del momento. Un espejo que representaba lo que "se era", pero sobre todo representaba lo que "se quería ser". Hecho social y político por excelencia, fue el espacio en donde las clases dirigentes proyectaban la imagen idealizada de una nación "civilizada" y culta, sintonizada y sincronizada con la moda imperante en el viejo mundo. Las representaciones de ópera fueron el escenario público por excelencia para mostrar el poder y el avance social y cultural de la nación.

Aunque existen referencias de óperas escritas por compositores latinoamericanos o residentes en América Latina durante el siglo XVIII, como por ejemplo *Parténope*[41,42], escrita por el mexicano Manuel de Sumaya (1711)[43], estos constituyen casos aislados durante este siglo. La verdadera eclosión operística en América Latina ocurrió durante el siglo XIX, coincidiendo con el logro de la independencia de España y Portugal.

Poco a poco, la ópera fue incorporándose a la vida de las naciones nacientes y adquiriendo su estatus de arte refinado. Se convirtió en sinónimo de buen gusto, civilización, prosperidad y refinamiento y en esa medida constituyó desde sus inicios en un ingrediente esencial para la consolidación de la nación.

La ópera italiana desempeñó el papel más importante; Rossini se impuso como modelo a imitar seguido por Bellini y Donizzetti. Las representaciones estaban generalmente a cargo de pequeñas compañías provenientes de Italia quienes importaban divas que se convertían en modelos de belleza y de buen gusto entre las damas de la sociedad. El sometimiento estético a los modelos italianos era tal, que incluso cuando compositores locales se aventuraban en el género, escribían óperas en el más puro estilo italiano, no solo desde el punto de vista musical sino también desde el argumental. Encontramos numerosas óperas de compositores latinoamericanos con libretos que narran hechos provenientes de la mitología griega o romana, la mayoría de ellas escritas en italiano.

Se destacan las obras del compositor brasilero Carlos Gomes (1836-1896) y del mexicano Melesio Morales (1838-1908). Gomes, hijo de un modesto músico de provincia, inició su formación musical con su familia, continuando en el Conservatorio Imperial de Música en Río de Janeiro en donde se familiarizó con las obras de Rossini, Bellini, Donizetti y Verdi inclinándose por la ópera desde temprano. Continuó sus estudios en Milán en donde escribió la mayor parte de su obra alcanzando la fama como compositor de óperas. Sus óperas más conocidas fueron *Fosca, Lo Schiavo, Cóndor* y la más conocida, *Il Guarany*. Todas fueron estrenadas primero en Italia y luego en América Latina. La obertura de *Il Guarany*[44] alcanzó tal popularidad en Brasil, que hoy en día es considerada casi un segundo himno nacional. Aunque sus óperas siguen el modelo italiano, incorporó temas brasileros e hizo uso del género Modinha en algunas arias[45].

Por su parte el mexicano Melesio Morales, estrenó su ópera *Ildegonda* en el teatro Pagliano de Florencia en 1869 logrando con ello despertar fervor patriótico en su país que le recibió con honores de estado a su regreso a México. Morales había logrado, en el imaginario colectivo, que México se pusiera a la "altura" de la civilización europea al ser capaz de producir una ópera en estilo italiano y que además fuera estrenada en la mismísima Florencia.

El caso de Morales representa de manera muy clara la situación que se vivía en los diversos países de América Latina. En la ópera, al igual que en la canción artística, la construcción de la identidad no era un proceso que se resolviera con el desarrollo de un estilo propio y nacional, sino un lugar al que se aspiraba llegar al lograr desarrollar una voz equiparable a la de las naciones "civilizadas" y "cultas". Las óperas de estos compositores eran italianas en el mismo sentido en el que las óperas de Mozart eran italianas, pues seguían unas convenciones y normas estilísticas que las sitúan en este apartado⁴⁷.

El predominio de la ópera, despertó la apreciación y el gusto por el canto lírico entre las clases dominantes que se encargaron de que el hecho público de la ópera, se transformara en un hecho privado, al desarrollar el gusto por la música en tertulias, veladas y *soirées* en donde se cantaban arias aisladas en reducciones para voz y piano.

Estos espacios privados, escenarios de mayor libertad creativa y de calidez familiar, fueron los lugares que abrieron la puerta al nacimiento de la canción artística o de salón, un género que estaba cercanamente emparentado con la ópera pero que por su relativa sencillez y pequeñez dejó paso a experimentaciones que la llevarían a vestir, mucho antes que la ópera, el traje del nacionalismo.

Se multiplicaron los lugares en donde se ejecutaba la música, y los pianos, instrumentos centrales en este proceso, llegaron por cientos a las costas de la América Latina. En Bogotá, capital de la entonces Nueva Granada, alrededor de 1850, el piano alcanzó tal popularidad que llegó a haber más de dos mil en la ciudad, casi uno por cada quince habitantes⁴⁸. Caso similar se vivió en La Paz, Bolivia en donde tocar el piano era signo de refinamiento entre las señoritas de la sociedad. Esto se tradujo en una gran demanda de pianos y profesores del instrumento⁴⁹.

En Perú, en 1863, se sabe del arribo de los hermanos italianos Rebagliati⁵⁰, quienes desempeñaron un papel importante en la enseñanza y la recopilación y estilización de canciones tradicionales. Uno de ellos, Claudio⁵¹, fue el responsable de hacer una de las primeras colecciones de canciones, compuesta básicamente de estilizaciones de canciones tales como la zamacueca⁵².

Se construyeron importantes teatros para representar la ópera, pudiendo destacarse el Teatro Colón de Buenos Aires inaugurado en 1908, que llegó a ser considerado uno de los teatros de ópera más famosos del mundo. En esta época, de manera paulatina se fundaron sociedades para promover la música, escuelas y sociedades filarmónicas. Esto pasó en mayor o menor medida en todos los países latinoamericanos en la misma época. Hasta finales del siglo XIX la actividad musical se centró en conformar instituciones y sociedades musicales para promover la música, que fueron las precursoras de los actuales conservatorios [53,54]. Tendremos que esperar a las últimas décadas del siglo XIX para empezar a ver o, mejor dicho, a escuchar, intentos de inclusión de elementos autóctonos, ya sea musicales o temáticos, en las óperas de factura latinoamericana. Puede citarse el caso de la ópera *Guatimotzin*, del mexicano Aniceto Ortega, estrenada en 1870.

Se inicia la construcción del sonido nacional: 1880-1920

No había sino dos flautas de caña, un tambor improvisado, dos alfandoques y una pandereta; pero las finas voces de los negritos entonaban los bambucos con maestría tal; había en sus cantos tan sentida combinación de melancólicos, alegres y ligeros acordes; los versos que cantaban eran tan tiernamente sencillos, que el más culto diletante hubiera escuchado en éxtasis aquella música semisalvaje.

Fragmento de "María" de Jorge Isaacs (1867) [55]

Aunque en este periodo la producción musical de los compositores continúa sujeta a los estilos europeos, poco a poco empiezan a aparecer obras con elementos del folclor local.

Obras que lo ilustran son la ópera *Atahualpa* del boliviano Adolfo Ballivián (1831-1874) y la composición *Zapateo indio* de la boliviana Modesta Sanjinés (1832-1887). Los dos pertenecían a familias principales, siendo el primero hijo del presidente boliviano José Ballivián (1841-1847) y la segunda perteneciente a una familia adinerada de La Paz, habiendo estudiando en París, donde vivió por muchos años.

Era común que los compositores se formaran en Europa y que tuvieran mayor conocimiento de la música y técnicas europeas que de las músicas locales. En este periodo se superponen tendencias y se experimenta una transición, pues al mismo tiempo coexisten compositores escribiendo en estilo europeo con otros que están interesándose por la música autóctona. Este fenómeno es simultáneo lo cual genera un espacio de intersección en el cual conviven las dos maneras de hacer música y construir el sonido nacional. Incluso en un mismo compositor podemos observar los dos momentos de esta transición, pues algunos en una etapa temprana escriben canciones en estilo europeo en francés, alemán o italiano y en una etapa más avanzada escriben canciones con marcado estilo nacional y textos en lengua vernácula.

Las élites criollas se encontraron imitando un nuevo orden tomando como modelo a Francia, pero se encontraron haciéndolo en español y portugués. Destronados el español y el portugués de su hegemonía, los compositores escriben sus piezas vocales en las lenguas de los países a los que aspiran "imitar"; francés, italiano y alemán. Esta situación denota una forma de racismo lingüístico, es decir, el uso de una lengua asociado a una jerarquía y a una estructura de poder. Se pone de manifiesto como la lengua, ha estado en el centro del proyecto de colonización-dominación.

Ilustración 3: Fragmento de una de las *Modinhas Imperiais* recopiladas por Mário de Andrade titulada "Roseas flores d´alvorada…"[56]. Esta obra es una de las primeras escritas en el portugués de Brasil, sin embargo, su melodía y acompañamiento semejan a las arias de ópera italianas de la época.

A pesar de ello encontramos notables excepciones en el género de canción, como el caso de las *Modinhas imperiais*, escritas en portugués. Sin embargo, aunque estas canciones fueran escritas en portugués, musical y estilísticamente responden al modelo del aria de ópera italiana.

En México empiezan a componerse canciones incorporando motivos nacionales. Un compositor que se destaca es Miguel Ríos Toledano quien en palabras de Guadalupe Campos:

> El amor por el pasado histórico, por las costumbres "folklóricas" de la patria y el anhelo de evocación de los grandes momentos heroicos en la vida de los antepasados indígenas, fomenta la preocupación de compositores como Miguel Ríos Toledano por la restitución y aprecio de los auténticos valores mexicanos.[59]

Los compositores comienzan de manera consciente a interesarse en las músicas locales, integrando sus elementos en las nuevas composiciones.

Criollismo

Los arqueólogos se sumergen en la prehistoria o en la historia, exploran las entrañas de la tierra para encontrar una vasija, un hueso, un vestigio milenario, y no ven nada del mundo de los mercados, de los pueblos, de los sufrimientos que padecen los indios vivos. No sólo los arqueólogos, también los poetas, pintores, músicos, novelistas, se encandilan con el "exotismo" de donde han nacido y se ciegan para toda apreciación objetiva. Hay guatemaltecos que nos ven como los extranjeros y crean una exportable imagen colorida, igual a una vitrina de indios, tan pintoresca que casi justifica las intervenciones.

Luis Cardoza y Aragón (Guatemala, 1901-1992)[60]

A partir de las últimas décadas del siglo XIX comienzan a componerse músicas que utilizan elementos del folclore local que podríamos denominar músicas de estilo nacional según la definición citada de Béhague. Estas manifestaciones aparecen de la mano de compositores que mayormente se formaron en Europa en donde recibieron influencias de los estilos en boga, incorporando la necesidad de originalidad, la cual podría interpretarse como una búsqueda de exotismo. La incipiente inclinación al nacionalismo musical responde entonces a una imposición intelectual y a una actitud destinada a crear un movimiento estético a tono con los movimientos internacionales, a diferencia de los movimientos nacionalistas de países como Checoslovaquia o Finlandia que surgieron como respuesta a situaciones socioculturales concretas y que nacieron de una manera más orgánica y menos racionalizada[61]. El informe[62] escrito en 1910 por Ricardo Rojas ilustra muy bien la situación:

> El momento aconseja con urgencia imprimir a nuestra educación un carácter nacionalista por medio de la historia y las humanidades. El propósito de ellos debe ser formar en el individuo la conciencia de su nacionalidad, las condiciones del ambiente en el que se ha de desenvolver, los factores que lo ligan a la civilización…. La historia de un país está en las bibliotecas, los archivos, los monumentos, los nombres geográficos tradicionales, la prédica de la prensa, las sugestiones de la literatura y el arte…

La canción artística que se compone en esta época no representa a una nación en el sentido tradicional –nación como entidad homogénea-, sino que reafirma la heterogeneidad y la diferencia del grupo que le da origen y cuyo ideal estético representa[63]. De hecho, en los espacios urbanos, y sobre todo en los salones de la clase media-alta, en donde se ejecutaba la música artística, la música folclórica era poco conocida.

Este grupo social tenía mucho más conocimiento y familiaridad con la música europea que con la música folclórica de su propio entorno. Como resultado, cuando los compositores, en su intento por generar música nacionalista "buscan inspiración en el folclor" lograban un efecto de exotismo, no solo a nivel internacional, sino también entre la audiencia de su país (perteneciente a las élites), para quienes esta música era desconocida. Esto se debía probablemente a que la penetración de la música folclórica proveniente de las zonas rurales en los ambientes urbanos fue muy poca, debido en parte a la escasa movilidad social y en parte a las condiciones geográficas de los países.

Gracias al trabajo de Scarabino[64] constatamos cómo los compositores de la época, en su mayoría comparten su pertenencia a familias poderosas económica y socialmente y vinculadas al poder político, hecho de gran importancia, porque les permitía dedicarse a la música sin preocupaciones económicas, dándoles la oportunidad de estudiar en Europa y de pagar estudios privados.

La música "culta" o europea continuaba confinada a los estratos burgueses de la sociedad y los compositores de orientación nacionalista, en sus esfuerzos por representar lo más característico de cada país acudieron a las músicas folclóricas y populares. La inclusión de los elementos de estilo nacional en la música pone de manifiesto las desigualdades sociales de poder, es decir, para poder legitimarse, las músicas folclóricas en su mayoría se transforman en dirección de la música "clásica", adaptándose al lenguaje que esta utiliza.

Según Carolina Santamaría este hecho se pone de manifiesto en el proceso de creación del Conservatorio Nacional de Música de Colombia:

> La Academia fue reabierta en 1905, y cinco años más tarde fue puesta en manos del compositor Guillermo Uribe Holguín, un músico de familia aristocrática que acababa de terminar sus estudios en la Scholla Cantorum de París. El nuevo director cambió el nombre de la institución, que pasó a llamarse Conservatorio Nacional, reestructuró y fortaleció su funcionamiento, e impuso un currículo de estudios basado en el modelo de conservatorio francés; una de las consecuencias de la reforma fue la exclusión de la práctica de cualquier tipo de música no académica dentro de la escuela, incluyendo, por supuesto, al bambuco. .... A pesar de las protestas, el nuevo director siguió adelante con su reforma de corte conservador, y todos aquellos músicos que interpretaban el bambuco y otros géneros tradicionales fueron virtualmente excluidos de la escuela. Podría interpretarse la reforma de Uribe Holguín, que guio la institución por aproximadamente veinticinco años, como una reacción de las clases acomodadas en contra del avance social de las clases subordinadas y de su música...el modelo de conservatorio francés establecía una diferenciación estética clara entre arte y artesanía, y el bambuco, sin lugar a dudas, correspondía a esta última categoría[65].

Un buen ejemplo de la dificultad de penetración de la música folclórica en los espacios urbanos lo encontramos en Argentina en donde la gran extensión del país y la dispersión poblacional dificultaban el contacto entre los diversos grupos humanos. Es a partir de la segunda mitad del siglo XIX, cuando se comienza a recibir cantidades importantes de inmigrantes que tienen como punto de encuentro la ciudad de Buenos Aires.

Es sólo a partir de la segunda mitad del siglo XIX, cuando empiezan a llegar cantidades importantes de inmigrantes que tienen como punto de encuentro a Buenos Aires, cuando la urbe se transforma en una gran ciudad, cosmopolita y diversa en donde se encuentran miles de inmigrantes de los más diversos orígenes y estratos sociales; comenzaron entonces a producirse intercambios e influencias de diferentes expresiones musicales y a recibirse músicas provenientes de las zonas rurales. Estas músicas penetraron los salones burgueses y se manifestaron en el nacimiento de nuevos ritmos que en el momento se consideraban nacionales. La tendencia a mezclar géneros de procedencia europea y reinterpretarlos en el nuevo mundo ha recibido el nombre de criollismo.

Ejemplos de estas mezclas son especies como el bambuco[66], el pasillo[67,68], y la danza[69] en Colombia, el vals y el joropo[70] en Venezuela, el lundú[71], la modinha[72,] el maxixe[73], la samba[74] y el choro[75] en Brasil; el son y la habanera[76] en Cuba; la zamacueca en Chile; el bailecito, el yaraví y la cueca en Bolivia; el jarabe y la contradanza en México, la zamba, el gato, el triste, la vidalita, la milonga, los cielitos y las huellas en Argentina y Uruguay[77], etcétera[78].

Estos ritmos híbridos fueron "lugares de intersección entre lo culto y lo popular"[79]. Así como el piano fue el instrumento central del salón burgués, los instrumentos criollos por excelencia fueron los de cuerda: guitarras, mandolinas, bandurrias, bandolas, charangos, tres, cuatros, tiples y muchos otros instrumentos de cuerda protagonizaron las festividades y serenatas relacionadas con los grupos mestizos.

En el proceso de creolización o criollización, al igual que en los procesos de hibridación y transculturación, la pérdida y la ganancia de características culturales es un proceso que se repite sobre sí mismo y que supone la evolución de una cultura cohesionada e identificable, que casi siempre ha incorporado influencias externas y las ha integrado de tal manera que forma un todo.

> Las culturas criollas aparecen como resultado de la participación activa de los pueblos en la creación de su propia síntesis...hay en el concepto de creolización, la noción de un continuum, una síntesis que trata de igualar la distancia existente entre el centro y la periferia, al mismo tiempo el punto de vista criollo reconoce a la historia. Las culturas criollas no son productos instantáneos del presente, sino que han tenido un tiempo para desarrollarse a sí mismas con un cierto grado de coherencia[80].

En la medida en la que los compositores internalizaron la necesidad de aportar algo "original" a la música y de relacionarse de una manera más directa con sus audiencias, éstos comenzaron a buscar en su propia cultura y tradiciones las fuentes de inspiración. En este periodo se "esperaba" de los compositores que aportaran sonidos nuevos y originales con raigambre local.

Compositores como Alberto Nepomuceno en Brasil, Manuel Ponce y José Rolón en México, Alberto Williams y Julián Aguirre en Argentina, Eduardo Caba en Bolivia, Luís Antonio Calvo en Colombia, Juan Bautista Plaza en Venezuela y Pedro Humberto Allende en Chile, entre muchos otros, comienzan a buscar en sus propias tradiciones y a expresarse en el lenguaje nacionalista. Para ello adecuan las técnicas aprendidas en Europa y acuden a fuentes folclóricas y populares, reales o imaginadas, creando obras con elementos "nacionales". Enfatizo la expresión *reales o imaginadas* pues los compositores de esta época tenían poco conocimiento de las músicas folclóricas y sus acercamientos a ellas fueron superficiales. Según Béhague[81] en Brasil: "Las investigaciones de música folclórica y étnica en el Brasil fueron iniciadas por Edgardo Roquette Pinto (1884- 1954) en 1880 y sus primeras publicaciones vieron la luz en 1883. Los compositores de la época no tuvieron conocimiento de estos trabajos". Esta situación se repite en los otros países de América Latina[82].

El desconocimiento del folclore se mantiene hasta bien entrado el siglo XX tal como describe Scarabino al observar las respuestas que dieron los expertos en folclore Félix Outes y Salvador Debenedetti a una encuesta[83] realizada en 1918 en Argentina a varios de los musicólogos y estudiosos de la música más conocidos de su tiempo:

> ...compositores, críticos, musicógrafos, asociaciones y expertos en folclore consultados dudaban de la existencia de un verdadero conocimiento de aquello que podía ser considerado 'folclore musical[84].

Las canciones artísticas producidas en esta época, aun utilizando las técnicas y al lenguaje europeo empiezan a reflejar rasgos distintivos como el uso de las lenguas locales y de poesías de poetas propios. En las canciones se refleja el momento de búsqueda y dicotomía que se vivía en la sociedad misma.

Alberto Nepomuceno y el canto en portugués

Caso llamativo en este periodo es el del compositor brasileño Alberto Nepomuceno (1864-1920), quien consiguió la implantación del canto en portugués en Brasil[85] a raíz de la campaña de promoción que inició en 1895. Nepomuceno declaró: *"Não tem pátria o povo que não canta na sua própria língua"*[86] encontrando una fuerte oposición por parte de los críticos musicales y de algunos sectores de la intelectualidad que consideraban que el *bel canto* debía limitarse al canto en italiano, en alemán y en francés.

Afrodescendiente nacido en Fortaleza, al norte de Brasil, se formó en los conservatorios de Santa Cecilia en Roma, la Akademische Meister Schule, el *Stern'sches* Konservatorium en Berlín y el Conservatorio de París[87]. Fue en 1891, durante su estancia en Viena, cuando conoció a la pianista noruega Valborg Hermansen Rendtler (1864-1946), antigua alumna de Edvard Grieg (1843-1907) con quien contrajo matrimonio en 1893. Gracias a esta unión afectiva y artística el compositor tuvo la oportunidad de visitar Noruega y conocer a Grieg. El joven Nepomuceno se hospedó en su casa[88] asistiendo a las veladas musicales que el noruego ofrecía. Al escuchar las canciones de Grieg, escritas en noruego, tuvo una profunda impresión, siendo para él una novedad escuchar canciones artísticas que no fueran en francés, alemán o italiano. Esto representaba una postura ideológica muy poderosa pues hasta entonces se consideraba que lenguas diferentes a las mencionadas no eran "dignas" de ser escuchadas en las salas de concierto. A partir de este encuentro Nepomuceno empezó a musicalizar poesías en su lengua materna, el portugués[89].

Su producción musical fue muy extensa y variada y en ella se puede apreciar bien la dualidad casi desgarradora que vivían los compositores de este momento, siendo transmisores de los valores culturales de la élite de unas jóvenes naciones que tenían como modelo estético a Europa y simultáneamente viéndose confrontados a la corriente nacionalista que les empujaba hacia las expresiones folclóricas de su país, expresiones que eran desconocidas por ellos mismos y por los miembros de su clase en su país de origen. Esto se manifestó en una producción inicial totalmente europeizada y una producción tardía que incluye elementos folclóricos.

Se pone de manifiesto una situación que se mantendrá durante prácticamente un siglo, la búsqueda del equilibrio entre lo local y lo universal. Una búsqueda en la que el artista busca representar su propia cultura sin reducirla al motivo folclórico al tiempo que utiliza el lenguaje de la cultura dominante. El creador se confronta a diferentes tipos de recepción de acuerdo con el lugar geográfico de las audiencias. Aparece el público internacional, es decir, el que se encuentra fuera de las fronteras geográficas y culturales que delimitan lo nacional y el público que se encuentra dentro de ese espacio. Se pone en evidencia la diferencia en el concepto de espacio cultural y lugar cultural, discusión que se va a amplificar con la llegada del siglo XX y se mantiene durante el siglo XXI.

Nepomuceno produjo un importante número de canciones, en total 74 para voz y piano. Las primeras con textos en italiano compuestas en 1888 cuando era estudiante en Roma. En 1893 durante su estancia en Berlín escribió canciones en sueco y alemán. A partir de 1894, cuando se traslada a París y después de su encuentro con Grieg escribe sus primeras canciones en portugués musicalizando a importantes poetas brasileros . [90]. En el mismo año compone varias canciones en alemán y francés. A partir de 1896

Ilustración 4: Fragmento de la canción *Coração triste*[91] del compositor Alberto Nepomuceno sobre texto del brasileño Joaquim María Machado de Assis (1839-1908) uno de los poetas reconocidos de su tiempo[92]. Es una canción de fuerte dramatismo que se inicia describiendo el paisaje, para luego narrar la desolación interior. El elemento más destacado de esta canción es el uso del texto en portugués.

todas sus canciones tiene texto en portugués e incorporan motivos de la música folclórica y popular brasilera.

En 1895 presentó un concierto histórico en el Instituto Nacional de Música de Rio de Janeiro en el que hizo escuchar por primera vez, sus canciones en portugués, marcando el inicio de su campaña en pro de la nacionalización de la música clásica brasileña[93]. Su compromiso con la cultura brasileña le llevó a componer su colección de *Doce canciones portuguesas*, publicada en 1904 por Vieira Machado y Moreira de Sa. La colección pone música a poesías de corte romántico de Juvenal Galeno (1836-1931), Alexandre Mello Moraes Filho (1843-1919), Machado de Assis (1939-1908), Raymundo

Corrêa (1859-1911), Orlando Teixeira (1974-1902), Goncalves Dias (1823-1964), Coehlo Netto (1864-1934), Adelina Lopes Vieira (1850- ?) y Hermes Fontes (1888-1930). También compuso una comedia lírica, considerada la primera ópera verdaderamente brasileña, en lo que se refiere a atmósfera, música y uso de la lengua portuguesa[94]. A partir de 1896 fue director de la Asociación de Conciertos Populares en donde promovió a los compositores brasileños e insistió para que se publicaran las obras del joven Heitor Villa-Lobos.

Desarrollando el "estilo nacional"

La última década del siglo XIX representó un punto de inflexión en la historia mundial sobre todo por eventos que sucedieron en los países "periféricos": España, América Latina, Estados Unidos y Japón. En esta década España perdió sus últimas colonias en Filipinas, Puerto Rico y Cuba, los Estados Unidos iniciaron su crecimiento y campaña de dominación con la guerra contra España y Japón se empezó a consolidar como potencia dominando a China.

Comienza el siglo XX y se acerca la celebración de los 100 años de independencia en la mayoría de los países latinoamericanos. Un momento determinado por la búsqueda de una síntesis de los elementos indígenas, europeos y africanos. Las élites, que en esta época comenzaron a ver a los grupos indígenas, negros y mestizos como necesarios para la expansión económica de sus países, promueven políticas de inclusión de estos grupos dentro de la nación. Buscaban unificar a la nación mediante símbolos al tiempo que intentaban mantener sus privilegios y diferencias. Existía una dialéctica entre homogeneidad-heterogeneidad; la nación que trata de construirse como un ente homogéneo tiene que remitir a su heterogeneidad. En este periodo se evidencia el dispositivo social al que hicimos referencia anteriormente, descrito por Martín Barbero de "inclusión abstracta y de exclusión concreta" del "pueblo".

La canción artística representa a la nación imaginada por las élites que progresivamente incorpora elementos de las músicas indígena y africana.

La búsqueda de un sonido nacional fue una búsqueda consciente, insertada en una agenda política. El deseo de desarrollar un lenguaje musical nacional, que le diera a la nación un sello único tenía como última finalidad facilitar a la población la identificación con un conjunto de símbolos comunes. Esta intención se reflejó en posturas políticas, en la creación de instituciones educativas, en la publicación de documentos que buscaban estimular la creación de elementos culturales que agruparan a los miembros de la nación en torno a expresiones que fueran consideradas "nacionales".

En este periodo los compositores, como señala Scarabino[95], utilizaron un proceso de búsqueda del sonido nacional inverso al que utilizarían más tarde figuras como Astor Piazzolla o Heitor Villa-Lobos, quienes partieron de un profundo conocimiento del folclor de su país para producir una obra con un sello único, personal y al tiempo nacional.

Alberto Williams y la estilización de la canción folclórica

Considerado, junto a Eduardo García Mansilla (1866-1930) y Julián Aguirre (1868-1924), como uno de los precursores del nacionalismo musical argentino, Alberto Williams (1862-1952) pertenecía a una familia prestigiosa, siendo su abuelo el también compositor y hombre de estado Amancio Alcorta (1805-1862). Se formó en el Conservatorio de París, en donde estudió entre los años 1882 y 1889, época en que las escuelas nacionalistas estaban en auge en Europa.

A su regreso a Buenos Aires fundó el Conservatorio de Buenos Aires y emprendió un viaje a la pampa con el fin de familiarizarse con el paisaje y la vida rural. Allí escuchó a los campesinos interpretar *gatos, cielitos, tristes* y *vidalitas* y escribió su primera obra de orientación nacionalista: *El rancho abandonado* (1890). Sus obras no eran arreglos de melodías preexistentes, eran composiciones nuevas, inspiradas en el folclor. Compuso 83 canciones basadas en poesías de su autoría escritas en español. Considerado el padre del nacionalismo musical en Argentina, Williams es representativo de un fenómeno continental que se expresó en la composición de numerosas obras con afinidad estilística a los repertorios folclóricos y populares en un intento por desarrollar un estilo nacional.

> Aquí ubicamos aquellas producciones que ya en manos de un compositor simplemente aficionado o profesional, reproduce o transcribe alguna manifestación tradicional folclórica al papel, manteniendo la forma, las características melódicas y armónicas esenciales de la expresión original, pero las coloca en un medio expresivo y social distinto del original. En este caso se transporta lo popular al piano o a la banda. En esta modalidad la armonía se puede enriquecer, así como los diseños melódicos o formales[96]

Los compositores salieron de los salones en donde se ejecutaba música de cámara para "capturar" esas músicas efímeras que eran las músicas folclórica y popular; capturarlas a través del papel escrito, de la notación musical. En su intento por atrapar las melodías e inflexiones locales fueron construyendo el sonido nacional usando las herramientas proporcionadas por la música europea, encorsetando y domesticando los sonidos. Se inauguraban de esta manera avenidas de comunicación de doble vía, procesos de retroalimentación entre el mundo erudito y el folclórico-popular, entre el salón y los espacios urbanos y los espacios rurales. Procesos que continúan hasta hoy en día creando superficies porosas, permeables, vasos comunicantes entre los mundos de la canción popular, folclórica y erudita. Estos procesos se han inscrito dentro de las luchas de poder convirtiéndose en espacios de negociación de conflictos y construcción de la memoria.

Una gran parte del repertorio de canción artística latinoamericana escrita en esta época sigue los mismos patrones, siendo esta una de las razones por las cuales frecuentemente es difícil distinguir entre una canción de origen folclórico o popular y una canción artística. La transposición de lenguajes erudito y folclórico-popular se hizo evidente. Conocer las circunstancias socio-históricas en las que fueron escritas estas canciones es lo que permitirá ubicarlas en uno u otro repertorio, tema que desarrollaremos en el capítulo dedicado a la *performance practice*.

En Argentina un buen número de compositores crearon ciclos de canciones de inspiración nacionalista. Se destacan las *Cinco canciones al estilo popular* de Carlos López Buchardo (1881-1948); *Cuatro canciones al estilo popular argentino* de Abraham Jurafsky (1906), las canciones de Felipe Boero (1884-1958), las canciones de Alberto Williams, las *Canciones argentinas* y *Poemas norteños* de Ángel Lasala (1914-2000); *Seis canciones del Paraná* de Jacobo Ficher (1896-1978), y una parte importante de las canciones de Carlos Guastavino (1912-2000), que incluye el conocido ciclo de las *Cuatro canciones argentinas*[97].

Ilustración 5: *Vidalita*[98] de Alberto Williams es una canción nostálgica, sentimiento presentado a la manera del hombre del campo, quien al cantar describe de manera alterna los paisajes interior y exterior. La canción mantiene la estructura y línea melódica de la canción folclórica homónima en tiempo lento, compas de ¾ y modo menor.

Ilustración 6: Fragmento de la canción *Quena* [99] de Alberto Williams perteneciente al ciclo titulado *Canciones Incaicas*. El elemento más destacado es el uso de melodías pentatónicas que tradicionalmente se han asociado a la música indígena.

En diferentes puntos de América los compositores componen canciones estilizando la música folclórica. Se escriben cientos de canciones. Como ejemplo mencionaré algunas obras y compositores destacados: en Bolivia las canciones de Eduardo Caba (1890-1953) por ejemplo *Kapuri*[100] y *Flor de bronce*[101], en Brasil las *Canciones amazónicas* de Waldemar Enrique, (1905-1995), las canciones de Jayme Ovalle (1894-1955) y una gran parte de la obra vocal de Heitor Villa-Lobos (1887-1959), en Chile las *Tres canciones campesinas de Chile* de Jorge Urrutia Blondel (1905-1981); *Tres tonadas* de Pedro Humberto Allende y *Cantares chilenos* arreglados por Alberto Klos y Jorge Balmaceda, en Colombia: las canciones de Adolfo Mejía[104]

(1905-1973), en Cuba gran parte de la producción de canciones de Eduardo Sánchez de Fuentes (1874-1944), en Ecuador las canciones de Gerardo Guevara (1930), en México las Canciones de Manuel M. Ponce (1882-1948) y *Tres canciones* de Blas Galindo (1910-1993), en Perú los *Seis cantos indios del Perú* de Andrés Sas (1900-1967) y los *Treinta y un cantos del alma vernácula*[105] de Theodoro Valcárcel (1896-1942), en Puerto Rico las *Cuatro décimas* de Narciso Figueroa (1906-1997) y los *Puntos cubanos* de Héctor Campos Parsi (1911-1994), en Uruguay los *Tres cantos uruguayos* de Alfonso Broqua (1876-1946), las canciones *Ay mi vida, La gueya, Triste y Luz mala* de Félix Eduardo Fabini (1882-1950) y los *Cantos de la tarde* de Eduardo Gilardoni (1935) y en Venezuela las *Siete canciones venezolanas* de Juan Bautista Plaza (1898-1965), las *Canciones populares venezolanas*[106] de Vicente Emilio Sojo (1887-1974), las canciones de Juan Vicente Torrealba (1917) y las *Siete canciones venezolanas* de Raimundo Pereira (1927-1996).

Una cantidad importante de la producción de canción artística en América Latina se compuso durante este período cuando los compositores empezaron a escribir en las lenguas locales. Poco a poco surgieron movimientos a favor y en contra del nacionalismo romántico hasta entrar en la segunda y tercera décadas del siglo XX, cuando la discusión intelectual y artística predominante en América Latina fue la del nacionalismo modernista.

Este periodo es el que habitualmente asociamos con el auge del movimiento nacionalista en América Latina, aunque es asincrónico en los diferentes países, su inicio se sitúa habitualmente entre 1920 y 1930, justamente un siglo después de logradas la mayoría de las independencias nacionales. Se inicia en ese momento una tormenta creativa.

La doble naturaleza verbal-musical de la canción: musicalizando a poetas hispanoamericanos

La doble naturaleza verbal-musical de la canción hace necesario que nos fijemos en las poesías de las canciones y en sus temas más frecuentes si queremos comprender con profundidad este género.

La acogida de ideologías nacionalistas en el ámbito musical de los años veinte y treinta en Latinoamérica estimuló el proceso creativo de una generación de compositores e intérpretes que estuvieron ligados al cultivo del repertorio musical popular y de una temática nacional. Toda esta búsqueda y descubrimiento de un sonido propio a través de la musicalización de poemas de poetas "propios" abrió las puertas a un cúmulo de nuevas posibilidades y experimentaciones. En este periodo los compositores a comenzaron a musicalizar poemas de poetas nativos en lengua vernácula, incorporando arcaísmos, vocablos rurales y algunas veces lenguas indígenas[107].

El hecho de que los compositores se fijaran en la producción de poetas locales significaba que se identificaban con su mensaje, con la sonoridad de la lengua, con su forma de expresar los sentimientos e ideas y que de algún modo estaban alineados con la forma de ver y describir el mundo del poeta. También refleja los procesos sociales de inclusión que se están produciendo, es decir desde las estructuras de poder se estaban incentivando políticas de inclusión de los grupos hasta entonces marginados que eran las que practicaban las lenguas vernáculas e indígenas. Paradójicamente las desigualdades de poder que anteriormente privilegiaron el uso de lenguas centroeuropeas son las mismas que impulsan la incorporación de las lenguas locales. Se activan corrientes, movimientos en direcciones contrarias que generan espacios de intersección sonora y lingüística.

Por lo tanto, la selección de la poesía, no es un hecho azaroso ni mucho menos superficial. Cuando un compositor elige un texto es porque siente afinidad con el mismo y contribuye con la música a la enunciación de su mensaje, al menos a nivel consciente.

Cuando pregunté al compositor brasilero Marlos Nobre (1939) cómo elige los textos para sus canciones, contestó:

> Esta es una cuestión muy fuerte para mí. Por ejemplo, he recibido un encargo para hacer una obra basada en determinado poeta escogido por la institución que me hacía el encargo: no pude componer jamás esta obra por absoluta falta de simbiosis con el poeta. Así, todas mis canciones siempre han sido creadas a partir de una fuerte afinidad con los poetas y determinados textos. Así ha sido con el poeta pernambucano Ascenção Ferreira (mis *Tres Canciones Negras*), Manuel Bandeira (la 3a. canción negra), Carlos Drummond de Andrade (*O Canto Multiplicado* para voz y cuerdas) y por ejemplo Simón Bolívar (en mi *Cantata del Chimborazo*, basado en su "Delirio del Chimborazo"), y hasta el alemán Heinrich Heine, del cual he escrito mi *Kleine gedichte*, título mismo del poema de Heine.[108]

A la misma pregunta el compositor argentino Juan María Solare (1966) me contestó:

> Es como en la elección de una pareja para toda la vida: se aúnan elementos de atracción carnal con el pragmatismo más crudo. En el caso de los textos: no es suficiente con que sea bueno y me guste, me tiene que gustar para ponerle música. Quisiera no caer en lugares comunes, pero es cierto: al recitar un texto de estas características se prefigura una melodía o un ritmo concreto en la cabeza. Los textos que me atraen suelen tener frases breves y concisas, suelen narrar una historia (si son largos) o tener algo de chisporroteante ingenio o de absurdo surrealista (si son aforísticos). Prefiero los textos con un alto grado de contenido, con sustancia, no textos superficiales (al revés que muchos operistas)[109].

Al preguntarle qué lo motiva a componer obras vocales, Solare contestó: "Inicialmente, un texto atractivo. Sin embargo, no todo texto me atrae para musicalizar, por mejor que sea"[110].

En Chile, la poesía tuvo una activa presencia en la música a través de la obra de Gabriela Mistral (1889-1957). Desde 1918 su obra impulsó profundos cambios en la música, invitando a los compositores a fijarse en los textos en castellano y a abogar por el canto en la propia lengua[111]. Como dijo el compositor Chileno Jorge Urrutia Blondel en un artículo que escribió a la muerte de Mistral:

Hilos milagrosos, afinidades indefinibles, matices inanalizables, sedujeron a los compositores chilenos. En forma insensible, fueron acercando cada vez más su tienda a la fuente de inspiración, escamoteando centímetros entre una y otra, como deseando ensoñar y laborar bajo la misma lámpara. todo esto, casi sin que la poetisa se percatase de ello. Podría decirse de Gabriela Mistral que llegó casi a abismarse de que toda esa extraña gente, manejadora de sonidos, llegase a su huerta para cosechar el buen fruto, tibio aún, mas por la llamarada de la creación que por el buen estío. Luego, los vería alejarse cantando,…y dibujando signos, para ella cabalísticos, unidos a los del fruto poético; fruto casi robado, con en jornada rapaz. ….. El verso ya cantaba sin el canto, urgiendo al sonido, imponiendo acordes, exigiendo la garganta humana, para decir lo que allí latía y desbordaba potencialmente. …Asimismo, en toda la producción musical de allende las fronteras, especialmente en Latinoamérica, está presente la llama animadora de nuestra poetisa[112].

El uso de la poesía de Gabriela Mistral por compositores no solo chilenos sino de toda América Latina, con temas dedicados a la infancia, asociados al universo femenino y especialmente sus referencias a lo indoamericano y el uso de vocablos arcaicos vigentes en las zonas rurales, indica que los compositores se identificaban con esta búsqueda de una voz americana y por consiguiente una búsqueda de identidad nacional afiliada a lo local.

Mistral, plasmó en su poesía la vida cotidiana del pueblo, describiendo una infancia decididamente latinoamericana, denunciando la situación de pobreza y abandono de los niños de la calle como en su poema *Piececitos* musicalizado por Carlos Guastavino[113]. Escribió sobre la maternidad y su visión femenina alcanzó a tocar la sensibilidad de los compositores latinoamericanos, la mayoría de ellos, hombres. Estas características las observamos en el siguiente fragmento:

> Piececitos de niño azulosos de frío
> Cómo os ven y nos cubren ¡Dios mío!
> Piececitos heridos por los guijarros todos
> Ultrajados de nieves y lodos.
>
> Piececitos de niño dos joyitas sufrientes
> ¡Cómo pasan sin veros las gentes!

La poesía de Mistral transmitió también un profundo americanismo en el que la cosmogonía indígena se expresó honda y verazmente[114]. Su poesía, de intimismo femenino y también del dolor, sacó a los compositores del eterno vínculo con el poema de amor modernista.

Su poesía fue musicalizada por los chilenos Alfonso Letelier[115] (1912-1994), Alfonso Leng (1894-1974), Aníbal Aracena Infanta (1870-1951), Jorge Urrutia Blondel (1903-1981), Domingo Santa Cruz (1899-1987), Pedro Humberto Allende (1885-1959), René Amengual (1911-1954), Federico Heinlein (1912-1999), Juan Allende-Blin (1928), Andrés Alcalde (1952) y Luis Advis (1935), y por argentinos como Lia Cimaglia de Espinosa (1906-1998) y Carlos Guastavino (1912-2000), sólo por mencionar a algunos de los compositores que se interesaron por el universo Mistraliano.

De la misma manera, en países como Argentina, Brasil, Colombia, Cuba, Chile, México, Perú, y Venezuela, los compositores empezaron a musicalizar textos de poetas nativos.

> La afinidad de los compositores con los poetas locales señala una situación propia de una problemática común de la música, de la poesía y del arte de los países latinoamericanos: el proceso de búsqueda y de consolidación de la identidad cultural[116].

Un claro ejemplo lo encontramos en las palabras de Hamlet Lima Quintana (1923-2009), poeta argentino, cantor, autor y también compositor que jugo un importante papel en el desarrollo de la canción folclórica en la década de los sesenta en Argentina. Sus poesías fueron musicalizadas por el compositor Carlos Guastavino (1912-2000):

> No establezco diferencias cuando escribo poesía para ser cantada, con la poesía para ser leída. Son dos formas diferentes de un mismo mensaje, una misma intuición y un idéntico fin: entablar el diálogo con los otros, los semejantes. Además, no se debe echar al olvido que la música es el vehículo natural de la poesía[117].

Entre los poetas argentinos más musicalizados se encuentran Leopoldo Lugones (1874-1938) y León Benarós (1915). A la relación de poetas latinoamericanos pueden sumarse Pablo Neruda (1904-1973), Jorge Luis Borges (1899-1986), y Fernán Silva Valdés (1887-1975). También poetas españoles, especialmente Rafael Alberti (1902-1999), Federico García Lorca (1898-1936) y Luis Cernuda (1902-1963).

Una observación a los temas más frecuentes encontrados en las canciones evidencia que en las canciones artísticas latinoamericanas priman los temas amorosos y las descripciones del paisaje local. La mayoría de las canciones describen estados emocionales y situaciones de amor-desamor que son constantes universales. Las descripciones del paisaje, del terruño lejano, de los "pagos"[118], del "ayllu"[119] y las alusiones a la tierra de belleza idealizada también son frecuentes, especialmente porque estos paisajes y circunstancias se asocian con el mundo rural, de donde proviene la música folclórica, fuente de inspiración para muchos de compositores en su búsqueda nacionalista.

En las canciones de compositores bolivianos pertenecientes a este periodo, tales como Eduardo Caba (1890-1953) y más ecientemente Alberto Villalpando (1942) observamos la utilización de textos de poetas nativos o textos de origen popular. En Colombia los compositores tuvieron predilección por los poetas locales, tales como José Eustacio Rivera (1889-1928), José Asunción Silva (1865-1896), Otto de Greiff (1903-1995), Jorge Isaacs (1837-1895), Eduardo Carranza (1913-1985), Dora Castellanos (1914), Julio Flores (1863-1923) y Porfirio Barba Jacob (1885-1942).

Mención especial merecen las canciones del peruano Theodoro Valcárcel, concretamente su ciclo titulado *Treinta y un cantos del alma vernácula* por ser escritas en los idiomas quechua y aymara, dos lenguas indígenas. De esta importante obra nos ocuparemos más adelante.

El poeta español Federico García Lorca (1898-1936) merece también apartado especial, pues sus poemas han sido musicalizados por compositores de toda América Latina, convirtiéndose sin duda en uno de los favoritos de los compositores no solo latinoamericanos sino españoles. Sus poemas que generalmente describen situaciones locales asociadas con el andalucismo y su nativa España, proporcionaron a los compositores latinoamericanos un ambiente ideal cuando querían introducir motivos melódicos asociados con la música española. Aunque esta no ha sido la única vía de expresión de su poesía ya que encontramos canciones sobre poesías de Lorca de todos los estilos, incluyendo canciones que utilizan lenguajes musicales de vanguardia durante la segunda mitad del siglo XX y principios del XXI. Como ejemplo podemos citar el ciclo de canciones *El niño mudo* del compositor boliviano Agustín Fernández (1958)[120].

El gusto de los compositores por la poesía de Lorca, Alberti y Cernuda refleja un apego hispanista que puede ser sintomático de la búsqueda de una identidad nacional basada en lo europeo que se asocia con las élites. Tal como dijera Ketty Wong en su estudio sobre el pasillo ecuatoriano: "...hay que considerar que las clases dominantes se sentían identificadas con la poesía modernista por ser ésta un indicador de alta cultura, intelectualidad y sensibilidad artística"[121].

En Brasil los compositores musicalizaron poemas en su propia lengua desde una época más temprana si se compara con los países de la América hispana. Seguramente el hecho de haber tenido la corte del rey João VI desde 1808 en Río de Janeiro creó unas condiciones diferentes y, aunque también predominaron durante gran parte del siglo XIX las obras escritas en italiano, encontramos tempranamente *modinhas* y *lundus* escritos en portugués sobre poesías de poetas propios.

Los poetas preferidos por los compositores brasileros durante la primera parte del siglo XIX fueron Domingos Caldas Barbosa (1739-1800), Juvenal Galeno (1836-1931), Mello Moraes Filho (1843-1919), Machado de Assis (1939-1908), Raymundo Corrêa (1859-1911), Orlando Teixeira (1974-1902), Goncalves Dias (1823-1964), Coehlo Netto (1864-1934), Adelina Lopes Vieira (1850- ?) y Hermes Fontes (1888-1930).

Al iniciarse el siglo XX los poetas más musicalizados fueron Manuel Bandeira (1886-1968), Ribiero Couto (1898-1963), Dora Vasconcellos (1910-1950), Carlos Drumont de Andrade (1902-1987), Ronald de Carvalho (1893-193), Cecilia Meireles (1901-1964) y Vinicius de Morais (1913-1980) entre muchos otros. Es importante anotar que los dos tipos de canción más importantes en el repertorio brasilero, el *lundú* y la *modinha*, son simultáneamente formas musicales y formas literarias.

En general, los compositores han preferido escribir sobre poemas románticos, cantar al amor y al desamor y a un país o región lejanos e idealizados. Los temas bucólicos, asociados con la tradición folclórica también atrajeron a los compositores nacionalistas. El interés por musicalizar poesía de origen popular, indígena o de renombrados poetas de sus propios países, reflejaba la coincidencia de las artes en la búsqueda de la identidad nacional.

2

UNA TORMENTA CREATIVA

La canción artística como medio de expresión del nacionalismo modernista

Justamente cuando los países latinoamericanos se aproximan al centenario de sus independencias nacionales, Europa atraviesa por un momento difícil; el estallido de la primera guerra mundial en 1914 revitalizó los sentimientos nacionalistas y profundas convulsiones internas condujeron a la vieja Europa por caminos nuevos. En 1918, Al terminar la guerra, se dibuja una Europa en la que han emergido nuevas naciones y el mundo occidental queda sumido en una profunda crisis económica que tuvo efectos también en las economías de América Latina.

América Latina se ve muy afectada, no solo en el ámbito económico sino también en el cultural. Acostumbrados a "imitar" las corrientes europeas, la corriente nacionalista ahora se percibe como un paso natural en la sociedad de entonces y se empieza a sentir como necesario para la internacionalización. En el ámbito musical, buscar y desarrollar un sonido propio y único será un requisito en la construcción de la identidad sonora. ¿Pero cómo construir este sonido?

De manera simultánea y en diferentes puntos de América se produce una auténtica tormenta creativa. En América Latina esto se manifiesta con un marcado acento nacionalista al tiempo que se empieza a tener conciencia continental y se comienza a percibir un rumbo panamericano. Observamos la coincidencia de las artes (música, literatura, pintura, entre otras) en la búsqueda del lenguaje nacional y de una identidad compartida.

77

El arte de la gente "*sin historia*"[1,2] empezó a popularizarse entre las élites y a ser pieza fundamental en la construcción del sonido nacional. Se inicia a partir de 1920, la democratización de la música. Los compositores en este período reconocieron que la combinación de música y palabra les ofrecía un medio ideal para la expresión de sus ideales nacionalistas. La canción con sus pequeñas proporciones era una vía accesible, íntima y directa para comunicar su mensaje. Es quizá por esta razón que en este período se compusieron la mayor cantidad de canciones artísticas en las que se reflejan estilos nacionales muy definidos.

El filósofo estadounidense Richard Rorty afirma que el pensamiento y la lengua no buscan la verdad, ni se miden en la adecuación de la realidad, sino que están al servicio de los intereses y propósitos que se imponen los seres humanos y en función de su utilidad para esos fines[3]. Esto situación se observa en el desarrollo de la canción artística en este período. Diríamos entonces que el pensamiento, la lengua y la música (considerada como lenguaje) han estado al servicio de unos intereses y han cumplido funciones concretas en la construcción de la identidad nacional.

He escogido cinco países que en términos generales ejemplifican la tormenta creativa a la que me refiero. Observaré las situaciones de Argentina, Brasil, Cuba, Perú, Bolivia y Venezuela. La selección de estos países estuvo determinada por varios factores, los más importantes, la repercusión de las obras y compositores en el contexto continental, la disponibilidad de las obras y el hecho de que cada uno de estos países representa un tipo de acercamiento a lo nacional que enfatiza elementos de grupos diferentes además de representar a regiones más amplias, es decir, Argentina ilustra a los países del cono sur al tiempo que vemos como en su canción artística prima la exaltación de elementos europeos. Cuba se toma como modelo de la región caribe y sirve para observar la valorización del aporte africano. Perú, Bolivia y Venezuela representan a la región andina al tiempo que exhiben dos formas de expresión del nacionalismo muy diferentes; En Perú y Bolivia se idealiza el aporte indígena y en Venezuela se desarrolla un sonido mestizo en el que aparecen figuras que ilustran la creación consciente del discurso nacional. Brasil además de representar a la América lusófona exhibe unas características únicas al integrar de manera armónica elementos africanos, indígenas y europeos.

De cada uno de estos países escogí a algunos de los compositores más representativos en el ámbito de la canción artística durante este periodo. Su representatividad la determiné por su aporte al género de canción, por la repercusión que sus obras vocales tuvieron en su entorno nacional e internacional y por el uso que hicieron de la lengua y de los motivos nacionales propios de cada país.

ARGENTINA

El movimiento renovación

Argentina es sin duda junto a Brasil el país que ha producido el repertorio más nutrido de canción artística. Muchos y variados factores han reforzado este hecho, quizá el primero de ellos la importante inmigración europea de finales de siglo XIX que llegó principalmente a Buenos Aires y contribuyó enormemente a moldear a la ciudad desde el punto de vista arquitectónico y artístico, a imitación de las ciudades europeas, especialmente del París de la época. Se impulsó el comercio internacional, se multiplicaron las comunicaciones, se construyó el puerto de Buenos Aires y se erigieron edificios públicos de importancia dando paso a una gran ciudad.

Durante las dos primeras décadas del siglo XX empezaron a manifestarse signos de nacionalismo que surgieron por un afán de internacionalización más que por un conocimiento del folclor. Era un nacionalismo "interesado", que pregonaban algunos compositores tales como Alberto Williams:

Los jóvenes compositores deben hacer trabajo de "folklore", rastrear las melodías originales, recogerlas como pepitas auríferas y publicar colecciones de cantos indígenas. Deben servirse de esos preciosos documentos...para inspirarse en ellos, para extraerles el perfume y comunicarlo a las ideas. Los jóvenes compositores deben tratar de argentinizar sus tendencias y no andarse remedando como papanatas, viene al caso decirlo, a toda clase de bichos decadentes europeos.[4,5]

En los albores del siglo XX, la vida cultural en Argentina, especialmente en Buenos Aires, estaba en plena efervescencia. Para la época de celebración del primer centenario de la independencia numerosos engranajes se pusieron en marcha para posicionar a la nación en el contexto universal y para crear una cultura nacional. Esta efervescencia creativa se cristalizó en la creación de instituciones de carácter privado y público que contribuyeron, desde diferentes frentes a estructurar la educación musical, a formar a las audiencias, a sintonizar a la población con la música proveniente de Europa, a crear espacios de ejecución y a estimular la creación de una música "nacional". De una manera consciente y dirigida se estaba promulgando y deliberadamente "imponiendo" la creación de un sonido nacional.

Este impulso se materializó en la creación de instituciones de gran importancia como el Teatro Colón inaugurado en 1908, la Asociación Wagneriana (1912), la Sociedad Nacional de Música (1915), la Asociación del Profesorado Orquestal (1919), el Conservatorio Nacional de Música y Declamación (1924). Consolidando un círculo virtuoso que favorecía la creación, se desarrolló la industria editorial musical y se convocaban anualmente premios de composición que generaban espacios para los jóvenes compositores[6].

Los motivos nacionales y su aparición en la canción

Durante los primeros años del siglo XX, cuando la figura del gaucho se convirtió, gracias a intelectuales como Leopoldo Lugones (1874-1938), en la esencia de la cultura nacional, en Buenos Aires la música folclórica se ejecutaba en los llamados circos criollos. Cantantes folclóricos acompañados casi siempre por la guitarra fueron la figura central de estos encuentros. Las peñas, centros para la ejecución musical nativa de mayor aceptación se inauguraron en los años veinte apoyadas por miembros de los partidos políticos gobernantes.

Los compositores de esta época hicieron un esfuerzo por asimilar la música proveniente de los espacios rurales lo cual se reflejó en sus obras vocales. Estos elementos folclóricos eran el resultado de la triple influencia indígena, española y africana que había determinado la cultura argentina. Se incorporaron motivos nacionales comunes en las músicas rurales, algunos asociados mayormente con la herencia indígena, como el *yaraví*[7], el *huayno*[8], el *triste* y la *vidala*. La incorporación de las especies rítmicas y de las tímbricas se hizo adaptando los sonidos folclóricos a las técnicas y tímbricas de los instrumentos occidentales, es decir, las prácticas de transformación sonora se realizaron en una dirección, la dirección de los grupos poseedores del poder. De esta manera las sonoridades típicas de la guitarra y de los instrumentos originalmente utilizados en las músicas folclóricas se imitan con el piano o con los instrumentos del grupo de cámara occidental. Caracterizaré brevemente cada una de estas especies utilizadas por los nacionalistas:

El yaraví. Canción folclórica generalmente lenta y melancólica que tradicionalmente se canta acompañada de la quena.

El triste. Canción de origen peruano, que expresa la tristeza del amor no correspondido, es de carácter lento y melancólico generalmente alterna una parte vocal lenta con una sección instrumental un poco más rápida. La vidala normalmente toma su forma del texto y con frecuencia su forma es la de copla.

La vidalita. Considerada la canción de amor típica del gaucho deriva su nombre del uso en la canción del término vidalita, una forma afectuosa de llamar a la amada; mi vida, vidita, vidalita. Es diferente a la vidala y su diferencia radica en que la vidalita se refiere únicamente a la canción que usa versos hexasilábicos y que inserta la palabra vidalita después del primer y tercer verso. Musicalmente se caracteriza por el tiempo lento, en compás de 3/4.

La huella. Danza muy arraigada en la sociedad argentina[9] deriva su nombre de la huella dejada por las carretas a su paso por la pampa. Con frecuencia sus textos se asocian a la tierra y refleja las emociones del viajero que va lentamente recorriendo los caminos polvorientos. Es casi un lamento, un cantar nostálgico, mezcla de alegría y tristeza. Típicamente se repite el estribillo "a la huella, la huella". La canción artística *Pampamapa*[10] *de* Carlos Guastavino (1912-2000) incorpora el ritmo de huella y sus características textuales.

La milonga. su aparición, a finales del siglo XIX, fue el resultado de la confrontación del campo y la ciudad , se considera un ritmos criollo. El término milonga se asocia una obra vocal o instrumental que acompaña la danza en tiempo moderado, en compases de 2/4 o 4/8[11].

El malambo. Danza tradicionalmente masculina en la que el hombre reafirma su poder, virilidad y superioridad sobre otros hombres. Bellamente representada, con su característico zapateado, sirve para demostrar las habilidades del gaucho[12]. Es una danza energica sirve para demostrar las habilidades del gaucho[12]. Es una danza enérgica y se ejecuta en tiempo rápido y compás de 6/8. La base de su desarrollo rítmico se deriva de su progresión armónica que consiste en las triadas primarias de la escala mayor que generalmente son tocadas por la guitarra.

El gato. Danza especialmente vivaz apareció durante el siglo XIX, época en la que fue muy popular. Sus temas son típicamente amorosos y picarescos. Su característica sobresaliente es su ritmo rápido y vigoroso en el que se combinan 6/8 y 3/4.

La zamba. Típicamente argentina la *zamba* es un ritmo de danza que originalmente proviene de Perú, en donde se conocía como *zamacueca* y que entró en Argentina a comienzos del siglo XIX. La zamacueca se diferenció en dos ritmos, la *zamba* y la *cueca*. La cueca se desarrolló en Bolivia y Chile y la zamba en Argentina. A diferencia de la cueca, que es rápida y de textos picarescos, la zamba es lenta y se presenta en compás de 6/8. Representativa es la canción titulada *Zamba*[15] del ciclo de *Cinco canciones populares argentinas* de Alberto Ginastera.

La chacarera Es un ritmo de gran difusión y popularidad en Argentina desde la mitad del siglo XIX. Es una danza rápida, alegre y picaresca en la que las parejas danzan con un ligero zapateado. Generalmente se cantan acompañadas de guitarra y su texto se basa en coplas octosilábicas en las que la palabra chacarera aparece ocasionalmente. Ejemplo de este ritmo incorporado en una canción artística es la *Chacarera*[16] de las *Cinco canciones populares argentinas* de Ginastera.

Carlos López Buchardo y las Canciones al estilo popular

Carlos López Buchardo (1881-1948), compositor y pedagogo, fue figura central de estos primeros años del siglo. Formado musicalmente en Francia, fue el primer director del Conservatorio Nacional de Música y presidente de la Asociación Wagneriana. Buchardo representa un momento de transición que se aprecia claramente en su obra; una primera etapa de producción de marcada influencia francesa y una subsiguiente de búsqueda nacionalista. En sus composiciones se observa la contradicción que se encerraba en la creación de estos compositores de comienzo de siglo XX, profundamente europeizados y al tiempo imbuidos por un afán internacionalista que se expresaba en la búsqueda del sonido nacional.

López Buchardo contribuyó de manera importante al repertorio de la canción artística argentina. Escribió en 1924 su ciclo de canciones titulado *Seis canciones al estilo popular*, que obtuvo el Premio Municipal de Música en 1925 siendo estrenado por su esposa la cantante Brígida Frías de López Buchardo. El ciclo, compuesto por las canciones *Vidalita*, *Los puñalitos*, *Desdichas de mi pasión*, *Vidala*, *Canción del carretero* y *Jujeña* fue escrito utilizando poesía de los también argentinos Leopoldo Lugones (1874-1938) y Gustavo Caraballo[17].

Estas canciones dieron a conocer al compositor, en especial la *Canción del carretero*[18] en la que López Buchardo logró de una manera muy delicada recrear el ambiente emocional de la partida, de la pérdida, al tiempo que introduce elementos que infunden color local-regional-nacional a la canción.

Habiendo interpretado esta obra en numerosas ocasiones, en su versión original para voz y piano y en su versión orquestal puedo decir que es técnicamente exigente y que recuerda por momentos, al famoso *Lied* de Schubert *Gretchen am Spinnrade* (Margarita y la rueca) en la que existe un elemento continuo, casi monótono, la rueca que gira en el caso de la canción de Schubert y la rueda en la de López Buchardo, que mantiene la tensión emocional, como una alfombra sobre la que se apoya la melodía en la que aparecen personajes y paisajes locales que le dan el toque nacional en el caso de la composición de Buchardo.

López Buchardo compuso en total 62 canciones[19], de las cuales 21, las compuestas en su primera etapa comprendida entre 1896 y 1924, tienen textos en francés. A partir de 1924 compuso únicamente en español. Entre sus composiciones de este periodo se destaca el citado ciclo titulado *Cinco canciones al estilo popular*[20] y varias canciones aisladas, todas ellas en el estilo nacionalista[21].

El movimiento nacionalista de la primera década del siglo, fue seguido en las décadas del 20 y el 30 por la aparición de un movimiento vanguardista que se expresó, al igual que en otros puntos de América, en todas las artes y en el ámbito de las ideas.

En 1930, la escritora Victoria Ocampo funda la revista *Sur* dedicada a promover la cultura y la literatura. *Sur* cuyo nombre fue propuesto por el filósofo español José Ortega y Gasset, se convirtió en un puente entre la intelectualidad argentina y el resto del mundo. El primer facsímil apareció en Buenos Aires el 1 de enero de 1931, y se editó durante cuatro décadas. En ella colaboraron algunos de los escritores e intelectuales más prestigiosos del siglo como Jorge Luís Borges, Bioy Casares (cuñado de Victoria Ocampo), casado con la también escritora Silvina Ocampo, Albert Camus, Aldous Huxley, Federico García Lorca, Manuel Mujica Láinez y André Malroux, entre muchos otros.

En el ámbito de la música esta efervescencia y necesidad de cambio de postura se manifestó con la creación en 1929 del *Grupo Renovación*. Este grupo, formado por músicos de muy diversas orientaciones estéticas, tales como Juan José Castro (1895-1968), Juan Carlos Paz (1901-1972), José María Castro (1892-1964), Gilardo Gilardi (1889-1963) y Jacobo Fischer (1896-1978), fue creado sobre todo con la intención de promover la actividad individual de sus miembros.

Encontró adeptos en la Asociación Amigos del Arte, cobijadora de artistas jóvenes de las letras, la plástica y la música. Ligada a estas entidades emergió la figura de Eduardo Fornarini, llegado a Buenos Aires hacia los comienzos del siglo XX, y ferviente defensor del purismo en la música. Sus enseñanzas fueron decisivas para los integrantes del Grupo Renovación, por cuanto facilitaron la madurez técnica que permitiría el desarrollo de nuevos lenguajes. La afiliación a este grupo representó para los compositores "un factor de distinción"[22] que les permitió un posicionamiento en el campo musical y cultural, aunque sus miembros no compartían un discurso estético homogéneo. Los fundadores del Grupo Renovación compusieron canciones artísticas, especialmente Juan José Castro, Gilardo Gilardi y Jacobo Fischer.

Pocos años después de la formación del grupo, llega a Argentina, huyendo de la guerra civil española, Manuel de Falla, cuya presencia tuvo un profundo impacto en los compositores locales, sobre todo por el modelo estético que manejaba y su particular lenguaje nacionalista. En la misma época y también escapando de la guerra llegó a Buenos Aires la cantante catalana Conxita Badía (1897-1975) quien se convertiría en una de las principales intérpretes de las nuevas obras vocales escritas por los compositores del Grupo. Aunque Falla había escrito sus obras vocales más importantes varios años atrás y ya estaba en el ocaso de su vida, su sola presencia en el país tuvo un efecto simbólico de reconocimiento y validación en los compositores. La presencia de Badía fue también de gran importancia. Algunos de los compositores más importantes de su tiempo como Guastavino, Ginastera y Castro le dedicaron canciones que ella estrenó e interpretó en Argentina y España. Badía estimuló y promovió las canciones artísticas de los compositores argentinos.

Durante las décadas comprendidas entre 1920 y 1940 se compusieron cientos de canciones artísticas en Argentina gracias al estímulo de los concursos de composición municipales. La mayoría de estas obras hacían uso de citas directas del folclor, estilizaciones y adaptaciones. El nivel de interiorización de lo que constituía la esencia de la música folclórica y popular estaba aún en proceso de construcción.

BRASIL

La Semana del arte moderna

Desde finales del siglo XIX, en Brasil se inició una búsqueda gradual de una estética propia. Al igual que Argentina, Brasil recibió una ola de inmigración muy importante que transformó a la capital en una ciudad que pasó de tener 31.000 habitantes en 1872 a tener 600.000 en 1922[1]. Artistas provenientes de diferentes medios expresivos empezaron a considerar el lugar único de su nación en el panorama internacional y a rechazar los modelos culturales "importados" de Europa. Este proceso gradual tuvo su punto de mayor expresión en 1922 cuando surgió la ideología modernista, alineada con el sentimiento nacionalista.

El movimiento modernista cuestionaba la tradición, renunciaba al pasado y rechazaba las normas establecidas. Simultáneamente se buscaba que las producciones nuevas reflejaran de manera fiel lo "auténticamente brasilero", una "brasilianidad" que abrazara las múltiples razas y nacionalidades que comprendían a la nación brasilera; un reto complicado para los artistas del momento.

Jalonados por la exuberante e incisiva personalidad del gran poeta, folclorista, musicólogo, historiador, escritor y líder Mário De Andrade (1893–1945) los artistas brasileros se aunaron para organizar la Semana del Arte Moderna que tuvo lugar entre los días 13 y 18 de febrero de 1922 en el Teatro Municipal de São Paulo. El objetivo de esta semana fue presentar el trabajo de todos aquellos creadores que de manera consciente habían estado buscando una solución estética al "problema" o reto de cómo plasmar lo auténticamente nacional en una obra artística.

De Andrade había dedicado años de estudio al folclor de las diversas regiones del Brasil, habiendo documentado y transcrito melodías de diferentes zonas del país. Todo con el íntimo objetivo de proporcionar a la población y especialmente a los compositores, las herramientas que les permitieran conocer la riqueza y diversidad de la música brasilera, para que luego pudieran representar esta riqueza y originalidad en sus composiciones nacionalistas. Los escritos de De Andrade sin duda inspiraron una conciencia nacionalista en los artistas de su época, muy especialmente en los músicos.

La *Semana del Arte Moderna,* sería entonces, el escenario en donde se presentarían las nuevas tendencias y la nueva orientación de las artes en Brasil. Este importante evento tuvo lugar dos décadas después de iniciado el siglo XX, décadas de transición en la que artistas pertenecientes al nacionalismo romántico fueron dando paso a una nueva generación de compositores nacionalistas modernistas y preparando la gran revolución que significaría la Semana del Arte Moderna.

Los organizadores escogieron el año 1922 para coincidir con la celebración de los 100 años de la independencia -que fue declarada el 7 de septiembre de 1822- para así tener la oportunidad de repensar el significado de ser brasilero y el lugar de la cultura brasilera en el mundo contemporáneo. La semana se inauguró oficialmente el 13 de febrero de 1922 en el teatro paulista con un discurso de Graça Aranha, en el que instaba a la audiencia a romper sus paradigmas estéticos y dejarse permear por las nuevas expresiones artísticas que representaban lo auténticamente brasilero[2]. Aranha pidió al público que aceptara las referencias "al color único de nuestra tierra", alentándole a escuchar las composiciones de Villa-Lobos y preparándole para recibir "la magia del arte de las más sinceras expresiones del espíritu de nuestro fabuloso mundo tropical"[3].

Pintores como Anita Malfatti (1889-1964) y escritores como el polifacético Mário de Andrade (1893-1945), Oswald de Andrade (1890-1954) Menotti del Picchia (1892-1988) y el poeta Manuel Bandeira (1886-1968) conformaron el grupo que lideró esta semana en el tradicional Teatro Municipal de São Paulo.

Las consecuencias del evento fueron fundamentales para el futuro desarrollo de las artes en Brasil. Los artistas empezaron a mirar hacia adentro, es decir, a sus propios recursos naturales, a la belleza del paisaje y su gente, buscando inspiración en todo ello[4]. Hubo una apropiación del paisaje como algo único y distintivo del país, fuente de inspiración artística y elemento clave en la construcción de la identidad nacional[5]. Esta semana lejos de culminar el desarrollo del nacionalismo modernista en música, se puede acreditar como el inicio del mismo.

Ilustración 13: Portada del catálogo de la *Semana de Arte Moderna* celebrada en el tradicional Teatro Municipal de São Paulo en 1922.

Los compositores que se destacaron durante esta Semana fueron Heitor Villa-Lobos (1897-1986), Mozart Camargo Guarnieri (1907-1993), Francisco Mignone (1897-1986) y Oscar Lorenzo Fernández (1897-1948). Cada uno de estos compositores intentó reflejar lo auténticamente brasilero en su música. Todos fueron prolíficos compositores de canciones.

La canción como medio de expresión del nacionalismo modernista

La canción fue el medio por excelencia en el que se plasmaron los intentos de construcción de identidad nacional. Esta se fue desarrollando hasta sintetizarse en dos tipos principales de canción que se convirtieron en los más importantes tipos de canción artística brasilera: la modinha y el lundú.

La *modinha* y el *lundú* fueron el resultado de complejos movimientos de transformación que llevaron a la canción folclórica a convertirse en canción popular y de allí a penetrar a los salones de la música erudita. Este proceso fue potenciado por los movimientos poblacionales de las zonas rurales a la ciudad que llevaron consigo los cultos africanos a las ciudades con su consecuente estilización y sofisticación.

Aunque la población de origen africano era relegada económica y socialmente, su influencia en la cultura urbana se hizo cada vez más evidente. De esta manera se incorporaron en la música popular formas como el lundú, el maxixe, la samba y el tango brasilero[6]. Estas formas influenciaron a los compositores de música "erudita" quienes empezaron entonces a componer modinhas y lundus. Los elementos musicales más distintivos que aportaron estas músicas fueron el uso de la síncopa, la modulación a la subdominante, la ornamentación de la melodía y las reiteraciones rítmicas[7]. Modinhas y lundus se convirtieron en los principales tipos de canción compuestas por los compositores eruditos brasileros.

La modinha

La modinha es un tipo de canción amorosa, sentimental y nostálgica semejante al aria de salón. Su nombre proviene de la palabra moda, siendo modinha su diminutivo. El primer estudio musicológico sobre la modinha se debe a Mário De Andrade quien compiló y analizó en 1930 la colección llamada *Modinhas Imperiais*. Sus orígenes son controvertidos, tanto que aún se discute si se originó en Portugal o en Brasil al igual que se discute si se originó en los salones burgueses y de allí salió a "la calle" o viceversa.

Béhague[8] sostiene que la modinha es la única forma popular brasilera que no tiene origen folclórico. En su trabajo señala que la forma modinha ha sido de gran importancia durante más de 150 años en Brasil y en Portugal. En el caso de Brasil, la modinha introdujo elementos europeos dentro de la música popular. En Portugal existían dos tipos de modinha, una elaborada de manera similar al aria de ópera y otra simple y sentimental. Los dos tipos invadieron Brasil durante el primer imperio (1822-31) en forma de música de salón. Durante este primer período la modinha no presentó ningún rasgo nacional, aunque ya en 1911 la antología de *Canções Populares do Brasil*[9] editada por la pianista Julia de Brito Mendes incluye modinhas compuestas por Carlos Gomes, José Amat, Alberto Nepomuceno y José Mauricio Nunes. En el prólogo de la colección encontramos la siguiente afirmación:

> ... por qué desdeñas esos cantos populares, las modinhas, como vulgarmente las llaman? No son las modinhas, con sus deliciosas melodías lo que mejor define las costumbres brasileras? No son ellas, con sus notas profundamente tiernas, incomparablemente tiernas, no son esas canciones de suave y lánguida melodía, la expresión más perfecta de la dulzura del alma brasilera? Podrías encontrar otra cosa, en los dominios del arte o fuera de ellos, que recuerde más particularmente las costumbres del país? Seguramente no. En cualquier lugar del mundo en donde nos encontremos y las escuchemos las distinguiremos enseguida por la fuerte impresión y el efecto de caricia que nos dejan, a nosotros o a cualquiera que las escuche. Puedo afirmar que en la modinha, reside la única característica típica del pueblo brasilero[10].

En términos generales se acepta que es un tipo de canción de influencia europea, una forma musical que proviene de la canción de salón que de alguna manera se popularizó al llegar al Brasil y que adoptó elementos distintivos brasileros, especialmente asociados al uso de la lengua, pues los aspectos literarios de la modinha han sido de gran importancia. De esta manera se llamaron modinhas brasileras[11]. Mário de Andrade resolvió la controversia diciendo que "de la misma manera que no sabemos si el fado es de origen portugués o brasilero, pero reconocemos que su "personalidad" es definitivamente portuguesa, podemos decir que aunque no esté claro el origen portugués o brasilero de la modinha, si podemos asegurar que su "personalidad" es brasilera"[12]. Aunque su forma y estructura tienen origen europeo, a esta forma le fueron añadidas la "sensualidad y dulzura propias del Brasil, características asociadas a la geografía, clima y en general a las características de su cultura".[13,14]

En la citada antología de De Brito Mendes llama la atención el título, que dice: "Colección escogida de las más conocidas e inspiradas modinhas brasileras, acompañadas de sus respectivas melodías, la mayor parte rescatadas de la tradición oral por la distinguida pianista Julia de Brito Mendes"[15,16] Con esta frase queda claro que la modinha es una forma literaria que tiene la intención de ser cantada. Es decir, como forma musical no existe.

Ilustración 14: Fragmento de *Modinha*, escrita por Jayme Ovalle[17]. Con texto del poeta Manoel Bandeira, esta canción tiene dos momentos emocionales, el primero descriptivo del paisaje y el segundo alusivo a la pasión amorosa. La música resalta el elemento sensual del texto, con la agitación representada en el cambio de ritmo de la segunda sección.

El lundu

Originalmente fue una danza de origen africano, introducida al Brasil por los esclavos de ascendencia bantú, particularmente los procedentes de Angola. Inicialmente relegada por ser considerada indecente incluía en su coreografía un movimiento denominado umbigada, movimiento de invitación a la danza que consiste en tocar con el ombligo el ombligo de la persona a la que se invita a bailar. Como danza, el lundú declinó rápidamente para desarrollarse en las zonas urbanas como canción. Su urbanización convirtió su primitiva sensualidad en refinada voluptuosidad. Los elementos que caracterizan a un lundú son el uso sistemático de la síncopa con una figura rítmica simple que se encuentra en infinidad de variaciones.

Mário de Andrade y la canción brasilera

Los escritos y pensamientos de Mário Raúl de Morais Andrade (1893-1945), mejor conocido como Mário de Andrade, influenciaron profundamente a los compositores de su época. A lo largo de su vida intentó difundir las ideas nacionalistas modernistas en todas las artes iniciando con ello un nuevo ideal estético. Para diseminar sus ideas, ofreció conferencias, escribió cartas, publicó artículos y libros, compiló canciones, enseñó, escribió novela y prosa; fue un verdadero "activista" de la causa nacionalista.

En muchos de sus escritos resaltó la influencia de la música africana en la música brasilera e invitó a los compositores a ponerse en contacto con la música del "pueblo" forma que el utilizaba para referirse al folclor:

> El arte musical brasilero, si lo tenemos un día, de forma que cree escuela, tendrá inevitablemente que escuchar las palpitaciones rítmicas y escuchar los suspiros melódicos del pueblo, para ser nacional, y como resultado tener derecho de vida independiente en el universo[18].

Andrade era un pragmático, para él alcanzar la belleza no debía ser el objetivo final del arte, esta debería alcanzarse como resultado de que la música cumpliera su función social. "El arte no es, y nunca fue en sus grandes manifestaciones, una pura y simple representación de la belleza. La belleza es la consecuencia del arte"[19].

Su especial interés por el estudio del portugués, y su deseo de liberar al portugués hablado en Brasil del "corcé" que le imponía la gramática portuguesa, le llevaron a explorar, en la literatura y en la música, nuevos medios de expresión. Se debía encontrar un punto medio entre el portugués que se hablaba en las calles del Brasil y la lengua "culta" portuguesa con el fin de lograr una lengua "culta" brasilera. La lengua se situaba en el centro del proyecto nacionalista, siendo el elemento común y aglutinador de las diferentes culturas y clases sociales de tan extenso país.

En 1930 De Andrade recopiló la famosa colección de canciones tituladas *Modinhas Imperiais*, en cuyo prefacio expresa su preocupación al notar que los "semicultos no sabemos cantar en nuestra lengua..."[20]. En este prefacio vemos sus primeras sugerencias sobre la manera de interpretar el portugués. Recomienda al cantante que cante de la misma manera que habla, refiriéndose a la dicción, y criticando la italianización del portugués cantado. Consideraba que una tímbrica europea des-caracteriza a la canción brasilera. Su preocupación mayor es la de servir a la causa nacionalista.

Estas preocupaciones sobre la interpretación del portugués cantado, influenciarán también a los compositores de canciones artísticas y se cristalizarán en 1937 en el Primer Congreso de la Lengua Nacional Cantada que se realizó entre el 7 y 14 de julio en la ciudad de São Paulo. Este evento, cuyo propósito era estandarizar la pronunciación del portugués brasilero cantado, fue mucho más que un espacio de reflexión académica, fue sobre todo un espacio político de reafirmación de las ideas nacionalistas. Al pretender establecer normas de cómo se debe cantar en la lengua del país, realmente se estaba buscando una identidad lingüística para el país, se buscaba un timbre nacional.

De este espacio salen un número propuestas para la buena pronunciación de la lengua nacional en el canto erudito y en el teatro[21]. En el centro de las discusiones estuvo el origen de la nasalización del portugués del Brasil, atribuyéndose el mismo al elemento afroindígena, lo cual se interpretaba como una manifestación de la brasilianidad. En el manuscrito que resultó de este encuentro se concluyó lo siguiente:

> La pronunciación Carioca en las más evolucionada dentro de las pronunciaciones regionales del Brasil, es las más rápida e incisiva de todas, presenta tonalidades propias de importancia, es de mayor musicalidad que la pronunciación oral, da menos impresión de hablar cantando y es la más elegante y urbana de todas las pronunciaciones regionales, por pertenecer a la capital del país es la que sintetiza la colaboración de todos los brasileros y siendo la pronunciación de la capital del país, lugar al que llegan mayor número de brasileros y en donde la lengua tiene más posibilidades de ser escuchada y propagada, es la que tiene más posibilidades de generalizarse. [22,23]

Las normas resultantes de este primer congreso se publicaron en 1938.

Heitor Villa-Lobos y la canción nacional

Nacido en Río de Janeiro Villa-Lobos es sin duda el compositor brasilero que ha gozado de mayor proyección internacional y uno de los más conocidos de toda la América Latina. Durante su infancia y adolescencia aprendió a tocar el clarinete, el violonchelo y la guitarra, instrumento que le acompañaría durante toda su vida. Entre 1900 y 1915 participó en *chorões*[24] y tocó en diversas orquestas para ganarse la vida. Tocar en *chorões* significó estar en contacto directo con la música popular y participar de la vida bohemia y nocturna, absorbiendo las melodías, ritmos y armonías de la música de su país. Elementos que más tarde incorporaría en sus composiciones.

Aunque algunos de sus biógrafos discuten la veracidad de sus viajes[25], se dice que en estos periplos[26], como una esponja, absorbió la esencia de la música de su país. Su producción para todas las formaciones fue extensa, aunque de calidad desigual. Esto se observa de especial manera en su producción vocal.

Su obra se desarrolló durante el período de eclosión nacionalista que siguió a la Semana del Arte Moderna. Al igual que sus contemporáneos no estaba libre de la influencia europea, al contrario, se formó teniendo como modelo la música francesa del momento, especialmente la de Debussy, traída por Alberto Nepomuceno al Brasil y considerada de *avant garde*. Por la época de la Semana del Arte Moderna Villa-Lobos estaba componiendo obras de influencia "debussiana". Sus composiciones *O Naufragio de Kleonicos*, la ópera *Izaht*, las *Danças Características Africanas* y *Prole do Bebê*, de gran influencia francesa y consideradas modernas en Brasil, no denotan ningún rasgo nacional que las pueda definir como obras nacionalistas brasileras.

Darius Milhaud, compositor francés que vivió en Brasil durante los años 1917 y 1918 escribió:

> ...es triste ver que todas las composiciones de los compositores brasileros, desde las obras de cámara, hasta las sinfónicas del señor Nepomuceno, las obras del señor Oswald, las sonatas impresionistas del señor Guerra y las obras orquestales del señor Villa-lobos (joven de robusto temperamento lleno de audacia), son el reflejo de las diferentes fases que hemos vivido en Europa desde Brahms hasta Debussy y que el elemento nacional no es expresado de una manera más viva. La influencia del folclore brasilero, que es rico en ritmos y con líneas melódicas únicas, es solo escuchado raramente en las obras de los compositores de Río de Janeiro. Cuando una danza popular es usada en una obra musical, este elemento autóctono es deformado puesto que el autor solo lo ve baja la lente de Wagner o de Saint-Saëns si este autor tiene 60 años y bajo la lente Debussy si el compositor tiene 30 años. Sería deseable que los músicos brasileros entendieran la importancia de los compositores de tangos, maxixes, sambas y cateretês como Tupynamba o el talentoso Ernesto Nazareth. La riqueza rítmica, la fantasía, la animación, la invención melódica y la prodigiosa imaginación, todas características encontradas en estos dos los convierten en la joya del arte brasilero[27].

Es solo hasta después de su primer viaje a París, en 1923 cuando Villa-Lobos empieza a interesarse por la música folclórica de su país y a incorporarla en sus composiciones. La distancia fue necesaria para que el compositor se convirtiera realmente en un compositor brasilero. En París, al sentir que su música no era de *avant-garde,* como sí lo era en su país natal, se produjo en él un cambio de postura que en el fondo era otra manera de buscar la aceptación de su música y su persona.

Llegados a este punto es inevitable recordar la clasificación de nacionalismo de Chatterjee quien alude a naciones occidentales y orientales[28]. Las naciones "orientales" intentan alcanzar el nivel de las "occidentales" y en ese intento caen en la trampa y pierden lo que los distingue como únicas. Aquí se genera una fuerte contradicción pues al mismo tiempo que imitan a un modelo son hostiles a él. En el caso de Villa-Lobos no constatamos el uso de la imitación tanto como el de la "sumisión" a las expectativas proyectadas por la nación occidental. Esta situación se percibe claramente si se observa lo que estaba sucediendo en París en el año 1923, año de la primera visita del compositor. En aquel momento el tema de "moda" en París era el exotismo, la búsqueda de lo diferente. Por eso el interés por lo africano que abrió la puerta a Picasso y al movimiento euro-africano, por eso el interés de Milhaud en la música folclórica brasilera, entre otras muchas expresiones.

Al sentir la necesidad de reafirmar lo folclórico brasilero Villa-Lobos estaba también satisfaciendo su necesidad de aprobación de la cultura dominante. Con esa postura respondía a las expectativas que la sociedad dominante proyectaba sobre un músico que representaba lo brasilero. Es entonces cuando el compositor redirige su orientación y posición frente a la composición y empieza un período de síntesis del discurso nacionalista. Para personajes como Mário de Andrade la postura de Villa-Lobos estaba excesivamente orientada a responder a las expectativas de exotismo que desde Europa se proyectaban en las culturas ajenas a las europeas. De Andrade señalaba:

> Un elemento importante que coincide con la falsificación de la identidad brasilera: la opinión del europeo. El diletantismo que hace creer que la música es nuestra es el aplauso del extranjero. Por más respetuosa que la gente sea de la crítica europea hay que tener en cuenta que el éxito en Europa no tiene ninguna importancia para la música brasilera, con excepción de la que pueda tener para la expansión e internacionalización.

> La permanencia de Carlos Gómes allende los mares prueba que su éxito se debe a su genialidad y a su cultura. Pero este no es el caso de Villa-Lobos, por ejemplo, es fácil entrever la importancia que el exotismo tuvo para el éxito final del artista: Con esto no quiero que nadie piense que disminuyo el valor de Villa-Lobos. Por el contrario, quiero aumentarlo. Incluso antes de que escribiera esta pseudo-música indígena que hace ahora él ya era un gran compositor. Su grandeza, con excepción de unos pocos, como Artur Rubinstein o Vera Janacopulos, pasaba desapercibida. Mas bastó solamente con que hiciera una obra extravagante para conseguir el aplauso" y continúa: "música brasilera debe ser considerada toda la que tenga o no tenga carácter étnico: las obras del padre Mauricio i Salduni y la Schumaniana son música brasilera. Toda opinión contraria es perfectamente cobarde, antinacional y anticrítica[29,30].

Como resultado Villa-Lobos logra sintetizar esta búsqueda al incorporar elementos del folclor a su obra de una forma elaborada. En su obra no se limitó a pedir prestados elementos rítmicos o melódicos, sino que los desarrolló de una manera compleja integrándolos al lenguaje de la música occidental.

En su música se percibe que el compositor no se quedó en la superficie del motivo folclórico, sino que lo interiorizó para dejarlo fluir de una manera inconsciente en su música. Su experiencia vital se refleja en toda su música de la misma manera que el conocimiento y contacto profundo con su cultura dieron el sello único a las obras de Dvorak, Falla y Grieg. La característica común a estos grandes exponentes del nacionalismo es que transcendieron el uso de motivos nacionales y lograron desarrollar un verdadero estilo nacional.

La obra vocal de Villa-Lobos fue extensa, variada y como mencioné anteriormente de calidad desigual[31]. Compuso oratorios, óperas, operetas, música de cámara y canciones. Sus canciones las escribió para diferentes formaciones como canto y piano, canto y guitarra, canto y orquesta de cámara, canto y orquesta sinfónica. Además, escribió canciones corales e hizo arreglos corales para varias de sus piezas originales para voz y piano. Sus canciones las escribió sobre todo agrupadas en libros o ciclos de canciones, aunque también escribió canciones aisladas. Su producción conocida de obras para voz y piano asciende a 135 canciones.

Ilustración 15: Perteneciente al libro de *Modinhas e canções - Álbum n°.1*, *Lundú de Marqueza de Santos* tiene como subtítulo "Evocando a época de 1822". Llama la atención si recordamos que nos encontramos en medio de la celebración de la Semana del Arte Moderno para celebrar los primeros 100 años de independencia de Brasil. El año 1822 es justamente el año en que Don Pedro I[32] declaró la independencia del Brasil.

Lundú de Marqueza de Santos[33], es una declaración de amor nostálgica y al tiempo triste, llama la atención por el uso de la síncopa, característica que está siempre presente en el lundú.

Villa-Lobos sin embargo transformó el tradicional motivo rítmico del lundú ♪ ♪♪♪ en ♪♪♪♪, permitiendo que la mano izquierda del piano mantenga el ritmo durante toda la canción. En la línea vocal marca los acentos de tal manera que mantiene el efecto de 2/4, preservando el carácter de danza de la pieza al tiempo que mantiene el lirismo de la línea vocal.

En una la parte inicial el amante expone la primera idea musical; le dice a su amada Titilia, como experimenta la tristeza desde su partida. Asume la partida como un castigo que le hace morir lentamente...el dolor es demasiado. A pesar de la tristeza, el ritmo sincopado mantiene al oyente expectante y anuncia como el amado, lleno de "saudade" (nostalgia) puede aún cantar en medio del dolor de la separación. Aquí se nos presenta esa característica que encontramos frecuentemente en las canciones latinoamericanas, que cantan sus tristezas "bailando", llenos de ritmo y algunas veces en tonos mayores, en contraste con los estereotipos que asocian tono menor y lento con tristeza y tono mayor y ritmo rápido con alegría.

Ilustración 16: partitura de *Modinha* de Heitor Villa-Lobos. Originalmente escrita para voz y piano tiene numerosas versiones para voz y guitarra.

Como ejemplo de la modinha, encontramos la canción titulada *Modinha*[34] pieza corta perteneciente al ciclo titulado *Serestas*. Con texto de Manduca Plá, esta canción amorosa y llena de nostalgia (saudade) esta escrita de manera estrófica. Se inicia con una introducción de piano que refleja la angustia interior del personaje principal que sufre por el amor no correspondido. La entrada de la voz conecta al oyente con la tristeza y la "saudade" del protagonista que se expresa con una melodía lenta y ligada la al sentimiento de abandono del enamorado que, aunque triste, tiene aún un poco de esperanza; esperanza dolorosa pues sabe que la conquista de su amor es una aspiración lejana, casi imposible.

La primera estrofa narra la soledad del cantor causada por el desamor y desprecio del ser amado. Aun así, el enamorado reafirma su amor y fidelidad constante. Continúa con un interludio de piano, de nuevo angustioso. La parte de piano en esta *modinha* es la que refleja el verdadero estado emocional de desesperación y angustia del solitario cantor. En la segunda estrofa, que tiene la misma melodía de la primera, el cantor narra extasiado la felicidad del amor y la angustia de la posible pérdida, el temor al dolor del abandono.

Camargo Guarnieri :
Una canción con ideología

Nacido en Tietê, São Paulo, Guarnieri (1907-1993) fue alumno del compositor brasilero Ernani Braga (1898-1948). En 1928, tuvo la oportunidad de enseñar sus composiciones *Dança Brasileira* y *Canção Sertaneja* à Mário De Andrade, quien entusiasmado se convirtió en su mentor durante más de 17 años. A partir de este encuentro, Guarnieri entró a formar parte del círculo de amigos que visitaban la casa de De Andrade para hablar sobre política, literatura, filosofía y arte, siendo estos espacios en donde se formó intelectualmente y desarrollo conciencia "social" con respecto a la música.

El compositor hizo esfuerzos conscientes para conocer la música folclórica de su país, realizado viajes de estudio e investigación con el fin de conocer la música folclórica, como el realizado en 1937 al área de Bahía en donde se dedicó a investigar y coleccionar materiales folclóricos de fuentes indígenas y africanas. En 1938, gracias a una beca se trasladó a París en donde estudió con Charles Koechlin, Franz Rühlmann y Nadia Boulanger. Durante este período en París escribió algunas piezas vocales, como sus *Tres poemas para canto y orquesta* (1939) y su *Cántiga triste* (1939). Estas piezas se estrenaron en 1940 En la Escuela Nacional de Música de Río de Janeiro.

A partir de 1944 comenzaron sus contactos con los Estados Unidos, habiendo sido invitado por la Unión Panamericana para una estancia de seis meses en la que se estrenaron varias de sus obras orquestales y piezas vocales. En 1952 se estrenó en Río de Janeiro su ópera en un acto *Pedro Malazarte* con texto de De Andrade.

En su extensa obra, que incluye más de setecientas partituras, la canción artística fue uno de sus medios expresivos predilectos por considerarla un vehículo ideal para plasmar su ideología y sus intentos de creación de un sonido nacional. En sus canciones demuestra un profundo conocimiento de la voz, probablemente debido a que su segundo instrumento, después del piano, fue la voz. De sus 190 canciones para voz y piano, 26 fueron transcritas para otras formaciones. Más de 150 no han sido publicadas[35].

En toda su producción prima el estilo nacional y el uso de la lengua portuguesa[36]. Entre sus poetas favoritos se destaca Mário De Andrade cuyas poesías uso en treinta canciones. Usó también trece textos de su hermano Rossine Guarnieri; dieciocho de Manuel Bandeira, diecinueve de Susana de Campos, siete de Cleómenes Campos y cinco de su hermana Alice Guarnieri.

Desincentivó el uso directo de la melodía popular, poniendo más atención a lo que llamó "esencia" de la melodía que según él definían el patrimonio melódico. Escribió la mayor parte de sus canciones en el estilo de modinha y usó con frecuencia la síncopa como elemento evocador de las danzas brasileras. Aunque la mayoría de sus canciones las escribió como piezas aisladas, en su producción se destacan dos ciclos de canciones: *Trece canciones de amor* (1936)[37] y *Poemas da negra* ciclo de doce canciones con poemas de De Andrade.

A propósito de sus canciones De Andrade afirma:

> Tal vez sean los *lieder*, la parte más accesible, más amable de la creación de Camargo Guarnieri. Persiste en ellas, un cierto ascetismo básico del pensamiento musical paulista que lo lleva a no hacer ninguna concesión a los otros, expresando aún la más amarga, la más desértica deducción lógica de su propio pensamiento e individualidad: pero siempre, la línea cantada de Camargo Guarnieri se reviste de la mayor sensualidad, es gustosa por decirlo de alguna manera, tomando su base constantemente de la melódica de las modinhas[38].

Para Guarnieri era de suma importancia que la parte de piano no se limitara a armonizar sino que fuera uno de los elementos constitutivos de la obra. Para lograr este equilibrio utilizaba la técnica de contrapunto que permitía la integración del texto, la voz y el instrumento. Su objetivo era que las melodías surgieran espontáneas, de la misma manera que ocurría en la canción folclórica. En muchas de sus canciones la mano derecha o izquierda del piano cantaban melodías totalmente independientes. El acompañamiento proporciona el carácter más "brasileño" a sus canciones. Con frecuencia imitando al de la guitarra en las modinhas o tonadas tradicionales, hecho que se acentúa por el uso de combinaciones armónicas que provienen de la música folclórica. El sonido abierto de la guitarra se evidencia en canciones como *Vai azulão!*....

Ilustración 17: Fragmento de *Vai azulão!* de Camargo Guarnieri. Esta canción contrasta con la escrita por Jayme Ovalle con el mismo texto, por su ritmo sincopado de lundu..

La canción *Vai azulão*[39] con texto de Manuel Bandeira es una canción romántica, expresiva y nostálgica, en la que el enamorado pide al pájaro azul que vaya en busca de su amada y le diga que sin ella no puede vivir. A pesar de lo desesperado y nostálgico del poema, Guarnieri eligió un tiempo relativamente rápido. Usa la frase "vai, azulão, vai companheiro, ¡vai!" a la manera de un refrán, repitiéndola a la manera de la tonada popular.

Desde el punto de vista formal sus canciones son frecuentemente ternarias (ABA) permitiendo la repetición del texto poético lo cual asegura la comunicación del mensaje.

Otros compositores de esta generación que hicieron importantes aportes al repertorio de la canción fueron Oscar Lorenzo Fernández (1897-1948), Luciano Gallet (1893-1931),Jayme Ovalle (1894-1955), Frutuoso Viana (1896-1976), Hekel Tavares (1896-1969), Francisco Mignone (1897-1986) y Ernani Braga (1888-1948). Estos fueron seguidos por Waldemar Henrique (1905-1995), Arnaldo Rebelo (1905-1984), Oswaldo de Souza (1904-1995), Radamés Gnattali (1906-1998), José Siqueira (1907-1985), José Vieira Brandão (1911-2002) y Altino Pimenta (1921-2003).

Entre los alumnos de Guarnieri se destaca el compositor Osvaldo Lacerda (1927-2011) por su marcado interés en el género de canción y por haber mantenido su orientación nacionalista hasta los comienzos del siglo XXI. En esta generación se destaca también Edmundo Villani-Côrtes (1937) por la belleza y el gran número de canciones de su catálogo.

CUBA

Si en algo se ha manifestado tempranamente un carácter de cubanidad integral es en la música popular, asi como en ciertas formas de música bailable... que llegaron a actuar, en distintas épocas de nuestra historia, como verdaderos factores de una tenaz resistencia contra lo extranjero.

Alejo Carpentier

El movimiento afrocubanista

En 1924 fue elegido como presidente de Cuba el general Gerardo Machado. Inicialmente su gobierno hizo mejoras en la calidad de vida de los cubanos, pero a partir de 1929, una gravé depresión económica paralizó casi por completo el comercio llevando a la ruina a la industria azucarera con el consecuente desempleo y retraso de los pagos del estado. El país se sumió en un estado de miseria y desesperación que llegó a su grado máximo en el verano de 1933. En sólo tres años, la depresión mundial y las tarifas norteamericanas arruinaron totalmente al país.

Tal como apuntan Guerra y Sánchez en su Historia elemental de Cuba:

> La crisis económica vino acompañada de una situación política no menos grave. Cuando se efectuó la reforma constitucional, algunas personalidades protestaron de la misma, y posteriormente, de la reelección del general Machado, por entender que al efectuarse la mencionada reforma se había infringido la Constitución de la República. A virtud de esta creencia, dichas personalidades y los ciudadanos que compartían la misma opinión entendían que la Constitución de 1929 no era válida y que la reelección del Presidente no era legítima ni legal[1].

En este convulsionado ambiente social, cuando la preocupación por la nación se hizo evidente, fue cuando surgió el movimiento afrocubanista, tendencia estética, ideológica y humanista que buscaba valorizar lo auténticamente cubano, liderado por un grupo de connotados intelectuales, la mayoría pertenecientes al *Grupo Minorista*[2,3] de 1924. El grupo estuvo conformado por personalidades como Alejo Carpentier (1904-1980), José Zacarías Tallet (1893-1989), Juan Marinello (1898-1977), Rubén Martínez Villena (1899-1934) y Emilio Roig (1889-1964), "exponentes todos de la vanguardia política y artística y propulsores del arte nuevo en sus diversas manifestaciones"[4].

El movimiento afrocubanista fue en esencia una vía para el conocimiento y valoración del aporte de las culturas africanas a la formación de la identidad cubana. Esta búsqueda no se quedó en la superficialidad del exotismo, sino que exploró profundamente los aportes culturales, sociales e históricos de las culturas africanas como una manera de entender a la sociedad y de construir una identidad nacional. El surgimiento de este movimiento que valoraba, toleraba y aceptaba el aporte cultural de un grupo racial que hasta ese momento había sido menospreciado y situado en lo más bajo de la sociedad, tuvo sus orígenes en movimientos que estaban ocurriendo en Europa y Estados Unidos. De nuevo nos encontramos en la situación de seguir los modelos impuestos desde arriba y afuera.

En 1892, poco después de su llegada a los Estados Unidos el compositor checo Antonín Dvořák (1841-1904), declaró:

> Estoy convencido de que el futuro musical de este país tiene que encontrar sus bases en las llamadas melodías negras. Esta será la base para una escuela seria y original de composición en los Estados Unidos. Estos bellos y variados motivos son producto de la tierra. Estas son las canciones folclóricas de los Estados Unidos y los compositores deberían poner su atención en ellas[5].

Una década más tarde el pintor Pablo Picasso (1881-1973) entraría en la historia del arte al inaugurar el cubismo, tendencia fuertemente influenciada por el arte africano. La máscara cubista cubre la máscara ritual africana transformando en el imaginario colectivo algo considerado feo y primitivo a comienzos del siglo XX en algo sublime y complejo. En un tiempo muy corto se transformó la percepción de lo proveniente de África, de lo negro.

Este movimiento euro-africano tuvo profundas consecuencias en las Américas, dando inicio en 1916-17 al *New Negro Movement*, en Estados Unidos también llamado *Harlem Renaissance*. El *Harlem Renaissance* proclamó una serie de postulados que buscaban la valorización del pueblo afro-americano y de su aporte cultural. En Cuba su manifestación fue la aparición del movimiento afrocubanista. En la música se reflejó en las obras de Amadeo Roldán (1900-1939) y Alejandro García Caturla (1906-1940), compositores considerados los primeros verdaderamente contemporáneos. Los dos estaban comprometidos a despertar el interés en la cultura negra cubana y reflejaron en su música la frase del momento: *"abajo el lirismo, arriba el bongo"*. Ambos se sintieron compositores americanos y se relacionaron con la Asociación Panamericana de Compositores (PAAC) con sede en Nueva York.

Amadeo Roldán y el ciclo *Motivos de son*

Nacido en París en 1900, hijo de español y cubana, Roldán inició sus estudios musicales en el Conservatorio de Madrid para luego trasladarse a La Habana en 1919.[6]

Su interés en los temas afrocubanos se inicia en 1923 cuando inicia su amistad con Alejo Carpentier y empieza a frecuentar ceremonias de santería[7] y abakuá[8]. En estas ceremonias transcribe fragmentos rítmicos que luego utilizará en sus composiciones.

Sin duda la experiencia de haber nacido y crecido fuera de Cuba influenciaron la postura de Roldán, quien podía percibir elementos que los compositores nacidos en Cuba no habían valorado o simplemente no habían visto. Se pone de manifiesto la importancia de la separación entre espacio cultural y lugar cultural aludiendo a lo geográfico, como un elemento que permite percibir de manera amplia la propia identidad.

Roldán captó la esencia de la música afrocubana, creando obras en las que integra elementos observados en la música africana tales como rítmos, texturas polifónicas y estructuras de llamado y respuesta. Sus ritmos son complejos y adquieren cohesión gracias a la presencia de la clave que introduce un elemento constante, casi metronómico.

En su intento de crear un lenguaje puramente cubano propuso formulas originales, aunque era imposible no tener cierta afiliación con la música europea. Escribió obras de diversos géneros incluyendo ballets, obras orquestales, de cámara y música vocal.

Una de sus obras más representativas es el ciclo de canciones titulado *Motivos de son* (1931). Su aparición estuvo íntimamente ligada a la de un conjunto de poesías con el mismo nombre publicadas en 1930 por el poeta Nicolás Guillén (1902-1989); una vez más, literatura y la música se unen para expresar el sentimiento auténtico de un pueblo.

Nicolás Guillén: lo negro en la poesía

Nicolás Guillén (1902-1989), fue el máximo exponente en la literatura dentro del movimiento afrocubanista. Sus poemas *Motivos de son* (1930), *Songoro Consongo* (1931) y *El son entero* (1947), que imitan la manera de hablar y de sentir del hombre afrocubano, tuvieron profunda influencia en los compositores de su tiempo. Los ochos monólogos poéticos que componen *Motivos de son* por primera vez permiten que el negro hable desde su propia perspectiva, pero sobre todo imitan el uso del lenguaje de los negros pertenecientes a clases sociales bajas o diferentes de las élites y por ello representan una forma de reivindicación social.

Guillén, poeta afro descendiente, aparece en el panorama intelectual en 1929 al publicar su ensayo titulado "El camino de Harlem", en una clara referencia al movimiento estadounidense, critica duramente las estructuras raciales de Cuba y señala su intención de vincular a la poesía con sus raíces africanas. Fue en 1930, cuando después de publicar en el *Diario de la Marina* los poemas separados, decidió recoger en un cuaderno ocho *Motivos de son*. Este cuaderno fue su verdadera entrada a la poesía mayor. En él incorporó el ritmo del son, procedente de la música popular cubana, a la literatura valiéndose de lo que él llamaría "prosodia negroide". Sus poemas causaron sensación, especialmente porque no idealizaban la figura del negro, sino que lo presentaban con toda la dura realidad de su cotidianidad y pobreza. La hazaña artística de Guillén fue la de trasladar a categoría poética un género popular de composición musical como el son.

> He tratado de incorporar a la literatura cubana -no como simple motivo musical, sino como elemento de verdadera poesía- lo que pudiera llamarse poema-son, basado en la técnica de esa clase de baile tan popular en nuestro país. [...] presentar, en la forma que acaso les sea más convincente, cuadros de costumbres hechos de dos pinceladas y tipos del pueblo tal como ellos se agitan a nuestro lado. Tal como hablan. Tal como piensan.[9]

Cintio Vitier diría:

> Toda su poesía, en efecto, gira en torno a este eje rítmico...La estructura formal del son guilleniano parece proceder del estribillo o montuno del son popular, generalmente interpretado por sextetos típicos, que se cantó y bailó en Cuba, junto al más estilizado danzón, hasta los años 30[10].

Su poesía era reivindicatoria y política pues en el ambiente de la época, de intensa discriminación racial, era un atrevimiento exaltar en el plano literario a los negros y a sus características populares. Al reivindicar la presencia del negro, sus tradiciones, aspiraciones y poesía estaba reclamando la integración de los negros en la nacionalidad, de la misma forma que en España, y de manera casi simultánea, un poeta como Federico García Lorca reivindicaba la presencia de la cultura gitana.

El son, género en el que se evidencian influencias españolas y africanas, se convierte en la música nacional, símbolo y fuente de orgullo. Originalmente proveniente de las áreas rurales, en el Son se observan elementos provenientes de España tales como la armonía y la utilización de instrumentos de cuerda y los elementos provenientes de África tales como el uso de instrumentos de percusión y el uso de la síncopa y de la polirritmia.

Ilustración 18: Célula rítmica distintiva del son

Poco tiempo después de publicados los poemas que componen *Motivos de Son*, Amadeo Roldán compuso un ciclo de canciones artísticas con el mismo título, utilizando los poemas de Guillén. El ciclo escrito para soprano y conjunto de cámara reproduce e imita los sonidos del septeto de son tradicional e incorpora una serie de códigos pertenecientes a la música folclórica y popular a la música artística, generando un sonido único y distinto, con identidad propia. Las canciones tienen una estructura musical simple asociada a una estructura rítmica compleja. Al hacer uso de la disonancia le otorga características de "modernidad". Las canciones del ciclo se titulan: *Negro bembón*[11], *Mi chiquita*, *Mulata*, *Búcate plata*, *Aye me dijeron negro*, *Tú no sabe inglé*, *Si tú supiera* y *Sigue*.

En todo el ciclo aparecen células rítmicas originales, poliritmos, contrapunto y se evidencia una preocupación marcada por el color instrumental. En sus canciones Roldán utiliza la forma de *son*, caracterizada por dos partes, es decir una sección primera de apertura, que contiene las estrofas de la poesía, seguida por una sección más rápida en la que está el estribillo o montuno. Otra característica de las canciones es que existe alternancia entre secciones de solista y secciones "corales", implicadas en la instrumentación, esto para imitar la estructura de llamada y respuesta del son. Además Roldán usa la célula rítmica de la clave asociada con el son. Células rítmicas características de la música afrocubana como el tresillo, quintillo y conga se observan a lo largo de todo el ciclo. El acompañamiento original está escrito para dos clarinetes, trompeta, violín, viola, cello, contrabajo y una variedad de instrumentos de percusión afrocubanos. Este grupo de percusión varía en cada canción, pero en líneas generales se compone de bongó, maracas, güiro, claves y cencerro. Con la incorporación de los instrumentos de percusión afrocubana al grupo de cámara europeo, Roldán logra una fusión en la que ninguno de los elementos pierde su identidad de origen y al mismo tiempo se construye algo nuevo logrando una comunicación de doble vía en igualdad de condiciones.

AYE ME DIJERON NEGRO

Ilustración 19: *Ayé me dijeron negro* de Amadeo Roldán escrita sobre poesía de Nicolás Guillén tiene como rasgo llamativo el uso de poesía costumbrista en la que se destaca la imitación de la manera de hablar de los negros.

En *Ayé me dijeron negro* observamos cómo el texto de la canción denuncia el uso de la palabra negro como forma despectiva para llamar al otro. Lo irónico es que el que llama negro al protagonista es otro negro, dejando ver cómo dentro de la sociedad negra cubana existía un "racismo interno" que dependía del grado de "negrura". De esta manera el protagonista le recuerda al mulato de piel más clara, que le acaba de llamar negro como forma de insulto, que su abuela, es una negra que tienen escondida para no revelar sus verdaderos orígenes. A continuación un fragmento de la poesía:

Ayé me dijeron negro
pa que me fajara yo;
pero el que me lo decía
era un negro como yo.

Tan blanco como te be
y tu abuela sé quién e.
Sácala de la cosina
sácala de la cosina:
Mamá Iné.

Recogemos aquí un fragmento de un artículo escrito por Alejo Carpentier y publicado en la revista *Carteles*, en la Habana el 21 de julio de 1929, en él se comenta la exitosa recepción en París de la *Danza negra* de Amadeo Roldán:

- Acario Cotapos, el compositor chileno, y uno de los fundadores de la Composer's Guild, exponía sus puntos de vista a Heitor Villa-Lobos:

- Hay en esta partitura un perfume de autenticidad que no engaña. Desde los primeros compases, América está ahí. ¡Tiene además esta obra una fuerza de evocación extraordinaria! ¡Y qué curiosa es la calidad de los timbres conseguida por Roldán!...

Heitor Villa-Lobos afirmaba:

- Roldán conoce la senda verdadera. No podía estar mejor orientado como músico de América. En una palabra: ve justo. Pronto llegará la época de creación en que se dice: el folclore soy yo, y se hacen melodías mas auténticas que las existentes creándolas en pura imaginación. Su temperamento está indicado para realizar esta labor de suprarrealismo musical."[11]

Las palabras de Villa-Lobos, resuenan proféticas, señalando el camino que los compositores latinoamericanos seguirán durante lo que queda del siglo XX.

Alejandro García Caturla: Dos poemas afrocubanos

Formado como abogado y como músico aficionado, García Caturla[12] (1906-1940) vivió la música afrocubana desde la primera infancia, escuchando nanas y cantos de trabajo. Ya en la adultez participó activamente en ceremonias de bembé[13]. Fue amigo cercano de Alejo Carpetier, a quien siguió a París en 1928 en donde estudiaría con Nadia Boulanger.

Al igual que Roldán, García Caturla recibió con entusiasmo los poemas de Guillén *Motivos de son*. De inmediato se puso en contacto con el poeta para comunicarle su interés en musicalizar los poemas. Guillén contestó enviándole una edición especial de *Motivos de son*. García Caturla musicalizó primero *Tú no sabe inglé,* canción que retituló *Bito Manué* (1930) y que fue publicada por Edicions Maurice Senart en París en 1931. Aunque tuvo la intención de poner música a todos los poemas de *Motivos de son*, desistió de su idea al saber que Roldán lo había hecho y que estaba a punto de estrenar la obra. A pesar de esta situación en años subsiguientes musicalizó *Mulata* (1933) y otros poemas de Guillén como *Yambambó* (1933) y *Sabás* (1937). Escribió también un ciclo titulado *Canciones* integrado por siete canciones compuestas entre 1929 y 1933 publicado en La Habana por Ediciones del Departamento de Música de la Biblioteca Nacional José Martí en 1960[14].

En 1929 escribe el ciclo titulado *Dos poemas afrocubanos* sobre poesía de Alejo Carpentier (1904-1980). publicadas en París por Edicions Maurice Senart en 1930, en ellas encontramos células rítmicas provenientes de la música cubana de origen africano.

García Caturla se sirve de las técnicas y las herramientas de la música artística europea para recrear el ambiente y los sonidos de su Cuba natal. Sus textos hacen referencia al folclor afrocubano y en *Juego Santo* incluso recrean vocablos afrocubanos. En sus obras el piano es utilizado como un instrumento de percusión que imita los tambores, y el canto en algunos momentos semeja el grito del pregonero y al canto folclórico. Son canciones en las que el interés melódico se concentra en la línea vocal, con el piano proporcionando armonía y ritmo.

Ilustración 20: Fragmento de la canción *Mari-Sabel* del compositor cubano Alejandro García Caturla escrita sobre textos de Alejo Carpentier. El rasgo más destacado en este fragmento es la utilización del ritmo de montuno que presenta síncopas rítmicas y armónicas. El compositor logra transmitir la sensación de pesadez y lentitud de una sofocante tarde del Caribe. Al tiempo que el piano marca el ritmo la voz dibuja el texto de una manera perezosa, casi somnolienta.

Para conmemorar el vigésimo aniversario de la muerte de García Caturla, su amigo Alejo Carpentier escribió un artículo en el que opina sobre una de sus composiciones vocales al mismo tiempo que hace interesantes comentarios sobre el nacionalismo:

> Muy consciente de los requerimientos de su época, Alejandro García Caturla trataba, sin embargo, de rebasarlos. Ajeno al folclorismo textual de muchos contemporáneos suyos -se vivía en años caracterizados por una universal explotación del folclore- había intuido que el folclore recibido en patrimonio directo podía ser fuente de una dinámica propia -de elementos

de estilo- que iban mucho más allá del mero tratamiento rapsódico. Para Caturla el tema popular era una célula proliferante cuyos valores rítmicos o melódicos debían llevarse a un nuevo terreno de posibilidades: así en su Berceuse campesina, sobre el ostinato de un ritmo de son, se alza una melodía guajira de una sorprendente autenticidad de giros, que sería incantable, sin embargo, por la extensión del registro, para un trovero popular. No obstante, allí está todo el espíritu de la melodía campesina, con sus inflexiones propias, llevadas a un plano diferente; al de una expresión deslastrada de lo descriptivo. Del mismo modo, el acompañamiento en modo de son absurdo para tal melodía si se juzga el caso desde el mirador del folclorista, actúa como un elemento aglutinante de elementos dispersos que fueron, primitivamente, los generadores de la música cubana: el romance español y el ritmo negroide. Nutrido de esencias criollas, Caturla estaba adelantado sobre sus contemporáneos en cuanto a la intuición estética."[15].

Numerosos compositores abordaron el género de canción artística en Cuba antes y después de la aparición del movimiento afrocubanista, algunos de ellos abiertamente opuestos como Eduardo Sánchez de Fuentes (1874-1944), quien rechazó cualquier intento de reconocer el aporte africano a la cultura cubana. Sánchez de Fuentes publicó varios artículos en los que afirmaba que la música africana era rudimentaria y carente de estructura. Llegó al extremo de declarar que el son era un género africano que no tenía nada que ver con Cuba y que contribuía a degradar la cultura del país[16]. Escribió numerosas canciones, la más conocida *Tú*, en la que describe las bellezas de la isla.

Ernesto Lecuona (1895-1963), compositor y pianista de fama internacional compuso más de 400 canciones para voz y piano musicalizando textos propios o de poetas Iberoamericanos como la uruguaya Juana de Ibarbourou (1892-1979), los cubanos José Martí (1853-1895), Juan Clemente Zenea (1832-1871), José Ángel Buesa (1910-1982) y en algunas oportunidades al alemán Heinrich Heine

(1797-1856). Entre sus canciones, que mezclan elementos españoles y africanos se encuentran las conocidísimas *Malagueña, Siboney, Noche azul* y *Siempre en mi corazón*, obras que cuentan con numerosas grabaciones.

PERÚ

Nacionalismo indigenista

En Perú, durante el siglo XIX y los inicios del siglo XX fuertes divisiones sociales mantienen el orden establecido por los españoles dando continuidad a las estructuras coloniales. A principios del siglo XX, los criollos que se percibían a sí mismos como los representantes de la peruanidad, constituyen una élite económica y social formada por terratenientes y comerciantes enriquecidos con la industria exportadora del país. Se consolidaba así un estado neocolonial en el que los comerciantes exportadores servían de intermediarios entre la economía peruana, el gobierno y las empresas privadas extranjeras. Las élites continuaban reafirmando sus privilegios al tiempo que daban la espalda a la mayoría de la población del país.

La sobreexplotación del campesinado que dio origen a las luchas campesinas (1918-1923), originó también una creciente migración del campo a la ciudad que transformó el aspecto y la composición social de las ciudades dando origen a nuevos agentes sociales que cambiaron la interacción social y transformaron la vida política del país, hasta entonces patrimonio exclusivo de las oligarquías. Los nuevos sectores emergentes atacaron la rigidez de la dicotomía cultural que hasta el momento había definido al país. Su objetivo era facilitar el surgimiento de un nuevo concepto de nacionalidad que se adecuara a la modernización que había sido la fuente del cambio social.

Entre fuertes tensiones sociales se inicia la construcción de la identidad peruana, un proceso marcado por la contradicción. La contradicción de una nación "oriental" que quiere parecer "occidental" (según definición de Chatterjee) y que se enfrenta al reto de construir una identidad nacional identificándose simultáneamente con lo proveniente de España y con lo indígena, al tiempo que rechaza los elementos indígenas. Este proceso de integración y rechazo es un proceso que se vive aún hoy, un constante "tira y afloja" entre los elementos indígenas, criollos y africanos presentes en la cultura del país.

En este contexto surge el movimiento indigenista, como un proyecto mestizo que busca enfatizar el rol que los indígenas jugaron para el desarrollo del estado-nación. Como movimiento de reelaboración de la representación nacional peruana, tuvo el efecto de reordenar el discurso nacional al desestructurar los valores que hasta ahora habían sustentado el concepto de nación emergiendo con fuerza en los ámbitos estético, cultural y social.

El nacionalismo indigenista estimuló la idealización y glorificación de las tradiciones Incas y los elementos de la vida rural de la región andina, insertándose en el movimiento continental del Indoamericanismo, postura ideológica y estética que buscaba auspiciar el sentimiento de comunidad continental superando los nacionalismos regionales[1].

En este proceso de búsqueda consciente de la identidad nacional se empieza a hacer la primera recolección de material folklórico musical. Uno de los precursores de esta iniciativa fue el compositor Daniel Alomía Robles (1871-1942), autor de la zarzuela en un acto *El cóndor pasa*, estrenada en 1913 y representada 300 veces en la ciudad de Lima durante los cinco años posteriores a su composición.

Cuzco, la antigua capital del imperio Inca se convirtió en un importante centro de acción para el nacionalismo indigenista peruano. En los años veinte se despertó entre los indigenistas un gran interés por el pasado Inca al tiempo que se desdeñaba lo relacionado con la vida rural de los indígenas contemporáneos. Las élites se apropiaron del pasado indígena, proclamándose herederos del gran imperio Inca al tiempo que segregaban a los indígenas en las calles. Indigenismo y actitudes anti-indígenas no fueron mutuamente excluyentes, desafortunadamente.

La música de los indígenas de la cordillera de los Andes, predominantemente la quechua y la aymara, su pentatonismo y sus características fórmulas rítmicas constituyeron la principal fuente para la construcción de la identidad musical nacional dando paso al nacionalismo musical indigenista. Los Incas fueron evocados sobre todo en términos de títulos de obras y por el uso del pentatonismo, lo que llevó a la idea equivocada de que la música andina de procedencia indígena únicamente empleaba cinco notas.

En el Perú, el ensamble más común dentro de los círculos indigenistas fue la estudiantina, grupo formado por varios instrumentos de cuerda como la guitarra, la mandolina, el charango y algunos instrumentos de viento tales como la quena. Esta formación se hizo popular no solo en el Perú sino también en Bolivia, Chile y Argentina.

A pesar de la importancia de los instrumentos de cuerda, es interesante notar como la canción artística continuó siendo compuesta para la formación asociada al lied tradicional de voz y piano. Este hecho es seguramente sintomático de una filiación de clase, que reserva al piano para los estratos burgueses y la guitarra para los espacios mestizos, rurales. La guitarra representa entonces un elemento que se excluye de manera concreta pero que se incluye de manera abstracta, situación que podemos observar en las numerosas canciones para voz y piano cuyo acompañamiento imita el rasgado de la guitarra. La guitarra no se incluye en los repertorios como instrumento activo, sino que se recrea, se invoca por medio de la combinación de configuraciones melódicas, armónicas, rítmicas y de textura. Su presencia es más una representación que nos acerca al mundo rural y nos proporciona un código estético imaginario.

El interés por la música incaica influenció también, de manera importante a los compositores argentinos. Este hecho se evidencia en la creación, por ejemplo, de la editorial *La Quena* por Alberto Williams y por la composición de numerosas canciones de inspiración incaica compuestas no solo por Williams sino por Pascual de Rogatis y Alberto Ginastera entre otros. Este interés también se plasmó en la creación de la Misión Peruana de Arte Incaica[2]. La antropóloga Zoila Mendoza[3] sostiene que esta iniciativa fue motivada por el deseo entre los artistas argentinos de promover un nacionalismo americanista basado en lo indígena que se vislumbraba como el terreno necesario para la construcción de una identidad pan-latinoamericana.

La *Misión Peruana de Arte Incaica* se presentó en Buenos Aires en el año 1923 liderada por el intelectual indigenista Luís Valcárcel[4]. El grupo se presentó doce veces en el Teatro Colón durante ese año presentando obras como *El Himno al Sol* de Daniel Alomía Robles, *Qosqo Llaqta* de Juan de Dios Aguirre, y *Suray Surita* de Roberto Ojeda[5].

La búsqueda e interés por construir un movimiento pan latinoamericanista basado en la herencia indígena se evidenció en la organización de eventos tan importantes como la Velada Indianista celebrada en La Paz, Bolivia en 1932 y la Semana Indianista celebrada en la misma ciudad en 1936. Su propósito "valorizar la enorme riqueza de los temas vernáculos sobre los cuales se construirá el arte nacional del futuro"[6].

Promovida como una exposición de arte indígena, la Semana fue el espacio en el que se presentaron pinturas, esculturas, literatura, música y arquitectura inspiradas en la cultura indígena. La Semana Indianista cuyo nombre sugiere que la música y los músicos indígenas serían la principal atracción del evento, presentó exclusivamente a músicos no indígenas ejecutando versiones de música indígena. Lo mismo sucedió con las demás artes.

> En la noche de clausura de la Semana Indianista presentada en el Teatro municipal, el teatro más importante de la ciudad, se ejecutaron obras de diversos compositores, se recitaron poesías en Aymara y se presentó un desfile de modas en el que las señoritas "distinguidas"[7] de la clase media y de la elite, modelaron trajes de las distintas regiones del país. En el evento de cierre, se presentaron bolivianos de la clase media cantando, recitando y modelando como indígenas y no hubo participación de ningún indígena[8].

Llama la atención el mecanismo de inclusión abstracta y exclusión concreta de la población indígena en este movimiento indigenista, cuando observamos que por un lado se exaltan los elementos culturales que se atribuyen a su cultura y por otro se segrega a sus miembros. Se observa como detrás de esas posturas hay una agenda política y un deseo de internacionalización y "modernización" del país.

Lo que sucedió en la *Semana Indianista* en Bolivia se puede extender al Perú, en donde también se idealizó el aporte Inca al tiempo que se excluyó a la población indígena. Ilustra esta postura el siguiente párrafo tomado de *El Diario de Bolivia*:

> la música incaica pura....es como una melodía de Bach. Y esta música es el reflejo también de aquella cultura y alma del imperio incaico: de orden; de profundo respeto; de honradez, limpieza, dulce y apacible vivir, sin miseria de ningún género: aun cuando con la individualidad anulada; el ideal quimérico de los socialistas o comunicas del día en todo el mundo. Bolivia y Perú pueden tener honra y satisfacción de evocar un pasado de gran cultura[9].

Al tiempo que se publican loas a la cultura indígena en el mismo año el gobierno emite prohibiciones para el ingreso a la ciudad de La Paz a los indígenas durante las festividades religiosas: "Se prohíbe el ingreso de los bailarines indígenas: se ha dictado una ordenanza en tal sentido –espectáculo antiestético que no guarda armonía con la cultura local"[10].

En el ámbito de la canción artística peruana, el verdadero torrente de canciones nace de cuatro músicos provincianos: Alfonso de Silva (1902-1937), Theodoro Valcárcel (1898-1942), Roberto Carpio[11](1900-1986) y Carlos Sánchez Málaga (1904-).

> Los cuatro compositores cantan en el tono de la canción triste, del lamento y mantienen la íntima y escondida ternura del hombre andino. Son los verdaderos "liederistas" que establecen un nexo con la canción europea, pero mantienen un definido acento propio.

Theodoro Valcárcel:
Treinta y un cantos del alma vernácula

De la misma forma que el Inca Garcilaso[13] y Guaman Poma[14] hicieron aportes únicos a la literatura, pues narraron sus experiencias desde su pertenencia a la cultura que fue marginada, siglos más tarde aparecería un músico que desde ese mismo lugar daría voz a los hasta entonces "sin voz", un compositor que plasmaría su visión de "abajo para arriba" y que contribuyó al reconocimiento del aporte indígena en igual condición que el aporte criollo. Este compositor fue Theodoro Valcárcel (1898-1942)[15].

Descendiente de Aymaras y originario del Puno, fue uno de los más prolíficos compositores peruanos de la primera mitad del siglo XX[15]. En Perú se formó con Luis Dunker Lavalle y en Europa con maestros como Pedrell, Vicenzo, Schiepatti y Busoni. Presentó conciertos como director de orquesta y pianista en diversos países europeos y en Perú. Escribió obras sinfónicas, música de cámara, canciones artísticas y obras corales. En 1935 ocupó el cargo de jefe del Departamento del Folclore Nacional en la Academia Alcedo y, en 1939, el de miembro del Gabinete de Música del Instituto de Arte Peruano. Valcárcel tomó melodías y textos indígenas en idioma quechua para componer su más importante colección de canciones titulada *Treinta y un cantos del alma vernácula* que escribió alrededor de 1930[16], convirtiéndose en uno de los representantes más importantes del nacionalismo indigenista.

El ciclo es una colección de canciones artísticas de corte nacionalista de gran calidad en donde el compositor plasmó su conocimiento de los motivos indígenas y mestizos. Una parte fue publicado por Editions Maurice Sénart en París en 1930 con el título de *Cuatro canciones incaicas*[17]. Las mismas canciones fueron reeditadas en 2005 en el libro *La canción artística latinoamericana: antología crítica y guía interpretativa para cantan*tes[18], incluyendo cambios procedentes de una versión posterior publicada en 1986 en Perú. La versión de Perú, revisada y adaptada por Edgar Valcárcel, compositor y sobrino de Theodoro, incluye cadencias de lucimiento, que el autor pensó en su momento para una soprano de coloratura.

Ilustración 21: Fragmento de *Suray Surita*[19] canción del compositor Theodoro Valcárcel perteneciente a la colección de *Treinta y uno cantos del alma vernácula*. Su introducción en Ab que hace cadencia hasta Fa menor para iniciar la melodía en el modo pentatónico menor. Es una canción de amor adolorido, que concuerda con lo comentado por Edgar Valcárcel cuando aludía a la íntima tristeza del hombre Andino.

La totalidad de estas canciones fueron escritas para soprano y hacen uso frecuente de la escala pentatónica, situación que alude a las raíces indígenas de las melodías. Los textos originales fueron escritos en idioma quechua y aymara, lo cual constituye un hito importante para el movimiento nacionalista peruano. En su primera edición de 1930 aparece la traducción al español[20]. En estas canciones se encuentran dos de las características más típicas de la música indígena de los Andes: el uso de la escala pentatónica y el uso de las terceras menores repetidas.

La importancia que estas canciones tienen dentro de la producción de la canción artística latinoamericana radica en el hecho de que son unas de las primeras que utilizan melodías indígenas y lenguas indígenas, el quechua y el aymara, como material para este tipo de canción. Con estas composiciones Valcárcel estaba declarando que lo indígena formaba parte de la identidad de su país, y estaba desplazando los elementos indígenas de su ambiente original a un medio tradicionalmente asociado con las élites, como son las salas de concierto de la canción artística. Las canciones representan un intento de superar las desigualdades de poder político y social que en últimas se manifiesta en prácticas de transformación sonora que privilegian la sonoridad occidental, aunque logran visibilizar los elementos culturales propios de la región.

Dignos de mención por su aporte al repertorio de canción artística son los compositores Carlos Sánchez Málaga (1904-1995) y Alfonso de Silva (1902-1937). Dos músicos europeos que vivieron gran parte de su vida en Perú, también escribieron canciones artísticas en este período: Andrés Sas (1900-1967)[21] quien compuso los S*eis cantos indios del Perú*, canciones en las que predominan los modos pentatónicos y Rodolfo Holzmann (1910-1992)[22] que escribió su ciclo *Tres madrigales* sobre textos de Pablo Neruda.

VENEZUELA

El Grupo Renovación

La emergencia del movimiento nacionalista en Venezuela, que tuvo su punto de máxima expresión alrededor de 1920 fue el resultado de un complejo proceso de cambios sociales y políticos que se iniciaron en el país con el comienzo del siglo XX. En el año 1908 llega al poder el dictador Juan Vicente Gómez, quién recibió al país en un momento de crisis económica y social e inmediatamente inició una estrategia para atraer la inversión extranjera. Su plan de gobierno llamado la "Revolución libertadora" buscaba devolver la estabilidad económica y devolver el orden a la nación.

En 1910 se inició la explotación del petróleo lo que tuvo como consecuencia la gradual transformación de la economía de agraria a industrial. El bienestar económico trajo consigo el desarrollo de infraestructuras y la creación de periódicos, emisoras de radio y se inició una reforma educativa.

Estos importante cambios económicos y sociales catapultaron la reconfiguración de la estructura social y económica del país. Se iniciaron masivos desplazamientos del campo a la ciudad y alrededor de 1909, un grupo de artistas plásticos jóvenes inició un movimiento que llamaron Círculo de Bellas Artes[1], movimiento que abogaba por la modernización y reforma de la enseñanza artística de su país.

Fue aproximadamente diez años más tarde, alrededor de 1920 cuando un grupo de músicos venezolanos empezó de manera consciente a intentar modernizar su música y a desarrollar una "música nacional". Este grupo, denominado *Grupo Renovación* fue un proyecto cuya finalidad era contribuir a la construcción de la nación a través de la creación de un "estilo nacional" que fuera reconocido por la población como "propio", pues lo "auténticamente venezolano" sería tal en la medida en que fuera reconocido como tal por el pueblo. De esta manera los compositores tomaron de manera consciente, elementos rítmicos y melódicos del folclore y se embarcaron en el estudio de la música proveniente de las zonas rurales[2].

Los músicos más representativos de este grupo y quienes aportaron más para la construcción del llamado *sonido nacional* fueron Vicente Emilio Sojo (1887-1974), Juan Bautista Plaza (1898-1974) y José Antonio Calcaño (1900-1978). Los tres fueron responsables no solo de investigar, crear y ejecutar música venezolana sino que contribuyeron a la creación de infraestructuras, planes educativos y políticas nacionales de educación musical. En el terreno de la canción, quienes hicieron aportes más significativos fueron Vicente Emilio Sojo y Juan Bautista Plaza.

Juan Bautista Plaza: Siete canciones venezolanas

Juan Bautista Plaza (1898-1965) fue uno de los más grandes y prolíficos compositores venezolanos. En 1920 obtiene una beca para estudiar en la Pontificia Escuela Superior de Música Sagrada de Roma, con el compromiso de regresar a su país a implantar la ejecución de la música litúrgica según las reglas decretadas por el papa Pio X en su "Motu Proprio" de 1903. Durante su estancia en Roma compuso obras vocales de carácter sacro, pero también obras seculares como las canciones para voz y piano tituladas *L'infinito, Due Liriche* y *Sinfonía en gris mayor*. Permaneció en Roma hasta 1923, cuando regresó al país a asumir el cargo de maestro de capilla de la Catedral de Caracas, cargo que ocupó durante 25 años.

A partir de 1924 inició sus actividades pedagógicas, un rol que le acompañaría por el resto de su vida. Entre 1933 y 1944 asumió la tarea de clasificar y restaurar los manuscritos del archivo de música colonial venezolana que se encontraba en la escuela. Gracias a su importante labor de preservación, transcripción y estudio de estos manuscritos salió a la luz la importante Escuela de composición de Chacao[3].

A partir de 1938 expresó su preocupación por la calidad de la educación musical de su país en comparación con otros países latinoamericanos. En este año publica el artículo "Urge salvar la música nacional"[4] en el que expresa su preocupación por preservar las expresiones folclóricas del país e invita a la creación de un archivo en el que se clasifiquen y organicen para el estudio las diferentes músicas folclóricas. En su artículo afirma que los compositores americanos tienen la obligación de conocer la música vernácula de sus países para de esta manera contribuir a satisfacer las exigencias del espíritu musical de la época. Como ejemplo de composiciones que hacen uso de material folclórico cita la *Suite brasilera* de Heitor Villa-Lobos que acababa de ser ejecutada en Venecia en 1938. Plaza pregunta: "de qué otra manera puede un compositor americano despertar el interés de una audiencia internacional tan selecta como esa?". Continúa insistiendo que los músicos venezolanos tienen el reto de familiarizarse con el variado y rico folclor de su país.

En 1932 compuso las *Siete canciones venezolanas* sobre textos del poeta Luís Barrios Cruz. Estas canciones, subtituladas por Plaza como *Suite para voz y piano*, recogen ritmos de danza de diferentes regiones de Venezuela y plasman el folclor de las diferentes regiones de una manera descriptiva y colorista. La influencia de las *Siete canciones populares españolas* de Manuel de Falla es evidente. En varios de los escritos de Plaza se constata su admiración por el compositor andaluz[5]. La poesía fue tomada de libro de poemas titulado *La respuesta de las piedras* de Luís Barrios Cruz, poeta considerado nacionalista e identificado como "El poeta llanero". En su poesía emocional, costumbrista, colorista y descriptiva, narra la vida de los campesinos llaneros, planicie compartida por Venezuela y Colombia en donde la vida se desarrolla en contacto con la naturaleza y en donde caballos y ganado son parte de la vida cotidiana.

En todas las canciones del ciclo utilizó motivos folclóricos, pero los manipuló con la intención de construir una suite en el estilo de las suites de danza barrocas europeas, elemento que se observa por la alternancia de canciones de tiempo rápido con canciones de tiempo lento. De igual manera construyó todas las canciones en forma de tres partes ABA. Las canciones 1, 3, 5 y 7 son danzas rápidas en 3/4, las restantes son más lentas y líricas utilizando el compás de 4/4 en las canciones 2 y 6. Un factor unificador del ciclo es la presencia del ritmo de *joropo*, ritmo folclórico considerado el ritmo nacional venezolano.

En la canción *Cuando el caballo se para*, el ritmo de joropo está oculto de tal manera que no se puede ver en la partitura como una unidad rítmica pero sí se escucha cuando el pianista combina el ritmo de la mano derecha con el ritmo de la mano izquierda. El resultado tiene el efecto rítmico que preserva intacto el ritmo de joropo. El texto alude a la vida del llanero, describe la llanura, el camino, el caballo. De manera metafórica compara el camino con la vida en una reflexión de hondo significado.

Ilustración 22: La canción *Cuando el caballo se para*[6] es un joropo[7]. Al escucharla podemos transportarnos a los llanos orientales de Colombia o Venezuela en donde los llaneros, campesinos de la región ejecutan estas piezas con arpa, cuatro y capachos.

En la sección media de la canción, Plaza utiliza elementos de otra danza nativa, el vals, al presentar su estructura rítmica. El vals venezolano tiene un ritmo característico en el que se acentúan los tiempos primero y tercero. De nuevo Plaza manipula el ritmo para obtener un mayor enriquecimiento expresivo. Lo que distingue al vals venezolano del europeo y de los encontrados en otras partes de América Latina es la interacción simultánea de los ritmos de 3/4 y 6/8.

El ciclo estrenado en 1933 en el Ateneo de Caracas por el barítono Juan José Agarrebere y el pianista Miguel Ángel Calcaño no fue recibido con entusiasmo por los críticos quienes consideraron que estas canciones no eran "venezolanas" y criticaron su falta de ritmo y "europeísmo". Es interesante observar cómo la percepción de lo nacional ha cambiado y hoy en día se considera que estas canciones proyectan valores y modelos estéticos venezolanos.

La obra vocal de Plaza fue extensa e incluye canciones en francés, italiano y español. Su labor se extendió a los ámbitos de la educación y la musicología. Junto a Eduardo Arroyo Lameda, Emilio Calcaño, Enrique González, Octavio Calcaño y Pascual Lameda el grupo llamado *El Ateneo de los Siete*, un grupo de intelectuales que se reunían a discutir temas de interés común y que ofrecían conferencias sobre distintos temas.

El legado de Vicente Emilio Sojo

Uno de las figuras indispensables en la escena musical de este periodo fue Vicente Emilio Sojo (1887-1974). Nacido en el pequeño pueblo de Guatire, recibió clases de teoría, armonía e interpretación con Regulo Rico (1878-1960). En 1911 compuso el *Himno a Bolívar*, su primera obra. En 1915 fue nombrado maestro de capilla de la Iglesia de San Francisco de Caracas interesándose por la composición de obras de estilo religioso. En 1930 funda el *Orfeón Lamas*, coral de gran importancia por dedicarse exclusivamente a la interpretación de las obras de los compositores venezolanos desde el periodo colonial hasta obras de compositores contemporáneos. En el mismo año participó en la fundación de la Orquesta Sinfónica de Venezuela, de la que fue director. En 1936 es nombrado director de la Escuela Superior de Música José Ángel Lamas. Como maestro y director de la única orquesta sinfónica del país ejerció una gran influencia en el panorama músical de su tiempo.

Desarrolló una importante labor de investigación, recopilación y armonización de canciones folclóricas venezolanas que eran su forma de expresar su visión nacionalista y de proteger la música venezolana de influencias externas. Arregló aproximadamente 250 canciones para voz y piano, entre las que se destacan varios ciclos titulados *Canciones populares venezolanas*. También armonizó canciones Sefardies.

Más importante incluso que su obra musical fue su impacto en las nuevas generaciones de músicos. Sojo fue el responsable de la formación de Antonio Estevez (1916-1988), compositor de la icónica *Cantata criolla* y de numerosas canciones para voz y piano. También fue maestro de Inocente Carreño (1919-2016), Antonio Lauro (1917-1986), José Clemente Laya (1913-1981), Evencio Castellanos (1915-1984) y Blanca Estrella (1913-1984), entre muchos otros destacados compositores venezolanos[8]. Una de sus alumnas que posteriormente haría grandes aportes al género de canción fue la compositora Modesta Bor (1926-1998). Bor escribió varios ciclos de canciones, la mayoría de ellos para contralto y mezzosoprano, sobre poesías de poetas venezolanos[9].

3
NUEVAS FACETAS DEL NACIONALISMO EN EL SIGLO XX

La canción artística a partir de 1940

A partir de la década de los cuarenta aproximadamente y al tiempo en que se componían canciones en estilo nacional, se empezaron a componer obras en las que el elemento nacional se presentaba de manera abstracta y subjetiva, es decir se producen obras que hacen alusión subjetiva al folclor y se citan elementos folclóricos de manera tan elaborada que pueden incluso no reconocerse, integrando técnicas y lenguajes de las vanguardias internacionales. Esta inclinación responde a un deseo de los compositores de formar parte de las corrientes internacionales y al anhelo de alcanzar una voz universal.

En lo que respecta a la canción empiezan a aparecer obras escritas siguiendo las tendencias más modernas de composición que muchas veces no incorporan ningún elemento folclórico. Con esta postura los compositores latinoamericanos, además de expresar su deseo de adhesión a las corrientes internacionales, en algún nivel se revelaban contra los roles asignados desde los centros culturales de poder que tácitamente restringían su campo de actuación a la composición de obras en estilo nacional.

Las obras compuestas en este periodo, tienen identidades claramente latinoamericanas, y pueden ser tan nacionales como las canciones de sus antecesores "nacionalistas", en caso de que adoptemos la definición de nacionalismo de Dalhaus, que argumenta que música nacional es la compuesta con la intención de reflejar un contexto nacional, aunque no haga uso de motivos folclóricos o música en la que la audiencia reconoce rasgos identitarios nacionales.

Subjetivos e intangibles, la intención y el reconocimiento son tan poderosos como la utilización explícita del motivo folclórico. El compositor brasileño Marlos Nobre (Recife, 1939), ilustra esta postura, cuando respondiendo a mi pregunta de si se consideraba un compositor nacionalista, dijo:

> No, no me considero un compositor nacionalista. Además, y más que eso, yo detesto cualquier tipo de "nacionalismo" y detesto profundamente cualquier conexión de mi obra o mi estética con el nacionalismo. Para mí la estética nacionalista ha sido un gran error, también en Brasil. Desde muy temprano me he dado cuenta de que lo que se hacía era algo falso, absolutamente vacío de sentido, como lo de poner temas folclóricos o pseudo-folclóricos en una sinfonía, o un concierto, haciendo una especie de pseudo neo-clasicismo-nacionalista.
>
> El tema folclórico aparece en muchas de esas obras "nacionalistas" como un elemento pobre, tratado con una petulancia clasicista, que significaba para mi algo como, por ejemplo: "Ves? Ahora tú estás mucho más valorizado, saliendo de tu pobreza y enriquecido con la vestimenta de la "gran música".
>
> Para mí lo nacional es algo mucho más profundo, más serio. El compositor nacido en Brasil, y sobre todo en una región riquísima de folclore en las calles como es por ejemplo Recife, no es el mismo compositor nacido en São Paulo, una metrópolis casi igual a una New York más chica, o cualquier otra del tipo. Así la influencia de la música popular de un país en un creador de ese país, es algo profundo, natural o entonces no lo es. No es posible aceptar que alguien quiera hacerse "compositor nacional" apenas utilizando los "clichés" reconocidos por Europa siempre buscando lo exótico en nuestras culturas.
>
> Nuestra música profunda no es jamás "exótica", es profunda. Uno de más grandes males de la vida musical actual es justamente el hecho de que Europa quiero imponer "su" visión del exotismo latino-americano, o brasileño, como la única manera que ellos piensan aceptables como "cultura latino-americana". Sin querer (¿o lo hacen a propósito?), miran lo exótico de nuestros países como la única forma posible de música, sobre todo, que ellos aceptarían como válida.

>Esta visión, todavía colonialista, me parece el gran mal de "clichés" nacionalistas que todavía siguen en la mentalidad europea. Ahora mismo, en nuestros días, una pieza mexicana, con todos los clichés mexicanos posibles ha sido un gran éxito y llega a la Filarmónica de Berlín y no por acaso. Creo que esta orquesta jamás ha tocado algo de Villa-Lobos, Ginastera o Chávez, pero esa obrita (además un arreglo de una canción mexicana de una película de baja calidad de los años 60) es el más grande éxito de la música latinoamericana en Europa en nuestros días. Eso es sintomático: Europa no ha cambiado y sigue en su imposición de decirnos, a nosotros, lo que debemos hacer para agradar a ellos. Es como se dicen: la música sería, la gran música, bueno eso es solo para nuestros creadores. Ustedes latinoamericanos hagan sus arreglos de pseudo-folclore.
>
>El Tico-tico no fue un samba popular de Río, recibió un arreglo de algún orquestador europeo y es la única obra brasileña tocada por la Filarmónica de Berlín en todos los tiempos, bajo la dirección de Daniel Barenboim. ¡Una lástima[1].

Resuenan las palabras de Nobre, como un eco de las de Mario De Andrade en su *"Ensaio sobre a música brasileira"*[2].

Algunos compositores activos durante este período incluyen a: Alberto Ginastera (1916-1984) en Argentina; Carlos Chávez (1898-1978) y Silvestre Revueltas (1899-1940) en México, Jaime León (1921-2015) en Colombia, Antonio Estévez (1916-1988) y Modesta Bor (1926-1998) en Venezuela, Marlos Nobre y Osvaldo Lacerda (1927-2011) en Brasil y Edgar Valcárcel (1932-2010) en Perú, solo por nombrar a algunos de los compositores que han contribuido a enriquecer el género de canción.

En esta época, movimientos sociales, políticos y poblacionales determinan la aparición simultánea de figuras que pudieran parecer antagonistas por utilizar lenguajes y posturas estéticas totalmente opuestas pero que representan justamente un momento histórico de ajustes, transición y negociación. Surgen compositores de los más diversos estilos y corrientes que de manera simultánea dibujan, en diferentes puntos de la América Latina un panorama sonoro diverso y variado. Se asoma la postmodernidad...

En un mismo momento y lugar componen figuras antagónicas que parecen pertenecer a diferentes contextos y momentos históricos, como por ejemplo Juan Carlos Paz (1901-1972) y Carlos Guastavino (1912-2000) en Argentina, Jacqueline Nova (1935–1975) y Jaime León (1921-2015) en Colombia o Waldemar Henrique (1905-1995) y Osvaldo Lacerda (1927-2011) en Brasil.

Los contrastes son muy grandes por las radicales posturas estéticas, como por ejemplo en el caso de Juan Carlos Paz, opuesto al uso de elementos folclóricos en la música y dispuesto a la experimentación sonora más moderna y Carlos Guastavino, compositor que compuso un importante repertorio vocal fuertemente influenciado por la música folclórica, cuyo lenguaje romántico, nostálgico y melódico corresponde más al utilizado a finales del siglo XIX.

A continuación, presentaré a algunos compositores que escribieron en esta época en los que podemos observar las diversidad de lenguajes y posturas estéticas coexistentes.

Alberto Ginastera:
del estilo nacional al nacionalismo de atmósfera

Nacido el 11 de abril de 1916 en la ciudad de Buenos Aires, Ginastera estudió en el Conservatorio Alberto Williams y en el Conservatorio Nacional de Música y Artes Escénicas de Buenos Aires en donde tuvo como maestros a José André y Athos Palma. Siendo aún estudiante, Juan José Castro le estrenó una suite de *Panambí* en el Teatro Colón que fue recibida de manera muy positiva. En el período comprendido entre 1934 y 1940 escribió varias de sus piezas de carácter nacionalista, entre ellas las *Danzas argentinas*, sus *Dos canciones; la Canción al árbol del olvido* y la *Canción a la luna lunanca* y los *Cantos del Tucumán*.

En este primer periodo compositivo, fuertemente influenciado por la música folclórica, utilizó con frecuencia la escala pentatónica y pseudo-pentatónica que se relacionaba con la música de origen indígena. Sus *Dos canciones*, escritas en 1938 sobre poesía de Fernán Silva Valdés ilustran claramente su estilo en esta época. Además de incorporar ritmos folclóricos, utiliza poesía que hace mención a los paisajes locales.

CANCION AL ARBOL DEL OLVIDO

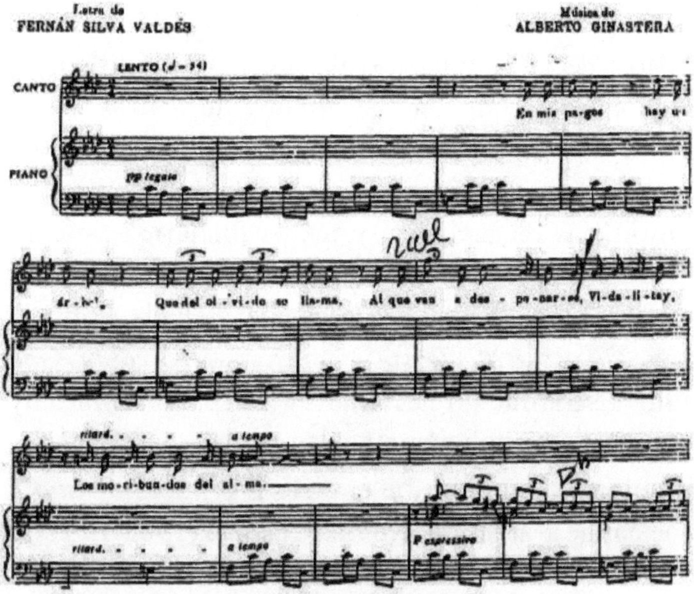

Ilustración 23: Canción al árbol del olvido

Escrita en estilo de vidalita muy cercana a la canción folclórica la *Canción al árbol del olvido* consta de tres secciones AAA. Es una canción nostálgica e introspectiva que descubre el dolor del amor no correspondido. Su primera parte, en la tonalidad de Fa menor empieza con una parte de piano rítmica y lenta que hace la mano izquierda, este ritmo se mantiene durante toda la pieza, otorgando un aire monótono y triste a la pieza. En la segunda parte continúa con la misma tonalidad y ritmo hasta llegar a la tercera parte cuando cambia a la tonalidad más brillante de Fa mayor.

Contrastando por su ritmo alegre y texto fantasioso, la *Canción a la luna lunanca*, está escrita en el estilo de la canción folclórica, con una característica métrica de 3/4 en la parte vocal y de 6/8 en la parte de acompañamiento.

A este mismo período pertenece su ciclo de canciones *Cantos del Tucumán,* sobre poesías del poeta Rafael Jijena Sánchez. Las canciones hacen alusión a la música indígena y mestiza lo cual se evidencia en las melodías, sonoridades, en la selección de instrumentos que conforman el ensamble y en el empleo de instrumentos de percusión nativa lo que sugiere un acercamiento consciente al nacionalismo.

A partir de 1941 y hasta 1945 inicia un prolífico periodo de composición en el que escribe la suite de danzas para el ballet *Estancia,* la Obertura para el "*Fausto*" criollo y su ciclo de *Cinco canciones populares argentinas.* Este ciclo de canciones para voz y piano inspiradas en melodías y textos folclóricos, compuesto en 1943, probablemente fue influenciado por el modelo de las Siete canciones populares españolas de Manuel de Falla. Formado por las canciones *Chacarera*[3], *Triste*[4], *Zamba*[5], *Arrorró*[6] y *Gato*[7] logra transmitir el sentimiento nacionalista de una manera muy clara y objetiva al utilizar explícitamente los motivos nacionales.

En el mismo año escribe el ciclo *Las horas de una estancia*, sobre poesías de la argentina Silvina Ocampo (1903-1993), dedicado a la soprano catalana Conxita Badía quien por esos años se encontraba en la Argentina. El ciclo, estrenado en Montevideo en 1945, difiere de sus anteriores obras vocales pues no hace uso de motivos folclóricos o nacionales de manera directa, reflejando una búsqueda del compositor de otros lenguajes y un deseo de internacionalización. Su composición se basó más en la naturaleza mística y simbolista de la poesía que recrea espacios misteriosos con una estética muy impresionista. El contraste evidente entre los dos ciclos, que responden a formas muy distintas de expresión del nacionalismo, ilustra de manera clara cómo en un mismo momento coexistían diferentes formas de expresar el ser nacional, incluso en un mismo compositor.

En *Las horas de una estancia* Ginastera muestra una expansión de su lenguaje armónico e inicia su camino hacia un nacionalismo más subjetivo, de atmósfera. Este ciclo presagia el desarrollo que vendrá en los años subsiguientes en el estilo del compositor, representativo de la dirección que tomarían los compositores latinoamericanos en los años por venir. En sus propias palabras:

> "Pienso que he alcanzado lo que buscaba allá por 1944. Mi ballet Estancia y algunas pequeñas piezas para piano, violín y chelo alal igual que mis ciclos de canciones son la expresión de un sentimiento argentino objetivo. En mi propio desarrollo, aprendí a enfrentarme a esta situación desde otro punto de vista. Ya no me interesa encontrar un lenguaje intrínsecamente argentino porque comprendí, que, si logro desarrollar un idioma personal, este inevitablemente estará expresando mi medio ambiente. Por lo tanto, no estoy buscando un estilo nacional, busco un estilo personal. Creo que estoy en el camino de lograrlo en mis recientes obras Concierto para piano y la Cantanta para América Mágica.[8]"

Ginastera ejerció gran influencia en sus contemporáneos gracias a la labor pedagógica que desarrollo desde el Centro Latinoamericano de Altos Estudios Musicales del Torcuato di Tella, centro de aprendizaje y de creación musical de relevancia internacional que fundó en 1962 y que mantuvo activo hasta el año 1970. A pesar de su corta existencia, fue un importante centro pedagógico y plataforma de innovación tecnológica y de creatividad. Por sus aulas pasaron los jóvenes más promisorios de la composición en América Latina que incluyen a Coriún Arahonian (1940-2017) de Uruguay, Rafael Aponte Ledée (1938) de Puerto Rico, Alcidez Lanza (1929), Luis Arias (1940), Graciela Paraskavaídis (?) y Luís Jorge González (1936) de Argentina, Jorge Antúnes (1942) de Brasil, Alberto Villalpando (1940) y Florencio Pozadas (1939-1968) de Bolivia, Blas Emilio Atheortúa (1943) y Jacqueline Nova (1935-1975) de Colombia, César Bolaños (1931-2012), Edgar Valcárcel (1932-2010) y Alejandro Núñez Allauca (1943) del Perú, Mesías Maiguashca (1938) de Ecuador,y los chilenos Gabriel Brncic (1942), Miguel Letelier (1939) e Iris Sangüesa (1933), entre muchos otros. El laboratorio de música electroacústica del CLAEM, creado en 1964, fue pionero no solo a nivel latinoamericano, sino mundial por su actividad de investigación y creatividad.

Carlos Guastavino: la voz de la tradición

El aporte de Guastavino al repertorio de canción artística latinoamericana es uno de los más importantes y apreciados por los intérpretes y audiencias internacionales. Nacido en Santa Fe, Argentina en 1912, estudió música desde temprano de manera intermitente. Sus primeras obras vocales, escritas en 1939 ya evidencian el uso de motivos nacionales, ya sea en forma de ritmos o melodías folclóricas. Su trayectoria vital y su formación, en buena parte autodidacta, determinaron desde muy temprano una inclinación hacia el folclor. Desde su juventud se relacionó con importantes exponentes del folclor de su país, como Eduardo Falú y Atahualpa Yupanqui, con quienes colaboró en el desarrollo del movimiento folclorista. Sus canciones abordan diferentes estilos, aunque todas tienen en común la belleza de las melodías que logran comunicar de manera directa y eficiente las emociones y sentimientos descritos en los poemas.

En su tiempo fue tildado de anacrónico, sufriendo la marginación por considerarle un compositor anclado en el lenguaje romántico y en la referencia directa del motivo folclórico. Sin embargo, el uso de los elementos folclóricos en su obra expresa su sintonía con un lenguaje, una estética y una sensibilidad coherentes con la personalidad y sensibilidad íntimas del compositor, al tiempo que refleja su recorrido vital y experiencias en el mundo de la música folclórica y popular. Sus obras, aproximadamente 250, incluyen canciones escolares y amorosas escritas en diferentes estilos que corresponden a diferentes periodos de su vida creativa.

Sus numerosos ciclos de canciones, todos con textos en español, incluyen obras de influencia folclórica evidente en la poesía y en la música, como por ejemplo los titulados *Doce canciones populares*, *Cuatro canciones argentinas* o las *Canciones populares argentinas*. En estas obras parece que el compositor de forma consciente buscaba contribuir a construir un sonido nacional.

Parte importante de su obra vocal tiene influencia hispánica que evidencia en la elección de la poesía y en motivos melódicos y armónicos. Ejemplo de esta tendencia son sus ciclos titulados *Cuatro sonetos de Quevedo* sobre poesías del español Francisco de Quevedo y Villegas, sus T*res canciones sobre poesías de José Iglesias de la Casa,* las *Siete canciones sobre poesías de Rafael Alberti* y *Las nubes* sobre poesías de Luís Cernuda.

El compositor exhibió una habilidad extraordinaria para musicalizar poesías siempre respetando el ritmo de la palabra. Sus melodías resaltan el significado de la palabra y denotan conocimiento de la voz, logrando que música y ejecutante se pongan al servicio de la poesía. Guastavino representa al compositor que mantiene el estilo personal independientemente de las corrientes y de las modas.

La obra vocal de Guastavino es una de las más interpretadas y grabadas dentro del repertorio de canción artística latinoamericano. Esto se debe en parte a que la mayoría de sus canciones fueron publicadas, especialmente por las editoriales Ricordi Americana, Editorial Lagos y Editorial La Quena. El acceso a las partituras combinado con una música accesible, de melodías claras y a la escogencia acertada de las poesías ha hecho de Guastavino uno de los favoritos de los cantantes. Sus obras también cuentan con numerosas grabaciones, análisis y estudios musicológicos que aportamos en la bibliografía.[9,10,11,12,13,14]

Jaime León: una voz panamericana

Nacido en 1921 en Cartagena de Indias, Colombia, desde temprana edad estuvo en contacto con la música gracias a la influencia de sus padres, ambos músicos profesionales. En 1924 la familia se transladó a los Estados Unidos en donde inició clases particulares de piano en 1929. En 1935 regresó a Colombia ingresando al Conservatorio de la Universidad Nacional en 1937 para hacer la carrera de piano.

En 1941 regresó a Nueva York a estudiar en Juilliard School of Music de donde se gradúa en 1945. Allí mismo continuará estudiando dirección de orquesta y composición baja la tutela de Edgard Schenkmann, Vittorio Giannini y Bernard Wagenaar.

Durante sus años de formación mantuvo contacto permanente con Colombia a donde viajaba con frecuencia a ofrecer recitales de piano. Finalmente, en 1947 fue nombrado director de la Orquesta Sinfónica Nacional de Colombia y profesor del Conservatorio Nacional. Pocos años después regresa a Nueva York para dirigir diversas orquestas en producciones de ópera y teatro musical, siendo nombrado en 1955, director asistente de la orquesta del American Ballet Theatre. En 1972 retorna definitivamente a Colombia como director de la Orquesta Filarmónica de Bogotá.

LA CAMPESINA

Ilustración 24: Fragmento de *La campesina*[17] con poesía de Isabel Lleras Restrepo. El compositor utiliza el ritmo de bambuco en su modalidad antigua caracterizada por estar en ¾, al mismo tiempo incorpora acordes de extensión propios del jazz. El texto es especialmente interesante pues narra las condiciones duras de vida en el campo para la mujer, describe el paisaje interior de la campesina y el paisaje exterior que la rodea. El compositor logra hacer una síntesis de los elementos folclóricos y regionales representados por el ritmo y el texto con los elementos internacionales, representados por la armonía y los elementos de jazz.

La época de formación de León fue la etapa en la que compositores como Irving Berlin, George Gershwin, Cole Porter, Richard Rodgers y Harold Arlen, entre otros, compusieron las canciones que llegarían a formar el famoso American Songbook. Más tarde, durante su etapa profesional al frente de diversas orquestas, viviría los años de esplendor del teatro musical americano que tenía como epicentro a Nueva York en donde se estrenaron musicales como *West Side Story* y *Wonderful Town* de Leonard Bernstein quien ejercía como director de la New York Philarmonic.

El haber vivido inmerso en este ambiente, sumado a su continua movilidad entre los Estados Unidos y Colombia, influyeron grandemente en su personalidad y composiciones.

Su labor como compositor de canciones la inicia en 1951 cuando compone su primera canción para voz y piano: *Aves y ensueños*, la primera de una nutrida producción de obras vocales inspiradas en poesías de poetas colombianos. Aunque sus primeras obras denotan marcada influencia de la música impresionista francesa y del musical americano, sus obras posteriores integran motivos nacionales colombianos de manera muy elaborada, logrando complejas y sutiles abstracciones de los ritmos folclóricos.

Desde sus primeras canciones evidencia una gran facilidad por la línea melódica, respeto al ritmo intrínseco de la poesía y un conocimiento profundo del instrumento vocal, lo que se traduce en líneas vocales sencillas, puntos de respiración sensibles a las necesidades del cantante, conocimiento de las vocales ideales para las notas agudas y acentos silábicos coincidentes con los motivos rítmicos. Se interesó por los temas infantiles; de sus treinta y ocho canciones, dieciocho abordan la temática infantil; nanas, canciones de navidad y canciones en las que la primera persona es un niño que narra sus vivencias. También dedicó parte importante de su obra a la temática amorosa. Su poeta predilecto fue el colombiano Eduardo Carranza, de quien musicalizó un total de diez canciones.[15,16]

En su música se observan influencias de la música europea, estadounidense y colombiana, convirtiendo al compositor en un

En su música se observan influencias de la música europea, estadounidense y colombiana, convirtiendo al compositor en un verdadero exponente del panamericanismo musical. Un compositor transnacional en cuya música se reflejan complejas interacciones identitarias que liberan al compositor de los límites del estado-nación y le permiten interactuar, descifrar y representar valores y estéticas pertenecientes a los diversos lugares habitados.

El movimiento de nueva canción latinoamericana y su relación con la canción artística

Hablar de la canción latinoamericana durante el siglo XX obliga a fijar la atención en el repertorio del movimiento denominado *Nueva canción latinoamericana* un repertorio que se desarrolló a partir de la segunda mitad de la década de 1960 especialmente en Cuba con la Nueva trova cubana, en Chile con la *Nueva canción* y en Brasil con el movimiento denominado *Tropicalia*.

La *Nueva canción* fue la materialización sonora de profundos movimientos culturales y políticos que sucedían en América Latina y en el mundo. Esta es la época de la Revolución cubana, de la guerra del Vietnam, del París del 68, de Alcoa 70 y de Tlatelolco entre otros movimientos.

Fuertemente influenciada por el folclor, la nueva canción se extendió a diferentes ámbitos artísticos y políticos, contribuyendo al desarrollo y fortalecimiento de una conciencia social y política asociada con las ideologías de izquierda al tiempo que contribuía a la creación de un sonido nacional.

Su aparición y aceptación se benefició de los movimientos demográficos que impulsaron a millones de personas del campo a la ciudad, con todos los conflictos, transformaciones, pérdidas y ganancias que un desplazamiento de esta magnitud podía generar. Para el emigrado del campo a la ciudad la nueva canción representó un reencuentro con su historia y vida pasadas y una herramienta que posibilitaba la construcción de futuro. Esta dialéctica pasado-modernidad se materializó sonoramente en la canción como punto de encuentro entre las texturas sonoras tradicionales con elementos de la música electrónica, el jazz y la música sinfónica.

Simultáneamente la nueva canción se alzó a favor de la patria, enarbolando al mismo tiempo la bandera de la identidad continental y de un destino latinoamericano compartido.

Al igual que en la canción artística, en la nueva canción desempeña papel protagonista la simbiosis música-texto, así, los textos de la nueva canción describen, al igual que la tradición juglaresca, los campos, las plazas y los espacios urbanos, las luchas entre el campo y la ciudad, la soledad, el amor de pareja, la vida en el campo, la injusticia social, los problemas de comunicación, el dolor. Sin embargo, sus textos incorporan de manera explícita y crítica, temas políticos y sociales que hasta ese momento no se habían expresado de manera tan rotunda. Por esta razón logró adquirir reconocimiento en las clases bajas de la sociedad que se identificaban con su mensaje.

En los textos de la nueva canción se representan especialmente las aspiraciones de un pueblo sumido en la desigualdad y los dramas cotidianos, y se busca, a través de la música y la poesía contribuir a reparar el tejido social. En su búsqueda de los auténticos valores la nueva canción surge también como respuesta combativa a la influencia "imperialista" de los Estados Unidos. Llama la atención que al mismo tiempo en los Estados Unidos florecía el movimiento denominado *American Folk Revival* con el que compartía numerosas características.

Los cantautores de este periodo se convierten en símbolos de una lucha y logran así trascender los límites del tiempo y la geografía, convirtiéndose en íconos que se conservan hasta el día de hoy: Violeta Parra, Margot Loyola, Victor Jara, Patricio Manns, Inti-Ilimani, Pablo Milanés, Silvio Rodríguez, Mercedes Sosa, Caetano Veloso, Gilberto Gil, Gal Costa, Nara Leão y Rogério Duprat, entre otros.

En este género en el que el texto ocupa lugar tan destacado no es de extrañar que los poetas hayan sido también protagonistas. Se musicaliza a los grandes poetas de las lenguas española y portuguesa y la poesía de esta manera también se democratiza y acerca al pueblo. Este acercamiento fue complicado en cuanto a mecanismos de difusión se refiere, puesto que este género surgió al margen de la industria musical al atacar con frecuencia los órdenes de poder.

Por esta razón la *Nueva canción* se vio en la necesidad de desarrollar nuevas formas de relación con el público y nuevos espacios de difusión que llegaran a sus públicos objetivo. Los guitarra fue instrumento central en los procesos de creación y difusión del repertorio. Los cantautores generalmente se acompañaban de guitarra, utilizando armonizaciones que fácilmente eran aprendidas por las audiencias que en poco tiempo podían reproducir melodías y cantarlas en reuniones de peñas y amigos. Con frecuencia la difusión de este género entre los sectores populares fue facilitado por entidades de tipo político que tenían acceso a clubes deportivos, centros culturales, grupos juveniles, juntas vecinales y espacios de participación ciudadana. El contacto directo y cercano entre cantautores y audiencias constituye seña de identidad de un género que dio, como nunca antes, espacio al público para ser escuchado y participar activamente en la construcción de una herramienta constructora de futuro.

La *Nueva canción latinoamericana* se sitúa desde sus inicios en un punto de intersección entre la canción folclórica y popular constituyendo un caso único en Iberoamérica en el que claramente se observan los efectos sonoros de los movimientos sociales y políticos. Desde el punto de vista de la promoción y comercialización es interesante de observar, pues el movimiento que se inició como un paradigma de lo auténtico, alejado de los intereses comerciales, finalmente se insertó en las redes comerciales de la música popular, situación similar a la ocurrida con el movimiento denominado *American Folk Revival*. También es un género muy cercano al de canción artística al otorgar protagonismo al mensaje poético y ejecutarse, al menos inicialmente, en peñas y espacios similares a los que vieron nacer al *Lied*.

4

SIGLO XXI: HACIA UN TRANSNACIONALISMO MUSICAL O LA DISOLUCIÓN DE LAS FRONTERAS

"Haber vivido lejos, cerca de un cuarto de siglo sin interrupción me permitió penetrar con ojos frescos en muchas de nuestras cosas, apoyado en el recuerdo, en el instinto y en la tierra guatemalteca que me llevé en la suela de los zapatos. La intensidad del retorno, en mis condiciones, no creo que la haya tenido alguien. Mi pueblo despertaba, rompía sus cadenas y por dondequiera creaba un clima de himno su fervor.

Mis compatriotas, sin la lente de tal experiencia, acaso juzgarán inexactas o exageradas algunas de mis impresiones. El ambiente, para ellos ininterrumpido y consuetudinario, no les muestra los mismos tenebrosos o vibrantes relieves y matices. Están, en cierto modo, invalidados para advertir algunos pormenores y para asirlos con la precisión virgen que sin proponérmelo, incluso por las violentas agitaciones sociales, forzosamente, me ha deparado la realidad en los diez años últimos."

Fragmento de *Guatemala, las líneas de su mano*[18]
de Luis Cardoza y Aragón, 1901-1992

La segunda mitad del siglo XX y los inicios del XXI presentan un nuevo escenario para el nacionalismo. Lejos de desaparecer, el nacionalismo se renueva, siendo al tiempo viejo y nuevo, reafirmándose en un mundo global en el que las fronteras se diluyen. La ambivalencia ideológica de la nación y las fronteras móviles del espacio obligan a repensar lo nacional.

La persistencia y reactivación del nacionalismo, que pone de manifiesto, entre otras cosas, la necesidad de los individuos de formar parte de un grupo y dar sentido a su existencia, contrasta con la crisis del concepto de identidad nacional que gira en torno a un estado, hecho precipitado por eventos como la globalización, la creciente movilidad geográfica y el advenimiento de las tecnologías de la información. Las identidades de mucha gente hoy en día se negocian constantemente entre universos sociales que se extienden a más de una "nación-estado". Por su caracter híbrido, las identidades nacionales de los países occidentales experimentan una creciente fragmentación.[19]

Entramos en un periodo en el que se pone de manifiesto la disolución de la dicotomía sujeto-objeto, evidenciando que ninguna de las dos entidades existe con independencia de la otra. En términos musicales esta disolución evidencia que el compositor y su entorno son inseparables e independientemente del lenguaje musical que usen, estarán siempre haciendo referencia a un entorno nacional, o en términos contemporáneos a un entorno trasnacional-global. De nuevo se generan confusiones entre los conceptos de transnacionalismo e identidad porque las redes de intercambio transnacional de muchas personas se basan en su percepción de identidad compartida o común.

Transnacionalismo: lugares múltiples o el no lugar

Nacido en la denominada alta-modernidad, el transnacionalismo se refiere a varios tipos de conexiones globales entre grupos que se encuentran en diferentes estado-nación y que pertenecen a diferentes grupos étnicos que comparten una "identidad" o una forma subjetiva y/o objetiva de verse y concebirse a si mismos y a su relación con los otros[20].

Muchas de las redes sociales se basan en la percepción de ciertos grupos que consideran que comparten unas características que conforman lo que denominan su "identidad". Muy frecuentemente esta identidad está relacionada con una lengua, un lugar geográfico de origen, una religión y en general con características culturales compartidas.

En la actualidad somos testigos de la migración global de multitudes que dejan su lugar de origen, o el lugar que han percibido como hogar, por razones políticas y económicas, con los consecuentes reajustes de vida e identidad que experimentan cuando se re-establecen en otros espacios. Movimientos migratorios acelerados que desplazan a distintas comunidades hacia territorios no familiares.

En los nuevos espacios, los migrantes y sus descendientes se enfrentan a nuevas condiciones sociales, desarrollando formas de vida nuevas promovidas particularmente por políticas capitalistas y de globalización. Las migraciones y los avances en las comunicaciones, han tenido mucho que ver con el cambio de panorama mundial. El flujo constante de personas, bienes, información y símbolos tiene un profundo impacto en los "creadores" y en las "audiencias" a nivel internacional.

Históricamente, América Latina ha sido una de las regiones que ha experimentado de manera más intensa los movimientos migratorios. Tan sólo en el siglo XX millones de personas de todos los países de América Latina fueron empujados por la necesidad a buscar nuevos horizontes en países diferentes en donde hicieron sus vidas como extranjeros sin dejar nunca de ser colombianos, cubanos, argentinos, mexicanos, guatemaltecos, venezolanos, etc. Las identidades nacionales cobran un nuevo protagonismo como lugar de encuentro de comunidades imaginadas que comparten lugar de origen y atributos culturales. En el exilio se mantienen y construyen identidades de grupos, subgrupos nacionales y de etnias, y se construyen identidades continentales, como aquella a la que nos referimos cuando hablamos de la "patria grande". Se construye una identidad de latinoamericano que se añade a la identidad nacional.

Yo misma he experimentado esta situación pues después de varios años viviendo en Catalunya, me siento catalana y por mis años en los Estados Unidos, un poco estadounidense. Esta situación no es infrecuente en la sociedad actual en donde millones de personas construimos nuestra identidad a retazos.

El sentimiento personal antes descrito representa un claro ejemplo de lo que Mitchell Cohen llamó cosmopolitanismo arraigado, un cosmopolitanismo que acepta multiplicidad de raíces y ramas y que descansa en la legitimación de fidelidades plurales que se articulan en diversos círculos que comparten un terreno común[21]. El sentimiento nacionalista en este caso se manifiesta como una de las fidelidades plurales, lo cual no entra en conflicto con el cosmopolitanismo.

Luis Cardoza y Aragón, el poeta guatemalteco, diría en la década de los treinta: "Descubrí a mi tierra en Europa. Viajé miles de kilómetros a fin de intuir quien era"[22]. En el siglo XXI, los sujetos transnacionales descubrimos a nuestra tierra desde fuera, al tiempo que descubrimos nuevas tierras propias, desarrollamos nuevas parcelas de nuestro ser en la medida en que recorremos nuevos mundos, nuevas culturas y nos vamos armando, como un rompecabezas, desarrollando nuevas identidades nacionales, transnacionales, locales, regionales, nuevas lealtades que se van sumando.

Esta situación la experimentan también infinidad de compositores. En los siglos XVIII y XIX los compositores latinoamericanos viajaron frecuentemente a formarse en Europa. Durante el siglo XX incluyeron a los Estados Unidos en su itinerario, ampliando su visión del mundo y de lo propio, del "yo soy", por la perspectiva que da la distancia. Cómo dice García Canclini: "Si el cubismo y el futurismo nutrieron los modos de pintar a América Latina, y no solo las imágenes de los propios países, fue porque Diego Rivera, Antonio Berni y Torres García adquirieron una óptica más vasta desde Europa".[23]

La globalización ha servido como catalizador de estos procesos de intercambio y transformación. Este fenómeno, que muchos consideran nuevo, es en realidad un muy antiguo, según definiciones como la de Held[24] quien afirma que la globalización es la "emergencia de redes interregionales y de sistemas de interacción e intercambio" que pueden ser mercantiles, militares, culturales o religiosas. Vista de esta manera la globalización se remonta a la más remota antigüedad, tan atrás como la Mesopotamia del 200 a.c. o el desarrollo de la ruta de la seda. Esta definición contrasta con la de Anthony Guidens[25] quien vincula a la globalización contemporánea con los recientes avances tecnológicos.

En la América Latina de la alta modernidad, la posibilidad de viajar, que hasta hace poco tiempo era privilegio de algunos pocos artistas, intelectuales y personas con poder adquisitivo, hoy está al alcance de grupos muy diversos y es impulsada por otras motivaciones, la principal de ellas, la búsqueda de oportunidades de trabajo y la esperanza de encontrar un mejor nivel de vida. Este cambio poblacional ha generado cambios en el consumo cultural y está dando forma a nuevos mercados de identidades transnacionales, uno de estos mercados, el de los latinos. Citando a García Canclini:

> La música ha tematizado esta multilocalizacion de los lugares desde los cuales se habla. ...
>
> Esta difusión traslocal de la cultura, y el consiguiente desdibujamiento de territorios, se agudiza ahora, no solo debido a los viajes, los exilios y las migraciones económicas. También por el modo en que la reorganización de los mercados musicales, televisivos y cinematográficos reestructura los estilos de vida y disgrega imaginarios compartidos[26].

Nos encontramos entonces ante un individuo transnacional diferente: han aparecido en escena grupos de inmigrantes que entran en el tejido social y económico de los países de economías industrializadas como Estados Unidos o Europa occidental y al mismo tiempo mantienen sus lazos de unión con el país de origen[27]. Aunque esta situación está lejos de ser nueva, lo novedoso aparece cuando irrumpen las tecnologías de la información al alcance de todos, facilitando el mantenimiento de las relaciones sociales a pesar de las distancias.

Al uso masivo de Internet, los móviles, las cámaras de video, etc., se suman las nuevas leyes de mercado global y la facilidad de movilidad.

Además de los grupos que tradicionalmente han migrado empujados por la pobreza y la necesidad, existe un grupo de nuevos migrantes transnacionales pertenecientes a una nueva clase media-alta, profesionales que se integran en las redes internacionales de trabajo, constituyendo una nueva élite transnacional que se percibe a sí misma como cosmopolita. Estos nuevos sujetos transnacionales son poseedores de capital intelectual y económico que les permite gran movilidad. Al preguntar a un grupo de compositores latinoamericanos contemporáneos sobre si se sentían nacionalistas, dijeron:

Gilberto Mendes, Brasil, 1922: "No, porque tengo una naturaleza muy cosmopolita. Quiero dejar claro que tengo una naturaleza musical muy cosmopolita, ecléctica y que estoy igualmente interesado por la música popular y erudita brasilera".

Manuel de Elías, México, 1939: "No nacionalista, pero decididamente nacional porque pertenezco a mi contexto, a mi realidad cotidiana".

Max Lifchtiz, México-USA, 1948: "No, me considero más cosmopolita que nacionalista…o trans-nacionalista".

Juan María Solare, Argentina 1966: "No, para nada. Porque creo que la categoría "nacionalista" o "nacional" pone un límite artificial. Sin embargo, creo que mi música refleja perfectamente mi país natal y los numerosos países donde he estado. Pero de manera natural, sin disfrazarme de lo que ya soy. De manera inevitable. Dicen que León Tolstoi afirmó algo así como "describe tu aldea y serás universal". Creo que el tema o el lenguaje (musical) pueden ser local, cotidiano, nacional, pero el "mensaje" trascender lo local, lo circunstancial, lo anecdótico. Y no hay contradicción entre ambas dimensiones".

Luís Pérez Valero, Venezuela, 1980: "No me considero nacionalista. Mi música es muy distinta a lo que me rodea en el entorno socio-cultural de mi país y mi región"

Fabián Róa, Colombia, 1984: "No, me considero un compositor colombiano que se alimenta de todo tipo de música y arte sin importar de donde sea".

Relativamente nueva a nivel social, la movilidad transnacional ha sido práctica habitual en el mundo de las artes y de la música especialmente a partir del siglo XIX. Desde entonces, los creadores latinoamericanos más destacados o promisorios, en su mayoría pertenecientes a las élites, viajaron a los centros culturales a formarse y ampliar su arsenal de herramientas creativas.

La diferencia radica en que este tipo de movilidad está hoy en día al alcance de un grupo mayor y esta mediatizada por comunicaciones de tipo electrónico que tienen el efecto de que las personas se relacionen de manera diferente con su lugar de origen y con el lugar de acogida. Se puede "viajar" de diversas maneras, ya sea corporalmente, con la imaginación o virtualmente. Los sujetos transnacionales desarrollan herramientas que les permiten contextualizar al otro y a su cultura y "descifrar" o interpretar las diferentes señales provenientes de otras culturas.

Estas experiencias y actitudes necesariamente alteran la percepción de si mismo y de la propia identidad. Uno de los aspectos más sobresalientes entre los sujetos transnacionales es su sensación de auto-transformación. Sienten que su experiencia les otorga herramientas para manejar de mejor diferentes ambientes, personas, culturas y les ayuda a ser tolerantes al darles la oportunidad de conocer diferentes perspectivas y formas de ver el mundo[28].

En la alta modernidad, la propia identidad se convierte en un proceso de construcción organizada, un proyecto reflexivo de si mismo que es continuamente revisitado para construir nuevas narrativas. Continuamente escribimos nuestra auto-biografía al relacionarnos con un mundo que nos pone en contacto con múltiples cursos de acción y estilos de vida. La identidad se construye y se reconstruye continuamente.

Al preguntar al compositor Juan María Solare si el hecho de residir o haber residido en el exterior había tenido alguna influencia en su estilo de composición, respondió: de residir o haber residido en el exterior había tenido alguna influencia en su estilo de composición, respondió:

> ...uno está sometido a cientos de influencias, pero asimila solamente algunas: aquellas que resuenan en el interior, aquellas que encuentran una correspondencia dentro nuestro. Y es muy posible que estas energías interiores se hubieran despertado en cualquier otro lugar, siempre que se hubiera uno topado con el correspondiente disparador. Un factor adicional de cierta fuerza es que quien vive en el exterior no tiene soberanía. Permanentemente cuelga sobre su cabeza la espada de Damocles de "no pertenecer realmente" y de "tener que agradar" para evitar un rechazo social e institucional aún mayor. Y esto puede influir peligrosamente en la estética, haciéndola más conservadora, más accesible, más condescendiente.

En la alta modernidad nos encontramos también ante la realidad de la separación de tiempo y espacio[29], situación que contrasta con la de las culturas pre-modernas cuyas actividades estaban siempre ligadas a un tiempo y a un espacio concretos que ha llevado al desarrollo de una dimensión de tiempo "vacío". Las organizaciones modernas asumen la coordinación precisa de acciones de diferentes personas que están físicamente ausentes o desconectadas la una de la otra. Los individuos desarrollan actividades que tienen impacto en lugares remotos.

Esta situación tiene efectos también en la música, pues la conexión que existía entre el motivo folclórico y una región concreta ha desaparecido. Podemos estar ligados a una cultura sin estar físicamente en el territorio que le dio origen, de hecho, el territorio mismo desaparece, se universaliza y se diluye. En conversación con el compositor brasileño Gilberto Mendes (1922), este comentó:

> Viajé mucho, veinte veces a Europa, pero solo viví en los Estados Unidos, dos veces, en donde fui profesor invitado de la Universidad de Texas y de Wisconsin. No tuve ninguna

influencia en ese momento, porque ya tenía una gran influencia de la música popular norteamericana, especialmente de la canción americana, las cantadas por Bing Crosby, Dorothy Lamour, Fred Astaire, Frank Sinatra y también por las orquestas de Tommy Dorsey, Duke Ellington, Beorquestas de Tommy Dorsey, Duke Ellington, Benny Goodman, todo esto lo escuché durante mi infancia. Esta música popular de los Estados Unidos me influenció mucho, mucho más que la música popular brasilera[30].

La música y las canciones son entonces lugares de intersección, de cruce de influencias; territorios de paso, como las ciudades portuarias en donde se mezclan y re-mezclan olores, sabores, texturas, maneras de ser y de enunciar. Esto se percibe en la carta que el compositor brasilero Osvaldo Lacerda (1927-2011) me dirigió el 4 de enero del 2006:

...le estoy enviando mi última canción, que le dedico a usted. ¡Espero que le guste! Se llama "Oração de Tagore", en ella uso algunas constantes melódicas de la música afro-brasilera religiosa. ¡El nacionalismo es también una técnica! ¿Será que una canción puede tener tal grado de universalidad? Observe: poesía india, música brasilera, influencia melódica, africana, cantante a quien se dedica, española[31].

Un compositor transnacional: Moisès Bertran (Catalunya, 1967)

Moisès Bertran ilustra una situación común a muchos compositores actuales. Nacido en Mataró, Catalunya, en 1967 se formó en el Conservatorio del Liceu de Barcelona en las áreas de piano, solfeo y teoría de la música. Más tarde realizó un Doctorado en Artes Musicales en The Hartt School en Hardford en los Estados Unidos. Ha sido profesor de piano, materias teóricas, orquestación y composición tanto en España como en los Estados Unidos y en Colombia.

Desde 2001 vive en Colombia, país en donde ha desarrollado una parte importante de su obra y en donde se nacionalizó en 2011. Bertran representa un caso interesante al haber realizado un camino, si se pudiera decir, a la inversa. Moviéndose desde Europa hasta América Latina. Su música refleja una forma "contemporánea" de nacionalismo. Escuchemos su respuesta a mi pregunta de si se consideraba un compositor nacionalista:

> No, porque, aunque en mi música haya influencias nacionales, estas son de tantas naciones que al final mi música resulta una composición pannacional o transnacional. Puedes encontrar en mi música influencias tanto catalanas como españolas en el sentido amplio de la palabra, estadounidenses, colombianas, latinoamericanas y también de otras partes del mundo[32].

Con sus palabras se presenta como un individuo transnacional. Si hacemos uso de la definición de nacionalismo de Dahlhaus[33] podríamos ver cómo el compositor no se identifica con el "estilo nacional", pero al analizar su música encontramos referencias a su lugar de origen y a los diversos lugares habitados. Su música proyecta los valores culturales propios de los diversos lugares habitados, estos elementos percibidos por el compositor, el intérprete y la audiencia.

En el Tercer Foro de Compositores de América Latina y el Caribe el musicólogo Béhague dijo:

> Más que los compositores de las generaciones nacionalistas, los vanguardistas han sabido mediar los sonidos de sus obras a través de su propia humanidad, repensada y reconstruida de acuerdo con las preocupaciones socio-culturales de un momento existencial. Y es en este sentido que el compositor caribeño no ha dejado de ser "nacional" aunque haya rechazado, de un principio, el nacionalismo anterior. Su trascendencia de lo obvio, en el ámbito nacionalizante inmediato, no ha dejado, por eso, de contribuir al concepto dinámico pero múltiple de nacionalidad, sea ella cubana, mexicana, dominicana, puertorriqueña, pero siempre de modo simbólico[34].

Pregunté al compositor Marlos Nobre si al componer tiene la intención de proyectar valores pertenecientes a los lugares que habita o ha habitado:

> Jamás he tenido ese tipo de intención: el compositor que quiera, deliberadamente, expresar tal o cual valor perteneciente a su país está en verdad, achicando su trabajo y su arte. Seria una meta muy floja, muy pequeña para un verdadero creador. La obra de arte, si es que la hacemos verdaderamente, es SIEMPRE, una proyección intensa del entorno de cada compositor de cada verdadero creador musical.

La postura y la obra de Bertrán concuerdan con lo anteriormente expresado. En la primera canción de su ciclo *Tres poemas de amor*[35], titulada *Escrito está en mi alma*, utiliza un poema del español Garcilaso de la Vega (1501-1536). La canción tiene un carácter declamatorio, casi hablado, pero su acompañamiento utiliza motivos provenientes del cante jondo que sitúan a la obra en el contexto español. La obra incorpora armonías impresionistas y disonancias que expanden el entorno nacional, reflejando los recorridos vitales del compositor. La segunda canción del *ciclo Deja que el viento pase* utiliza poesía del chileno Pablo Neruda (1904-1973) y la tercera, *Abrázame fuerte*, poesía del colombiano Juan Pablo Serna Aguilar (1982).

Según palabras del propio Bertrán su música proyecta su estancia en Catalunya, en Colombia y en los Estados Unidos y ha recibido influencias de grandes compositores universales. Su música expresa sus movimientos internos y externos y proyecta los entornos y valores de las culturas que ha habitado y recorrido, convirtiéndole en un compositor transnacional.

> PC: Te sientes un compositor colombiano? Si así fuera, qué cosas se pueden identificar en tu música de influencia colombiana?
>
> MB: Me siento un compositor colombiano, pero por encima de todo me siento un compositor. Me siento compositor colombiano porque en Colombia es donde resido y trabajo desde hace 17 años. Las influencias de Colombia están en mi música y ya los musicólogos la

encontrarán. Estas influencias se evidencias en la obra para 22 pianos Suite homenajes o en la colección de canciones sobre poesías del poeta colombiano Rafael Pombo Sobre fábulas y verdades.

PC: Te sientes un compositor catalán? Porqué?

MB: Soy por encima de todo un compositor. Por haber nacido en Catalunya y por sentir de especial manera esa tierra y sus maneras hay mucha influencia de su música en la mía: rítmica, fraseológica, sentimiento....

PC: Qué influencias tiene tu música?

MB: Ya las he citado en su mayoría, quizá me faltaría mencionar a grandes compositores como Ravel, Poulanc, Français, Stravinsky, Bartok, Messiaen... [36]

Deberíamos asumir que el ser transnacional admite la coexistencia de varias identidades, pero que al mismo tiempo reafirma la identidad de la nación de origen. Nos encontramos ante la paradoja del sujeto que se siente identificado con elementos de las culturas que visita, que se integra y que adopta hábitos y posturas de la cultura adoptiva, pero al mismo tiempo, es un individuo al que constantemente se le recuerda su lugar de origen.

Se genera una situación paradójica porque, aunque el compositor adopte lenguajes y motivos nacionales de las culturas que visita o habita se espera que haga referencia constante a su nación de origen.

Al inicio del capítulo mencionábamos que la realidad transnacional genera espacios para las minorías previamente marginadas y oportunidades para reducir la distancia entre el centro y la periferia. Durante el siglo XIX los compositores latinoamericanos que viajaron a Europa a formarse, adoptaron técnicas y modos de hacer con el fin de aprender a sonar de la misma manera que sus contemporáneos europeos. En aquel momento se vivía la movilidad nacional de una manera diferente debido a que las naciones latinoamericanas eran insipientes, sin identidad formada y entonces se buscaba conformar una identidad imitando la del país desarrollado.

En contraste el compositor contemporáneo se relaciona con su medio como un igual, pues, aunque aún arrastra en algún grado el lastre de su pertenencia a un país con una economía en desarrollo, se relaciona como un igual en el sentido en que adopta e integra los diferentes elementos de las culturas que visita al lenguaje que mejor conoce, es decir el lenguaje de su país de origen. Hay que decir también que el compositor latinoamericano está por definición insertado en el discurso de la música-pensamiento occidental.

Hasta qué punto el compositor incorpora e interioriza los elementos de las culturas que transita será lo que lo defina como un compositor cosmopolita, si nos apegamos a la definición de Turino de cosmopolitanismo: "situación en la que la gente local internaliza ideas y prácticas foráneas como suyas. Esto significa que disposiciones foráneas se vuelven constitutivas del habitus local"[37] A partir de los últimos años del siglo XX, el cosmopolitanismo modernista-capitalista ha sido la fuerza predominante cultural a nivel internacional.

Definir cosmopolitanismo es también un reto pues es un concepto que se usa de muchas formas y con múltiples niveles de profundidad; desde el uso común de la palabra para definir algo o alguien sofisticado hasta el uso que lo sitúa en el contexto posiciones políticas y sociales específicas.

La palabra en sí evoca un deseo fundamental de la humanidad, un ideal, quizá una utopía. Desde el uso que Diógenes diera para definir a un ciudadano del mundo, la palabra nos conecta con un sentido de lugar y circunstancia concretas. Es un término lleno de contradicciones ligado estrechamente a ideas como lo global, la nación, la hibridez, la diáspora y el multiculturalismo [38,39].

En este punto es útil retomar el concepto de cosmopolitanismo arraigado de Cohen para recordar que el hecho de ser cosmopolita no entra en conflicto con el hecho de ser un sujeto nacional. Nos remitimos de nuevo a las fidelidades múltiples que nos ofrece la multi-localidad a la que nos vemos abocados desde finales del siglo XX.

Aunque a primera vista se pudiera pensar que el cosmopolitanismo riñe con el nacionalismo, si nos detenemos a observar, el cosmopolitanismo y el nacionalismo comparten muchas características, esto debido a que el sujeto cosmopolita se relaciona con los múltiples lugares traduciendo el sentimiento nacional a los múltiples lugares habitados. Es de alguna forma un nacionalismo que se expande en círculos concéntricos y que integra las múltiples fidelidades.

Al preguntar al compositor Juan María Solare si se considera un compositor nacionalista y si considera que sus obras representen los valores de su país de origen, contestó:

> No, para nada. Porque creo que la categoría "nacionalista" o "nacional" pone un límite artificial. Sin embargo, creo que mi música refleja perfectamente mi país natal y los numerosos países donde he estado. Pero de manera natural, sin disfrazarme de lo que ya soy. De manera inevitable.

¿Transnacionalismo, cosmopolitanismo, multi-localidad, neonacionalismo?

Nos encontramos entonces en un momento en el que la movilidad, multi-localidad y el acceso a las tecnologías de la información ponen al alcance de los compositores, desde muy temprano en su formación una diversidad sonora, rítmica, melódica y textual prácticamente infinitas. El compositor contemporáneo está en contacto con músicas de todo el mundo y de los más diversos estilos.

En conversación con los compositores brasileños Gilberto Mendes (1922) y Edmundo Villani-Cortes (1927), pude constatar que ya en la temprana década de los 30 y 40 del siglo XX, estos compositores tuvieron gran influencia de y contacto con las músicas internacionales que escuchaban a través de la entonces popular radio. Recuérdese la afirmación de Mendes:

> La canción americana cantada por Bing Crosby, Dorothy Lamour, Fred Astaire, Frank Sinatra, las orquestas de Tommy Dorsey, Duke Ellington, Benny Goodman, todo lo que oí desde mi infancia, la música popular norte-americana influencio mucho mi música, mucho más que la música de mi entorno brasilero.

Edmundo Villani-Côrtes señalaba que la música que más le influenció en su juventud fue la que escuchaba en la radio, especialmente canciones de los musicales de los Estados Unidos, música francesa popular y piezas clásicas muy "populares". El compositor abiertamente reconoce estas influencias como más importantes en su obra que la misma música folclórica brasilera.

Este fenómeno que es de alguna manera "normal" si se considera que los jóvenes compositores echaban mano de la música que tenían a su alcance, nos cuestiona sobre los procesos que los compositores contemporáneos experimentan, en una sociedad en donde las tecnologías de la información han puesto al alcance de todos las música de todo el mundo. Es decir, se presenta para el compositor el reto de conectarse con su entorno local-real en contraposición al entorno global-virtual al que es mucho más fácil acceder.

No puedo evitar pensar en el fenómeno ocurrido durante buena parte de siglo XIX y comienzos del XX cuando los compositores tenían más contacto con y conocimiento de la música europea que contacto con y conocimiento de la música de su entorno nacional y en general de la música folclórica.

¿Se está repitiendo la historia, pero esta vez a escala global? ¿Debería esto preocuparnos? El compositor es un "traductor" de su cultura, una antena que recibe señales y las reinterpreta y no deja de ser una muestra "representativa" de lo que sucede en su entorno nacional que es un entorno continuamente bombardeado por sonidos y acontecimientos globales procedentes del mundo virtual. Resultan interesantes las palabras del compositor venezolano Luís Pérez Valero (Barquisimeto, 1980):

> PC: ¿Siente que pertenece a alguna corriente musical específica?
>
> LPV: Hasta ahora siento que pertenezco a una generación adicta a MTV[39]
>
> PC: ¿Cuáles han sido las principales influencias musicales en las obras que compone?
>
> LPV: Las principales influencia han sido Christinne Mennesson, Bela Bartok, Igor Strawinsky, Miles Davis y Led Zeppelin.

El compositor contemporáneo estaría entonces codificando los sonidos globales y traduciéndolos a su cultura de manera inconsciente y de esta forma estaría siempre refiriéndose a su entorno local-nacional.

Así visto el compositor está siempre haciendo música nacionalista, lo que varía es el estilo, es decir, la música nacionalista hoy en día puede hacerse en cualquier estilo internacional, utilizando cualquier técnica, cualquier combinación instrumental, cualquier tipo de escala, de ritmo. Hoy en día música nacionalista puede ser al final de cuentas, cualquier cosa.

5

LA PERFORMANCE PRACTICE DE LA CANCIÓN ARTÍSTICA LATINOAMERICANA

"La canción nace junto al hombre y su necesidad de expresar una interioridad subjetiva y hacerla universal mediante un acto de comunicación y participación. Es por eso que la canción no hace sino mostrar aquello que el hombre es, y desde sus orígenes tiene una estrecha relación con la problemática del existir y el medio ambiente en el que se desarrolla esa existencia".

Víctor Jara [1]

La canción artística latinoamericana, género que ha jugado un importante papel en el desarrollo de la estética nacionalista es paradójicamente poco conocida por el público y los cantantes, quienes afrontan su interpretación con técnicas adquiridas en instituciones musicales de orientación eurocéntrica. Se hace entonces necesario estudiar su *performance practice* para aportar elementos que contribuyan a "reconocer" o definir lo que es, y lo que no es una canción artística latinoamericana. Esta necesidad surge del hecho de que es un género de fronteras borrosas y difíciles de vislumbrar, hecho que, sumado al casi total desconocimiento sobre su existencia, contribuye a hacer aún más difícil su interpretación y difusión.

Los cantantes líricos que se plantean la interpretación de una obra escrita por un compositor latinoamericano, experimentan dificultades para reconocer qué tipo de obras incluir en sus programas y se acercan con temor a la música sin saber si se encuentran en el territorio de la canción artística o en el de la canción folclórica. Menos aún saben sobre el estilo de interpretación[2]. Esta desorientación puede deberse a que el cantante lírico se forma en ambientes muy delimitados que establecen normas rígidas e inamovibles en lo que se refiere al estilo de interpretación, emisión del sonido y al respeto a la partitura, patrones que le condicionan desde el inicio de su formación y que de alguna forma limitan su capacidad de improvisación, su creatividad y el aprendizaje de oído, habilidades centrales en la interpretación de los repertorios folclórico y popular. Estas normas provienen en su mayoría de la tradición musical centroeuropea y se aceptan e incorporan, sin cuestionar su validez, cuando se utilizan para interpretar los repertorios latinoamericanos y/o ibéricos. Esta postura determina la citada desorientación, teniendo por lo general resultados negativos al afrontar el repertorio, ya sea en su interpretación e incluso en su enseñanza.

Como resultado el cantante lírico, formado para cantar repertorio centroeuropeo, cuando afronta la interpretación de una obra de compositor latinoamericano o ibérico lo hace de la misma forma que un aria de ópera o un *lied* alemán, desvirtuando el estilo y descontextualizando la pieza.

Intérpretes, oyentes y agentes musicales por igual tropiezan con dificultades para "definir-situar" el repertorio, en parte porque las instituciones educativas no contemplan la inclusión de los repertorios y por ende los desconocen, y porque desde las mismas instituciones se ha privilegiado y validado la enseñanza del repertorio centroeuropeo. Por esta razón es necesario situar y definir la canción artística latinoamericana usando como herramienta el estudio de su *performance*.

El concepto de *performance practice*

La palabra *performance* remite a una acción por medio de la cual se revela algo o se da forma a algo (proviene del latín *formare*, dar forma) y se puede aplicar a cualquier ámbito de la vida como los deportes y el arte. En el campo artístico y musical este "dar forma" se manifiesta en el momento de la ejecución de una pieza musical, teatral o plástica. El concepto en sí mismo es muy complejo debido a que se puede dar forma a un texto o pieza desde muchos niveles diferentes: el nivel psicológico, físico, sensorial y emocional.

Para dar forma a una obra musical se utilizan múltiples medios de manera simultánea y superpuesta. En la canción se utiliza el cuerpo, la voz, la palabra, la escenografía, el movimiento y el color, entre otros. El contexto general de representación constituye la compleja red de la *performance*. Esta situación exige una aproximación interdisciplinar al hecho performativo de la canción que incluye disciplinas como la antropología, la historia, el teatro, la psicología, la música y la literatura. Nos enfrentamos a una situación especialmente compleja[3].

Un primer elemento que se presenta en la estructura de la *performance* es el intérprete, el cantante. A través de su cuerpo-mente y de su expresión vocal, facial y corporal, y elementos ligados al cuerpo, como pueden ser el traje, el maquillaje y ornamentos en general, el artista le da forma a un texto y lo comunica a un público. La partitura se convierte en una hoja de ruta, un código escrito que necesita ser descifrado y complementado por el intérprete en cada ejecución de manera cambiante. La *performance* es un espacio dinámico, que en cada ejecución permite a la obra cobrar vida de forma diferente.

La musicología ha definido *performance practice* como "la forma en que la música ha sido ejecutada, especialmente en lo que concierne a la relación entre las notas escritas y el sonido obtenido"[4]. Esta definición se centra en la estructura y reconstrucción del sonido, dejando a un lado consideraciones socio-históricas, sensoriales, emocionales y espaciales que hayan influido en la interpretación. Por esta razón se ha de ampliar el concepto de *performance practice* hacia uno que integre el estudio del sonido y el de su contexto[5], pues el fenómeno musical no se puede separar de su entorno socio-histórico-cultural y menos en la *performance* que es la única forma viva de la música. La música solo existe en su *performance*[6].

La *performance*: un espacio de comunicación entre intérpretes y audiencia

En la *performance* el ejecutante es poseedor de unas habilidades específicas con las que da vida de forma especial y única a la obra. El ejecutante es un ser bio-psico-social que proyecta su propio contexto, emociones y forma de conceptualizar la música en la obra y por lo tanto en la audiencia.

La audiencia también proyecta su propia emoción y valores, construyéndose un espacio de intersección entre el ejecutante y el receptor, que es único e individual para cada uno de los participantes. Ese punto de intersección entre ejecutante y audiencia existe tantas veces como número de personas haya en el público: un espacio entre el ejecutante y cada asistente; un espacio entre el ejecutante y la audiencia como colectividad; un espacio de intersección entre los ejecutantes entre ellos, y un espacio de intersección entre los ejecutantes, como grupo y la audiencia como colectividad.

La audiencia a su vez está formada por seres bio-psico-sociales que proyectan sus propias necesidades, carencias, expectativas, emociones y formas de ver y participar en el mundo. Esta responderá de una u otra manera en la medida en que la música ejecutada resuene dentro de su mundo de valores y le facilite proyectar parte de lo que es y de su identidad en la *performance*. En la medida en que el miembro del público se siente identificado en algún aspecto de la *performance* se logrará un punto de comunicación. Esta recepción está condicionada y limitada por infinidad de factores: las habilidades para percibir los sonidos-imágenes-olores, las referencias culturales, el nivel de educación, el estado anímico y el momento vital, por solo citar algunos.

En el contexto del pensamiento postmoderno, cuando la estética del consumidor (oyente-audiencia) se ha privilegiado, se impone la observación de la *performance* tanto desde el punto de vista del ejecutante como de la audiencia. Partiendo de estas premisas intentaré situar el género de canción, definir sus diferentes tipos y analizar el género de canción artística latinoamericana a través del estudio de su *performance*.

La *performance* de la canción artística: un espacio integrador

La *performance* de la canción es por definición exigente y compleja. Analizar la canción desde el punto de vista puramente musical, se presenta limitado al igual que si el análisis se basa sólo en el texto, puesto que en su ejecución una multitud de niveles de comunicación se ponen en juego para lograr la comunicación con la audiencia. Su capacidad para trasmitir sentimientos-situaciones-contextos, unida a su versatilidad, ha hecho posible que los diversos repertorios se hayan ajustado a lo largo del tiempo a diferentes patrones estéticos, al tiempo que se han adecuado a la aparición de nuevas tecnologías, asumiendo nuevas funciones sociales como trasmisora de cultura y dando paso a una industria que genera millones en beneficios económicos.

Como resultado de la interacción dinámica de sus elementos constitutivos (el texto, la melodía, el acompañamiento, la *performance*, etc.), es una forma expresiva que produce diversos niveles de significados. Aun cuando las canciones estén impresas en partituras, en la *performance* hay elementos que no pueden ser captados por el papel: inflexiones vocales, pronunciación, entonaciones particulares, carácter, pausas. Todos estos elementos subjetivos, derivados del conocimiento que el intérprete tiene de la obra y de su contexto, forman el complejo tejido de la *performance* de la canción. Es por esta razón que para aproximarnos al estudio de la canción y de su *performance* es imprescindible analizar el uso de la voz en la interpretación.

Para lograr la transformación de su audiencia, el cantor necesita una preparación, una suerte de iniciación. Esta "iniciación" da comienzo generalmente en la infancia, cuando se pone en contacto con el lenguaje musical y poético, exponiéndose a un ambiente que le nutre con contenidos simbólicos, sonidos, modos de hacer y de ser, palabras y modos de expresión. Es imprescindible que el cantante tenga un contacto profundo con su entorno, pues de manera consciente e inconsciente absorbe elementos que se traducen en inflexiones melódicas, usos del cuerpo, producción de sonido, uso del lenguaje, y otros elementos que constituyen el denominado "estilo", que no es más que el reflejo de la cultura y del medio ambiente proyectado en un determinado individuo[7].

A partir del momento en que el *Lied* dejó de ser un repertorio ejecutado en los salones burgueses y pasó a ser enseñado en conservatorios y universidades, el cantante de *Lied* se forma en tales instituciones en donde aprende la técnica vocal del canto lírico occidental; una técnica cuyo objetivo es lograr una sonoridad particular, un sonido potente con el menor esfuerzo y sin causar daño a las estructuras físicas que producen el sonido.

Para adquirir la sonoridad característica de su voz y la habilidad de interpretar el repertorio, el cantante se somete a una disciplina de estudio técnico insertada dentro de la tradición del método científico. Es decir, se somete a un proceso en el que sigue un "conjunto de pasos fijados de antemano con el fin de alcanzar conocimientos válidos mediante instrumentos confiables"[8]. En el proceso, es acompañado por el maestro, quien le guía y ayuda a interpretar los "signos" del camino. Idealmente, el maestro le sirve de espejo para ayudarle a "moldear" su sonido y adaptarlo a los requerimientos del estilo, al tiempo que respeta las características únicas del instrumento del cantante.

Con el aprendizaje de la técnica del canto lírico, el cantante logra hacerse consciente de un conjunto de mecanismos (respiración, relajación, postura, proyección) que deben ser coordinados al cantar y permitiendole emitir un sonido limpio, potente, constante y uniforme. Al tiempo que se dice el texto, se deben coordinar todos los elementos que intervienen en la producción del sonido. El cantante lírico debe también impregnarse del estilo de cada tipo de repertorio que aborda: estudiando la partitura y escuchando a otros cantantes que previamente hayan ejecutado el repertorio, ya sea sirviéndose de grabaciones o asistiendo a conciertos. En la formación del cantantelírico se privilegia el aprendizaje de la música notada (partitura), la cual se debe seguir al pie de la letra y se desincentivan la improvisación y el aprendizaje de oído.

La canción artística y su *performance*

Bajo el término *lied* comenzó a conocerse en los países germánicos, durante los siglos XVIII y XIX, una composición para voz solista con acompañamiento de piano o guitarra. Este tipo de composición que floreció durante el Romanticismo y evolucionó durante el siglo XX tiene como características más notables la brevedad de la forma, la renuncia al virtuosismo belcantístico, la estrecha relación con el poema, la intimidad de su contexto de ejecución y la fuerte influencia de la canción popular alemana (*Volkslied*). La principal motivación en la composición de *lieder* fue la de resaltar las palabras, el texto poético. En esta unión de música y poesía, la melodía pasa de lo declamatorio a lo *cantabile* y frecuentemente une estos dos momentos en una sola frase para resaltar el significado del texto. Es por medio de este último elemento –el texto– que se produce el primer acercamiento entre el compositor y el intérprete. El acompañamiento es parte integral del género puesto que ya no se limita a duplicar la línea vocal, como lo había hecho hasta entonces. Melodía, acompañamiento e intérprete están al servicio de la palabra, del poema, para resaltar su significado.

Tradicionalmente el *lied* se ha estudiado desde el punto de vista de compositor, de la relación de música y texto y de la audiencia. Poca atención se ha prestado a la relación del cantante con sus materiales y al efecto que esta tiene en el momento de la interpretación. Esto se debe en gran medida a que es particularmente difícil separar al que canta del personaje que interpreta. Esta dificultad puede explicarse en tanto no se utilizan disfraces, no se requiere caracterización, no hay escenografía, no existen elementos que ayuden a este distanciamiento y por esta razón estos dos seres –

cantante y personaje– se confunden fácilmente. Si añadimos el hecho de que el cantante generalmente interioriza "ideas poéticas" distantes del contexto en el que realiza la ejecución (sala de concierto, época), el acto de cantar se convierte en un complejo acto de "exhibicionismo emocional", una forma de auto-performance. Esa "desnudez" en la interpretación y la falta de medios externos que ayuden al intérprete a dar vida a sus personajes confieren al *lied* su característica simplicidad y al mismo tiempo una gran complejidad interpretativa. Interpretar el *lied* será siempre un reto para el cantante pues se le exige una gran imaginación, una amplia paleta de colores, dicción clara, habilidad para controlar dinámicas y una técnica que le permita expresarse abiertamente y con honestidad. La definición de Gray aporta interesantes claves:

> La canción artística es conscientemente compuesta como tal, auto limitada y musicaliza poesía o prosa para voz solista, desarrollando una idea central o desarrollando un estado de ánimo concreto en una forma musical que combina la fuerza del texto, de la melodía y del acompañamiento. El resultado final es adecuado para la ejecución en el contexto de un recital formal de música vocal "legítima"[9].

De acuerdo con esta definición, la finalidad principal del compositor de canción artística es la de proporcionar una solución "artística" al desafío músico-estético impuesto por el texto.

Al exponerse a los ambientes en los que se ejecuta la música "clásica" el cantante está también aprendiendo de manera tácita todo un conjunto de códigos sociales que son parte del ritual de la *performance*. Formas de vestir, de moverse en el escenario, gesticulaciones y comunicación con el acompañante, entre otras. Habitualmente en el canto lírico se busca una economía de medios expresivos corporales puesto que se pone toda la responsabilidad de transmisión del mensaje en la voz y en sus entonaciones e inflexiones. Esta economía expresiva está probablemente emparentada con el dualismo filosófico[10] que privilegia el uso de la mente sobre el cuerpo, validando la producción intelectual al tiempo que descalifica el uso del cuerpo. En palabras de Descartes, "el cuerpo es irracional y corrupto, sustancia física que sirve únicamente para ejercitarse en el mundo material"[11].

Al pasar del salón burgués al conservatorio, el *lied* perdió gran parte de lo que le confería su esencia y lo definía. La intimidad de espacio casi familiar, la sensación de libertad al saber que solo en ese contexto se hacían públicos ciertos sentimientos íntimos, la contención, la innecesaria proyección de un gran sonido. Estos atributos se deforman cuando el *lied* sale de su contexto original y se convierte en el género "sagrado" que constituye uno de los tres pilares del canto lírico occidental. Ya en espacios mayores –las salas de concierto–, el cantante se ve obligado a usar una técnica que le permita el incremento en la intensidad del sonido, muchas veces, sacrificando el elemento constitutivo central del *lied*: la poesía.

La canción folclórica y su *performance*

El aprendizaje de los repertorios folclóricos también tiene su método. Este no se encuentra consignado en libros, pero se transmite oralmente de unos a otros. En este mundo, el cantante de manera empírica imita las interpretaciones de canciones, y gracias al ensayo y a la repetición va adquiriendo un timbre y un uso de la voz característico cuya emisión aprende de manera intuitiva. En este proceso es acompañado por otros cantantes e instrumentistas generalmente de mayor edad que le guían en el proceso. Me remito a las palabras del cantaor flamenco Enrique Morente que ilustran este proceso de manera muy clara:

> El cante empieza a nacerle a uno de eso, de oír cantar a los demás en su pueblo, de oír cantar a la gente en su tierra. Grupos de gentes que los oyes que se reúnen en una taberna y que empiezan a cantar y que los oyes tú y que empiezas a cantar también: oyes que en las fiestas familiares todo el mundo canta y todo el mundo bebe, todo el mundo baila y... Aparte de eso, resulta que, claro, necesitas una técnica, necesitas una escuela, necesitas aprender. Para eso, lo que te hace falta... la principal ayuda es la afición; y después, el sentido para saber de quién hay que aprender y de qué fuentes, dónde está lo bueno. Entonces te vas[12].

Los escenarios en los que se desarrolla el proceso de aprendizaje del repertorio folclórico incorporan eventos comunitarios, reuniones de amigos, fiestas y concursos que van progresando en nivel de profesionalización, dando inicio con los concursos escolares, intercolegiados, provinciales hasta llegar a espacios nacionales. Este proceso de aprendizaje que se desarrolla en gran parte con personas que comparten intereses similares en espacios privados, como fiestas familiares o peñas de amigos, es muy similar en su esencia al espacio en el que se desarrolló el *lied* en su ambiente inicial.

En América Latina es una costumbre aún hoy en día, reunirse con amigos a cantar canciones acompañados por guitarras y otros instrumentos de fácil transporte. Son comunes las fiestas en las que se comparte música y se interpreta un "cancionero" común. En estas reuniones las diferencias entre cantante y audiencia se diluyen pues todos participan en mayor o menor medida en el hecho performativo.

De esta manera el cantante folclórico va dando forma a su voz y a una técnica empírica que puede llegar a ser muy compleja y que casi siempre se adquiere de manera inconsciente. El cantante folclórico por lo general no es capaz de "disecar" su técnica y de explicarla como un proceso coherente y estructurado de la misma manera que lo puede hacer el cantante lírico. Esta situación se debe también al hecho de que las músicas folclóricas no han formado parte de las enseñanzas de los conservatorios y escuelas de música que han estructurado la praxis de una manera "coherente" y gradual. Esto no significa que esta situación no se pudiera lograr en los citados repertorios, pero hay que tener en cuenta que la oralidad del repertorio ha constituido un obstáculo para la sistematización de una metodología. Se suma a esto al eurocentrismo de los conservatorios que se han resistido a institucionalizar estas prácticas incluyéndolas en sus *curricula*.

El cantante folclórico es moldeado por su entorno y su cultura, es difícil separarlo de su barrio, sus costumbres, su medio social-cultural-histórico-geográfico, etc. En este sentido es un producto auténtico de una tierra, comparable con un producto con "denominación de origen". Por el contrario, se puede formar a cantantes líricos en Rusia como en Japón, Alemania o Venezuela, con el mismo método y el mismo repertorio.

Folk se usó inicialmente para ordenar las "costumbres, maneras, superticiones, baladas, fábulas, proverbios, etc. de los tiempos antiguos"[13], posteriormente para agrupar el patrimonio cultural de grupos o regiones fuera de los centros hegemónicos y luego para describir formas de aprender y hacer, encontradas en grupos específicos, cuya transmisión se hacía oralmente[14]. Tradición, irracionalidad y ruralidad fueron los atributos que dominaron el concepto de folclore durante años[15]. Adicionalmente estaba el concepto de anonimato, pues esas viejas canciones, leyendas o poemas que pasan de generación en generación, tenían casi siempre un origen desconocido y oscuro; anonimato que otorgaba implícitamente a la producción folclórica, su sello de autenticidad. Estas expresiones poseían una cualidad "local" que las vinculaba a una comunidad específica que les otorgaba características únicas al tiempo que revelaba su universalidad, pues al representar las vivencias y emociones del hombre y su sociedad, encarna las vivencias y emociones de grandes comunidades. Localidad y universalismo se re-unen en el concepto de folclore.

Implícito también estaba el hecho de que esas expresiones pertenecían a la comunidad, a un grupo social que se encargaba de perpetuarlas y que, en cada interpretación de las mismas, las recreaba. Esta cualidad dinámica que adquiere la expresión folclórica le ha conferido el poder de reflejar a la sociedad y a sus valores en cada momento en el que la obra se reinterpreta. La obra folclórica proyecta los valores de la comunidad porque la comunidad solo repite y preserva lo que considera valioso, lo que le representa de alguna manera, lo que pone de manifiesto su conjunto de valores.

Desde las élites ilustradas se asumía, motivados por un sentimiento de nostalgia, la misión de rescatar estas expresiones con el objeto de describirlas, clasificarlas y preservarlas ante su supuesta desaparición inminente. De manera implícita, el refinamiento estético de las consideradas artes provenientes de las élites se opuso a la tradición que se asoció con lo local, lo vernáculo y lo folclórico, proveniente de sectores campesinos y de las clases bajas, poseedoras de una cultura arcaica o devaluada, situación que pone de manifiesto la relación vertical intelectual/pueblo que se perpetuó posteriormente desde las instituciones de educación musical.

Sin embargo y de forma aparentemente contradictoria, las manifestaciones folclóricas son poderosos símbolos que han contribuido a la unificación de colectivos heterogéneos y desiguales y coadyuvado a construir señas identitarias que absorben diferencias étnicas, sociales y políticas previas a la formación de la nación. Narrativas unificadoras estructuradas por las élites intelectuales que utilizaban al folclor como herramienta.

En las sociedades pre-modernas la canción folclórica se asociaba a ambientes rurales, siendo interpretada por miembros de la comunidad que no tenían formación musical profesional. En la alta modernidad las tendencias globalizadoras y dinámicas de la sociedad, la reorganización de los conceptos de tiempo y espacio y la reflexividad de los individuos han llevado a que las prácticas tradicionales se hayan transformado y dinamizado. La globalización que comprende la intersección de presencia y ausencia y la integración de eventos sociales que ocurren a gran distancia dentro de la vida cotidiana en donde lo global penetra lo local y viceversa, ha dado origen a nuevos tipos de relaciones sociales que generan nuevas maneras de ejecutar la música folclórica.

Con la llegada de los medios masivos de comunicación, el folclore se expande hacia otros ámbitos sociales manifestándose en escenarios no-tradicionales, circulando por canales distintos al de la oralidad, como la radio, la televisión e Internet. Se inicia un proceso de hibridación que incorpora nuevos instrumentos musicales, ritmos, amplificación y en general se generan espacios de fusión que amplían las fronteras de lo folclórico. La expresión folclórica se relocaliza entonces en espacios urbanos, lo que obliga a reformular el precepto de que las manifestaciones folclóricas eran residuos del pasado provenientes de condiciones sociales y culturales pretéritas.

> La tradición ya no se concibe como la marca diacrítica más distintiva de lo folclórico sino como el esfuerzo que realizan los agentes sociales para situar, en tiempo y espacio, las manifestaciones tradicionales con el objeto de mantener vigentes sus efectos sociales y culturales; en particular en términos de su papel simbólico en la afirmación y negociación de las identidades grupales[16].

En este contexto la canción folclórica se mantiene como un espacio de representación de significados y valores de la comunidad en el que se negocian constantemente sus conflictos y tensiones. Espacio de negociación y comunicación en donde el lenguaje tiene un rol capital. Su lugar se define por una serie de convenciones y posturas de los agentes productores de significado que re-presentan a su comunidad, sus interacciones y valores. Es justamente la acción simbólica representada por sus ejecutantes y el efecto identificador que producen en la comunidad, lo que permite deslindar la manifestación folklórica de la no-folklórica.

La canción popular y su *performance*

El cantante popular pertenece a un entorno diferente a los anteriormente descritos. Este mundo, orientado a la comercialización de un producto de consumo masivo está regido sobre todo por las leyes del comercio y del *marketing*. El objetivo es "crear o construir" a un cantante-producto que guste al gran público, que venda millones de discos y llene gigantescos estadios. En la época actual dominada por la imagen, que rinde culto a la belleza y a la juventud, el cantante popular es uno más de los iconos que representa este conjunto de valores. Por ende, lo importante en este género no es tener una buena voz, ni poseer una gran musicalidad o una gran técnica. Cuentan sobre todo el aspecto físico, el carisma y el *look* que respondan al mercado al que se quiera llegar, generalmente compuesto por jóvenes.

Las canciones son muchas veces compuestas en "laboratorios" de éxitos que disecan éxitos anteriores para lograr reproducir los giros melódicos, armónicos y rítmicos que producen un éxito de ventas y entran al *hit parade*.

El cantante popular es un *performer* cuya habilidad mayor no es la de cantar, sino la de combinar apariencia, baile, atuendo y pose, con el fin de vender. En este proceso la figura del cantante determina ideales estéticos entre sus audiencias y cumple una importante función como modelo a seguir entre sus mercados. Aparece aquí el concepto del *show man* o *show woman*, figuras que tienen como punto de venta una combinación de imagen, baile y atuendo, y que en sus espectáculos emplean un complejo sistema de luces, escenografía, sonido, bailarines y una serie de elementos destinados a crear un ambiente que involucre al oyente y le haga participar del espectáculo. Elementos todos que buscan excitar al espectador, invitarlo a bailar, invitarlo a bailar, a gritar y sobre todo a sentirse parte activa de un colectivo con el que comparte ideales y con el cual se identifica.

> Una buena canción solo es la mitad de la historia. Hace falta una buena marca para venderlo: el cantante. Así como una empresa fabrica un logo, una canción pop necesita de una identidad, la del cantante, que además le de atención mediática. Te puedes gastar un millón de euros en una canción, pero si no la emite la radio, no vas a ninguna parte[17].

Avances tecnológicos tales como el *Desktop Music*, los instrumentos virtuales y software como el *Melodyne*[18] han llevado el proceso de creación musical en el ámbito popular a extremos hasta hace poco inimaginables. Se pueden crear voces e instrumentaciones y afinar a cantantes dentro y fuera del estudio, incluso en directo es posible afinar a los desafinados.

El proceso de formación de un cantante popular se convierte en una serie de intentos de hacerse conocido en los que todo vale; los *reality shows*, las fugaces apariciones en programas de televisión, radio y periódicos, la aparición en galas benéficas, etc., estrategias que tienen como finalidad construir una marca alrededor del cantante y obtener promoción y visibilidad ante los medios de consumo masivo. En este proceso de "formación" la canción popular tiene como intermediarios a los medios masivos de comunicación como la radio, la televisión e Internet. Su ejecución ocurre en lugares masivos, clubs, discotecas, estadios, Internet; tiende a reflejar modas transitorias y se alinea dentro de las cadenas de consumo convirtiéndose en producto de gran consumo.

Se acepta que la motivación principal de la producción de la música popular es económica, siendo determinada más por los perfiles de consumo y consumidores que por la calidad intrínseca de la producción musical. El éxito de un producto musical popular se evalúa en términos de ventas, asistencia a conciertos e indicadores de popularidad. Todos estos indicadores tienen que traducirse en dinero.

Si se antoja perverso aplicar semejante enfoque industrial a un proceso creativo, conviene recordar que el pop es el único género artístico que no se rige por su contenido, sino por el número de personas destinadas a consumirlo.

Un claro ejemplo lo escuché en una entrevista al cantautor Joan Manuel Serrat, en la que le preguntaban cuáles eran los elementos que él consideraba importantes en la composición de una canción, " las canciones tienen que tener una letra sencilla, que pueda ser comprendida por todos. De igual manera tiene que tener una melodía sencilla, que pueda ser cantada; si la canción no puede ser cantada por todos es de dudosa utilidad." Juan Carlos Calderón, el arreglista de *Mediterráneo*, una sus canciones más famosas, explicó la "receta" que utilizó para hacer de esta canción un éxito: "...la canción debía tener ritmo contagioso, despertar emoción, ser un poco melancólica y mezclar la guitarra (el instrumento asociado con el cantautor), con arreglos modernos".

En la actualidad la música popular mezcla elementos provenientes de diferentes tradiciones y estilos produciendo fusiones y lugares de experimentación. Existen entonces canciones populares de infinidad de estilos y procedencias. Por su temática pueden ser divididas, como tantas otras canciones, en canciones de amor, patrióticas, festivas, bailables, protesta, sociales. Se les suele identificar por las combinaciones metrorrítmicas: merengue, salsa, bolero, reggaetón, bossa-nova y por mezclas rítmicas, denominadas popularmente fusión.

Desde el lugar de la canción popular, se han tomado frecuentemente iniciativas experimentales que han contribuido a la creación de nuevos estilos y han tenido gran impacto en la sociedad por su habilidad de definir tendencias. Pienso en la inclusión de un cuarteto de cuerdas clásico en la canción *Yesterday* grabada por los

Beatles en su álbum *Help!* publicado en 1965, o en el uso de la tecnología de grabación para la producción de nuevos sonidos que utilizó el mismo grupo para sus grabaciones. La música popular ha desempeñado entonces un papel "transgresor" que ha derribado barreras y aportando flexibilidad al género de canción.

Buscando las fronteras entre la canción artística y la canción folclórica: El modelo de Marcel Duchamp

Uno de los motivos que me llevó a intentar definir los diferentes tipos de canción y sus contextos de ejecución fue la dificultad que observé para situar los repertorios, esto debido a mi experiencia personal como intérprete, inicialmente de canción folclórica y más tarde de canción artística. Las definiciones me parecían rígidas y muchas canciones quedaban en un limbo sin poder situarse. Además, me parecía que algunas de las canciones que había interpretado, pertenecientes a los repertorios denominados nueva trova cubana, bolero, nueva canción o canciones brasileras del movimiento denominado *Tropicalia*, podrían bien considerarse canciones artísticas. La pregunta que surgió fue cómo construir un modelo lo suficientemente flexible que me permitiera incluir esos repertorios y que en general me proporcionara más movilidad. La exposición de los conceptos tradicionalmente aceptados de canción artística, canción folclórica y canción popular, me sirvió en realidad para, de la misma manera que hiciera Marcel Duchamp en las artes plásticas, cuestionar estas categorías, especialmente la de canción artística.

Al igual que los trabajos de Duchamp interpelaron al espectador de su tiempo, porque cuestionaban las categorías tradicionales y la definición de arte existentes en su época, pretendo encontrar nuevas definiciones y flexibilizar las fronteras que separan las categorías tradicionales, o incluso destruirlas. La dificultad radica en que la definición tradicional (objeto preconstruido en el sentido de Bourdieu), según la mayoría de las instituciones académicas, parece marchar por sí sola y no necesitar de ningún tipo de aporte o cambio[19]. Los aportes de Duchamp me interesan también porque a partir de sus obras se comprendió que el espectador completa el proceso creativo no como un consumidor pasivo, sino como un intérprete activo.[20, 21]

Pierre Bourdieu y los conceptos de habitus y campo aplicados al estudio de la canción

Para el estudio de la canción artística me serviré también de los conceptos de Bourdieu[22] sobre *habitus* y *campo* (*field*), que utilizaré como herramientas para elaborar un modelo que permita aportar una nueva definición del género.

Una de las preocupaciones centrales del trabajo de Bourdieu fue la de desentrañar el rol de la cultura en la reproducción de las estructuras sociales. Quiso entender la forma en la que relaciones de poder desiguales, no reconocidas como tales y por lo tanto aceptadas como legítimas, están incrustadas en los sistemas de clasificación que usamos para describir y definir la vida cotidiana y las prácticas culturales, de manera que estas se convierten en las formas habituales, naturales y lógicas de entender a la sociedad y sus prácticas. Según Bourdieu "el gusto clasifica a las prácticas y clasifica al clasificador". De esta manera los sujetos sociales clasificados por sus clasificaciones se distinguen a sí mismos debido a las elecciones que hacen entre lo bello y lo feo, lo vulgar y lo distinguido, etc. La posición que el sujeto toma con respecto a algo objetivo lo clasifica reafirmándolo o traicionándolo.

A pesar de que las diferencias en consumo y gusto por los diferentes tipos de expresiones culturales y musicales en nuestro caso, no son la causa de divisiones de clase o desigualdades sociales, el arte según Bourdieu "está predispuesto deliberadamente o no, a cumplir una función social que legitima las diferencias sociales" y por lo tanto contribuye a los procesos de reproducción social. En sus estudios construyó un modelo analítico de las sociedades basado en los conceptos de *habitus* y *campus*. Bourdieu describió *habitus* como el:

> Sistema de disposiciones transportables, durables, estructuradas, esto quiere decir principios que generan y organizan prácticas y representaciones que pueden ser objetivamente adaptadas a sus resultados sin necesidad de estar motivados conscientemente. El *habitus* no es siempre calculado y no responde a un deseo consciente a obedecer las reglas. Al contrario, es un grupo de disposiciones que generan prácticas y percepciones. El *habitus* es el resultado de un largo proceso de educación que empieza en la infancia temprana y que se vuelve una respuesta automática o "natural"[23].

Este sistema de actitudes o predisposiciones es un *pasado hecho presente que tiende a perpetuarse en el futuro*.

El concepto de campo (*field*), es sustentado por Bourdieu en el hecho de que cualquier agente social actúa desde una situación social concreta y es gobernado por un conjunto de relaciones sociales. Cada grupo social está estructurado en campos jerárquicamente organizados. Cada campo está definido por sus propias leyes y compuesto por sub-campos. Es relativamente autónomo, pero estructuralmente homólogo a los otros campos. Su estructura en cada momento, está determinada por las relaciones entre las posturas que los agentes sociales ocupan en el campo, esto hace que el campo sea un concepto dinámico y en constante cambio. En cada campo ciertos intereses se están negociando constantemente[24].

Si extrapolamos el modelo construido por Bourdieu para las sociedades a al universo de la canción, es posible ver que la canción artística y sus productores no existen independientemente de un contexto institucional y social que los legitima. Teniendo en cuenta los conceptos de *habitus* y de *campo* puede valorarse la obra musical considerada artística como el producto de una compleja interacción entre los diferentes agentes sociales que la producen y que la instituyen como artística.

La "obra de arte" solo se podrá entender si se observa como el resultado de las actividades coordinadas de todos los individuos que contribuyen a dar vida a la obra: las personas que conciben la idea (compositores, letristas), las personas que ejecutan la obra (músicos), las personas que proveen el equipo necesario para ejecutar la obra (constructores de instrumentos, sistemas de amplificación, ingenieros de sonido), los espacios de ejecución (teatros, ciclos de conciertos, programadores), los miembros de la audiencia (críticos, fans), los promotores de la obra (emisoras, medios de comunicación, agentes), las instituciones educativas (conservatorios, escuelas de música), y en general todos los agentes que contribuyen a dar vida a la obra. En suma, nos interesa tomar en cuenta no solo la obra musical sino el contexto en el que se desarrolla. La explicación de la obra artística no se encuentra entonces en la simple obra sino en la historia y estructura del campo en la que se genera y desarrolla.

Agentes productores de significado en la canción

En la música, los agentes sociales que producen y constituyen la obra artística son el compositor, el intérprete, la audiencia, el sello discográfico, el productor, las editoriales musicales, los críticos, los programadores de conciertos y los medios de comunicación. La música se considera artística debido a un complejo tejido de interacciones entre estos agentes que la reconocen como tal. Si consideramos a la canción como un campo constituido por sub-campos, esto es, el sub-campo de la canción artística, el de la canción popular y el de la canción folclórica podemos llegar a ver cómo, lo que define a cada uno de estos sub-campos está constantemente en movimiento de acuerdo con las posiciones que tomen los agentes productores de significado de cada uno de ellos.

El significado de la obra musical cambia automáticamente con cualquier cambio de posición de los agentes productores de significado. Entender esta movilidad es de crucial importancia pues es la clave que aporta flexibilidad al género de canción. Cuando pienso en este concepto me imagino el campo de la canción como una inmensa piscina, un espacio líquido en el que se distinguen los sub-campos de la canción popular, folclórica y artística en constante movimiento, un espacio fluido en que los agentes productores de significado constantemente cambian su "concentración".

Ilustración 26: En este gráfico observamos la situación de cada uno de los tipos de canción con respecto a sus contextos de ejecución.

Con este análisis llegamos a la conclusión de Bourdieu que considera *la construcción de la obra artística un acto colectivo*. Esta existe como un objeto simbólico solo si es conocida y reconocida por un grupo de espectadores capaces de conocerla y reconocerla como tal, lo cual sitúa a la audiencia (audiencia, sello discográfico, emisora de radio, críticos, musicólogos, etc.) como agente definitivo en la producción de significado y en su capacidad de definición de la obra musical como obra de arte.

Esta comprensión hace indispensable analizar a la canción artística en relación con otros tipos de canción y en relación con las estructuras que rigen el campo en el que sus agentes productores de significado se desenvuelven[25]. Los agentes productores de significado y las posiciones que tomen, sitúan a cada tipo de canción en un contexto social, convirtiéndose en marcadores sociales.[26]

Con este tipo de análisis podemos asignar igual valor a los diferentes tipos de canción, postura contrastante con la idea erróneamente propagada desde la academia, que asigna más valor a la música académica. Este hecho es importante remarcarlo, puesto que en general se atribuye más valor a la música y los músicos "académicos" que a los folclóricos y populares. Se valora mucho más la "cultura" adquirida dentro de las instituciones académicas legitimas que a la cultura o las habilidades adquiridas por otros medios. Esta postura emerge desde una cultura dominada por la palabra escrita y por la "alta cultura" de las élites[27].

El efecto que esta postura tiene en el mundo de la canción es decisivo puesto que en general se asume que la canción artística es para élites, gentes "preparadas", que necesitan una alfabetización previa al disfrute de la música. Esta creencia aleja a las audiencias por infundir en ellas la idea de que la música es complicada y que requiere un estudio previo al gozo estético.

Paradójicamente los intérpretes de formación académica, debido a su proceso de formación, con frecuencia pierden las habilidades intuitivas necesarias para aprender melodías de oído, imitar inflexiones vocales y con frecuencia pierden la espontaneidad que se tiene cuando se interpreta la música folclórica, aprendida de oído y por imitación. A esto se suma el hecho de que el músico académico se rige por la música escrita, que lo limita a emitir los sonidos que están escritos en el papel, perdiendo de vista el hecho de que la notación musical fue desde sus inicios, un intento por capturar la música que se hacía de oído y que en sí misma la notación no puede contener todas los giros, acentos, intenciones y emocionalidad del sonido.

A continuación enunciaremos a los diferentes agentes productores de significado en el mundo de la canción, sin olvidar que en la actualidad, gracias a los avances tecnológicos, estos roles continuamente cambián, pudiendo encontrar, por ejemplo, a artistas que se autoproducen y autopromueven.

Agentes productores de significado en el subcampo de la canción artística

Compositor: formado dentro de la tradición de la música académica occidental, ha recibido entrenamiento en un conservatorio o institución equivalente. Al componer la canción artística lo hace deliberadamente para el contexto de sala de concierto.

Intérpretes: la canción artística requiere de sus ejecutantes –cantantes y pianistas- una formación técnica que los capacite para emitir un tipo de sonidos de una tesitura especial que le posibilite alcanzar un registro amplio, con un cierto color y timbre vocal, características para las cuales es indispensable un entrenamiento formal que se adquiere dentro de las estructuras académicas de la música europea occidental. El cantante debe ser consciente del texto, de su significado como un todo, pero también del significado de cada palabra, pues cada palabra tiene un peso sonoro y emocional específico que se debe transmitir para comunicar el sentido de la poesía. El intérprete se esfuerza por tener una dicción clara. Del acompañante se exige una formación académica dentro de la misma tradición de la música "culta" occidental que le permita leer una partitura. El buen acompañante es un individuo dotado de gran sensibilidad, habilidad para trabajar en equipo y sin pretensiones de ser protagonista (al contrario del pianista solista). Es decir, debe saber que cantante y pianista trabajan juntos para realizar el texto poético.

Público: el público de la canción artística comúnmente pertenece a las élites, clase media-alta o a grupos de alto nivel de escolaridad. Este público, por lo general es conocedor del género y reducido. Encontramos en este grupo a estudiantes de música, músicos, melómanos. Son frecuentemente adultos y adultos-mayores, aunque entre el grupo de estudiantes de música encontramos a personas de menor edad.

Editoriales musicales: editoriales que publican partituras del repertorio "clásico".

Sellos discográficos: especializados en la grabación de música "clásica", por lo general sellos de nicho. Hoy en día pueden ser sellos independientes.

Revistas y críticos: de pequeño tiraje y distribución y llegan a un público especializado. En la actualidad esta categoría integra los blogs y revistas digitales especializadas que tienen alcance global.

Medios de comunicación - Estaciones de radio y televisión: generalmente los medios que difunden canción artística son medios especializados en música clásica y destinados a audiencias que conocen el género. Las emisoras dedicadas a esta música son pocas en comparación con el número de emisoras dedicadas a la música popular y/o folclórica. En la actualidad la canción artística goza también de difusión a través de Internet y sus ejecutantes pueden beneficiarse de casi los mismos canales de difusión que los de la música popular y folclórica. La diferencia radica en el tamaño de su público objetivo y en la relación que este tiene con las nuevas tecnologías. Aun cuando las oportunidades han aumentado para la promoción de los ejecutantes de canción artística, esta sigue estando en desventaja a la hora de promocionarse por los grandes medios de comunicación.

Contexto de ejecución de la canción artística

Lugar: se ejecuta en salas de música de cámara acompañadas de piano de concierto o de guitarra. Puesto que este tipo de música no se amplifica, las salas en las que se presentan son de unas dimensiones determinadas, con una capacidad máxima de 800 a 1000 personas y con buenas condiciones acústicas.

Instrumentos: se utilizan instrumentos acústicos. Los de mayor uso son el piano y la guitarra.

Público: el público habitualmente escucha el recital sentado, con traje formal (aunque esto ha cambiado en los últimos años y no se observa en ambientes universitarios), y en actitud de silencio y quietud. El público no participa de manera activa durante la ejecución, se limita a aplaudir entre canciones o al final de cada ciclo de canciones. Existen códigos que determinan la ubicación espacial de los miembros de la audiencia y su tipo de contacto. En el caso canción artística el público no tiene contacto corporal y conserva una distancia que no permite el contacto casual con los otros miembros de la audiencia ni con los ejecutantes.

Ilustración 27: En este gráfico podemos observar cómo los tres tipos de canción están sujetos a los cambios posición y predominancia de sus agentes productores de significado. Un pequeño cambio en la situación de los agentes de significado puede desplazar la canción de un subcampo a otro.

Agentes productores de significado en el sub-campo de canción folclórica

Compositor: Aunque tradicionalmente se ha dicho que la canción folclórica no tiene compositor conocido, existen numerosas canciones folclóricas de las cuales se sabe quién fue su creador. La mayoría de las veces el compositor es autodidacta y compone "de oído" y no recurre a la notación musical. En la actualidad es cada vez más frecuente que los compositores de música folclórica reciban algún grado de formación musical formal ya sea en academias o instituciones de formación media o superior.

Intérpretes:—poseen destrezas y habilidades que han sido adquiridas de manera autodidacta y que han sido trasmitidas en la comunidad y mayoritariamente por tradición oral. Este entrenamiento puede llegar a ser muy sofisticado desde el punto de vista técnico, pero la mayoría de veces no es un entrenamiento de conservatorio. Los cantantes tradicionalmente cantan en registros medios y graves.

Público: grupos grandes pertenecientes a las clases media o baja. Generalmente la canción folclórica se asocia a ambientes rurales, aunque puede escucharse también en espacios urbanos.

Editoriales musicales: pocas veces estas canciones son publicadas. *Críticos:* en la canción folclórica no es tan habitual la figura del crítico, como si lo es en el mundo de la música académica. Cuando la canción folclórica es ejecutada en contexto de concurso o festival existen figuras como la del jurado que emiten juicios de valor sobre la ejecución.

Medios de comunicación – Emisoras de radio-revistas: las emisoras que trasmiten música folclórica tradicionalmente han sido de ámbito local o regional, aunque esta situación ha cambiado con la llegada de Internet y la facilidad para crear emisoras online y canales de *YouTube*. En la mayoría de los casos la canción folclórica se trasmite en estaciones de radio de música popular alternando canciones populares con canciones folclóricas. Existe mucha música folclórica que es desconocida para las grandes audiencias y se confina a grupos locales muy específicos, lo que le confiere una cualidad de marginalidad que puede ser similar a la de la canción artística. Hoy en día la música folclórica se rotula frecuentemente como *World Music*.

Contexto de ejecución de la canción folclórica

Lugar: se ejecuta en teatros polivalentes, en festivales, concursos y fiestas populares. El espacio más frecuente de ejecución es el de la reunión familiar, festividad de comunidades locales o festivales. Hoy en día con la popularización de la música folclórica determinada por el auge de la *World Music*, los espacios de ejecución de esta música al igual que las audiencias se han transformado, acercándose a la música popular.

Público: el público por lo general escucha el recital y participa de él cantando junto a los intérpretes. En este tipo de ejecución el público tiene libertad para moverse, cantar y participar activamente con movimientos corporales. La distribución espacial de los lugares en los que se ejecuta la canción folclórica determina que exista contacto físico entre los miembros de la audiencia al igual que intercambio verbal. Existe en general una mayor flexibilidad y variedad de formas de relación y participación por parte de las audiencias.

Agentes productores de significado en el sub-campo de canción popular

Compositor: la canción popular por lo general tiene un compositor conocido. Hay todo tipo de compositores en este género, desde los que han recibido entrenamiento formal de conservatorio hasta los autodidactas que no saben notar. En ocasiones las canciones son compuestas colectivamente, por grupos de personas.

Intérpretes: los intérpretes poseen destrezas y habilidades que han sido adquiridas de manera autodidacta o por entrenamiento formal en academias o conservatorios. La emisión de la voz en este género se hace en el rango medio – bajo de la voz.

Productor: en la industria musical, un productor discográfico juega varios papeles, como controlar las sesiones de grabación, instruir y guiar a los intérpretes, reunir las ideas del proyecto, dirigir la creatividad y supervisar la grabación, la mezcla y el proceso de masterización y mezcla de sonido. Estas han sido algunas de las principales funciones de los productores desde la creación de la grabación de sonido, pero en la segunda mitad del siglo XX los productores han tomado un mayor papel empresarial. Hoy en día encontramos a dos tipos de productores, el ejecutivo y el musical. Mientras el productor ejecutivo es el responsable financiero del proyecto, el productor musical es el responsable de la parte artística.

Público: el público es masivo y en la actualidad internacional. Individuos pertenecientes a todas las clases sociales participan de la canción popular. Es un grupo que está fuertemente ligado a los medios de comunicación masivos y sigue las "modas".

Editoriales musicales: raras veces las canciones populares son publicadas debido en parte a que responden a modas pasajeras. Cuando esto sucede se debe a que las canciones se han convertido en éxitos de ventas y permanecido en el tiempo. *Críticos:* en la canción popular no existe la figura del crítico. Una figura equiparable es el agente de relaciones públicas y el director de marketing quien produce comunicados de prensa, publica entrevistas en revistas de gran tiraje, arregla entrevistas televisivas, todo con el fin de aumentar las ventas.

Medios de comunicación – Emisoras de radio – revistas - televisión: La canción popular es la que más fuertemente ligada a los medios de comunicación pues su éxito depende de su circulación en estos canales de marketing. Por lo tanto, la canción popular se escucha en numerosas estaciones de radio, programas de televisión, Internet y móviles.

Contexto de ejecución de la canción popular

Lugar: la canción popular se ejecuta en teatros polivalentes, estadios, en festivales, concursos y fiestas populares. Cuando se ejecuta en vivo suele ser en escenarios que albergan miles de personas. *Público:* el público de la canción popular participa, baila, canta y es parte activa del espectáculo. El atuendo es informal y en este tipo de eventos existe contacto físico entre los miembros de la audiencia. En los conciertos el espacio vital es reducido lo que ocasiona roces y contacto entre los miembros de la audiencia que muchas veces se encuentra apretujada y "arrastrada" por los movimientos de la masa.

El doble status de la canción folclórica y artística: Marcel Duchamp y los "ready mades"

Observando las características atribuidas a la canción artística podríamos pensar que es una categoría rígida o de poca movilidad, para confirmarlo o negarlo intenté responder a algunas preguntas propias y otras inspiradas por las propuestas por Feld[28] en su artículo *Sound Structure As Social Structure*.

¿Quién define lo que consideramos una canción artística? ¿El compositor, el ejecutante, el público, el contexto? ¿En qué medida el ejecutante y el contexto aportan al género y lo definen?

Para responder a estas preguntas fue muy útil observar el trabajo del artista Marcel Duchamp. Una de sus piezas icónicas es la rueda de bicicleta. Su interés en el doble estatus de la rueda de bicicleta, el de objeto ordinario y el de obra de arte, sugiere, que es la paradoja del doble significado del objeto más que el objeto en sí mismo lo que le cuestiona y constituye el punto de partida para sus futuras exploraciones.

Tal como mencioné al inicio del libro, fui primero intérprete de canción folclórica y luego de canción artística. Al estudiar estos tipos de canción siempre me atrajeron como objetos que pueden pertenecer a dos mundos. Esta comprensión me llevó a cuestionar la definición tradicional de canción artística y buscar los límites posibles entre la canción artística y la canción folclórica y popular.

Duchamp desarrolló su famoso concepto de los *ready-mades*, objetos que estaban ya hechos a escala masiva, y cuya posibilidad de ser convertidos en objetos de arte está inhibida por su historia y sus procesos de producción, lo cual hace inadmisible su aceptación en el mundo del arte. Estos objetos, vistos por Duchamp fueron convertidos en objetos de arte al mismo tiempo que conservaban su estatus de objeto ordinario. Los *ready-mades* redefinieron la noción de creatividad artística, puesto que en ellos no hay ningún tipo de intervención manual por parte del artista. Ellos requieren la intervención intelectual.

La intervención de Duchamp consistió en redefinir el estatus del objeto, como objeto y como representación. *Ready-mades* famosos fueron la pala de nieve, el botellero, el inodoro entre otros. Existen *Ready-mades* "asistidos" que han sido retocados o alterados de alguna manera por el artista, pero básicamente conservan su cualidad de objetos hechos a escala masiva.

Empecé a relacionar el trabajo de Duchamp con la canción artística latinoamericana porque en mi experiencia como intérprete, desde hace algunos años empecé a incluir canciones del repertorio popular y folclórico en conciertos y grabaciones de canción artística. La elección de estas canciones ha estado determinada por lo que considero el "lirismo" de las obras y la calidad del arreglo en lo que concierne al acompañamiento. La decisión de incluir una u otra obra ha sido totalmente idiosincrática, es decir subjetiva. Por esta razón se hace necesario explorar el rol del ejecutante y del contexto en la definición del género.

En mi caso personal he decidido cuándo una canción popular o folclórica se convierte en una canción artística siguiendo criterios musicales y estilísticos. Una vez escogida la interpreto en contexto de recital de canción artística. Esta situación demuestra que el ejecutante tiene un rol determinante en la definición del género y de la misma manera que Duchamp definió a objetos de producción masiva como objetos de arte, el ejecutante puede convertir a la canción folclórica y/o popular ("objeto de producción masiva") en obra de arte[29].

No obstante, la definición de lo que consideramos una canción artística en el repertorio latinoamericano, puede llegar a ser más compleja de lo que parece. Podríamos decir que la intención del compositor y su formación académica son determinantes y definen a la gran mayoría de las obras del género, esta es la situación más sencilla, cuando el propio compositor de forma explícita sitúa a la obra como artística, aunque como veremos más adelante, no exime a la obra de ser desplazada a otros sub-campos si tenemos en cuenta que el compositor no es el único agente productor de la obra ni de su significado.

Para ilustrarlo analizaremos dos obras que ejemplifican la movilidad de la canción y su habilidad para desplazarse de un sub-campo a otro según el movimiento de sus agentes productores de significado.

- *Se equivocó la paloma.* Música: Carlos Guastavino (Argentina, 1912-2000) y Poesía: Rafael Alberti (España, 1901-1999).

Escrita originalmente como canción artística, fue estrenada como tal por la soprano Conxita Badía. La canción saltó a la fama internacional gracias a Joan Manuel Serrat, intérprete popular. A partir de entonces es conocida como canción popular y sólo reconocida como canción artística en los círculos de los oyentes especializados. En la actualidad existen numerosas grabaciones la mayoría de ellas como canción popular e incluso como canción folclórica.

Esta canción nos permite observar que cuando uno de los agentes productores de significado - en este caso el intérprete- cambia de posición, la canción se desplaza del sub-campo de la canción artística al de canción popular. Observamos como el movimiento de uno de los agentes productores de significado tiene repercusión en la posición de los demás y cambia a la obra de sub-campo, pasando del sub-campo de la canción artística al sub-campo de la canción popular. Esto sugiere que los campos y sub-campo están sujetos a un movimiento y dinamismo constante que le concede a la obra musical un carácter más cercano al de un ser vivo (en constante cambio) que al de la pieza de museo, como hasta ahora ha sido vista.

El cambio de instrumentación en las versiones populares, sumado al uso diferente de la voz y a los arreglos instrumentales determina la ubicación de la obra y su difusión. El tipo de audiencia al que estaba dirigida originalmente, una audiencia reducida y de un cierto nivel socio-cultural, cambia por completo al producirse el cambio de sub-campo, logrando que la audiencia sea mucho mayor. El cambio de subcampo determina también un cambio de escenarios, pasando de la sala de música de cámara al estadio o concierto multitudinario, la plaza o la feria popular.

- *Navidad negra:* Música y letra de José Barros Palomino (Colombia, 1915-2007).

Compuesta por el colombiano José Barros Palomino (1915-2007) en ritmo de cumbia (ritmo folclórico de la región caribe colombiana), *Navidad negra* originalmente perteneció al sub-campo de la canción folclórica. Debido a su difusión masiva se reubicó en el sub-campo de la canción popular y al ser interpretada por un cantante lírico en el contexto del recital se desplaza al sub-campo de la canción artística. Este desplazamiento se debe al cambio en su contexto de ejecución, al tipo de intérprete, a su técnica y acompañamiento.

El hecho de que una canción folclórica se desplace de su sub-campo original al de la canción popular e incluso al sub-campo de la canción artística permite inferir la aceptación alcanzada entre los distintos grupos sociales y refleja que la canción se ha convertido en una seña de identidad aceptada por amplios y diversos sectores de la sociedad.

Navidad negra se hizo famosa en la voz de Leonor González Mina, cantante afrodescendiente conocida como *La negra grande de Colombia*. "Leonor González Mina es un símbolo nacional. Su destacado talento artístico y su compromiso con la realidad social del país la convierten en una artista integral al servicio de un proyecto de Nación", afirmó la Ministra de Cultura colombiana al otorgarle en el año 2009 la Orden al Mérito Artístico, después de 53 años de carrera musical.[30]

La canción se popularizó en los escenarios de baile y como señaló la entonces ministra, se convirtió en parte del proyecto de nación, en un símbolo de la colombianidad conocido por todos. A partir de ese momento, la canción fue versionada incluso por cantantes líricos, desplazando de esta manera a la canción de su ambiente de ejecución original.

Al llevar la canción al ámbito lírico y convertirla en canción artística podemos considerar la canción como un *ready-made*. Los elementos críticos en esta transformación son la técnica del intérprete vocal, la instrumentación y el escenario en donde se interpreta, sumado al tipo de público al que se dirige.

La canción: espacio elástico, flexible e integrador

Hemos demostrado que el género de canción (el campo y los subcampos), es un género de gran adaptabilidad y elasticidad cuando es interpretado por diferentes ejecutantes a través del tiempo. De hecho, las fronteras tradicionales entre canción artística, popular y folclórica, son fronteras móviles, líquidas que se derrumban ante cualquier movimiento de los agentes productores de significado antes descritos. Incluso las consideraciones de mercado habitualmente vinculadas al mundo de la música popular, se aplican a los mundos de la música clásica y folclórica, que hoy en día se ven en la necesidad de insertarse en los mecanismos de producción y promoción generados desde la sociedad capitalista con el fin de llegar a mayores audiencias.

En el caso de la canción artística el intérprete tiene una gran flexibilidad y la posibilidad de desplazar canciones de los repertorios popular o folclórico al territorio de la canción artística. Estos movimientos deben estar sustentados en un profundo conocimiento de los repertorios folclórico y popular que permiten al intérprete, haciendo uso de valoraciones objetivas y subjetivas, decidir cuándo una canción popular o folclórica puede ser interpretada como canción artística. Este cambio generado por uno solo de los agentes productores de significado tiene repercusión en todos los otros agentes. Esta elasticidad plantea el fin de la hegemonía del compositor como agente determinante productor de significado.

Sin embargo, su flexibilidad está determinada por la flexibilidad del intérprete y por su relación y acceso a las obras. Podemos identificar dos posibles tipos de relación entre el intérprete y sus materiales: una es la relación "instrumental", es decir el acceso físico con los materiales, su disponibilidad. La otra, es una relación más subjetiva, que se desarrolla en la medida en que el intérprete conoce la obra y se familiariza con ella.

En cuanto a la relación instrumental, aceptamos que la canción artística latinoamericana es un género poco conocido debido a la falta de publicaciones, de grabaciones, a su no inclusión en los curricula universitarios de los cantantes, y a su poca de ejecución en las salas de concierto. Por lo tanto, la comunidad que interpreta este repertorio es reducida y cuando lo hace se limita, en su mayoría, a repetir las canciones que constituyen hasta ahora el "cuerpo central" del repertorio, es decir las pocas obras que se han publicado o grabado. Esta situación tiene como resultado una falta de interés entre los cantantes líricos, debido esencialmente a falta de acceso al repertorio.

Para empeorar la situación, existen muy pocas fuentes que orienten al intérprete en la selección del repertorio, razón por la cual generalmente ejecuta obras de los mismos compositores ya conocidos. Tristemente, los intérpretes no tienen acceso a la mayor parte de las obras y creen que no existe más repertorio. En estas circunstancias no tienen la oportunidad de cuestionarse sobre los límites del mismo o su definición, de la forma que lo estamos haciendo en este trabajo. Podemos afirmar que los cantantes líricos tienen poca exposición al repertorio lírico latinoamericano y mucho menos exposición al de música folclórica y popular. Todas estas circunstancias determinan que no se llegue a desarrollar una relación con el repertorio, ni objetiva ni subjetiva.

El segundo tipo de relación se da después del primero. Una vez se tiene una obra y se estudia, el intérprete desarrolla un tipo de relación que es determinada en gran parte por el tipo de sub-campo en el que se encuentre la canción. Es decir, la relación que el cantante de formación clásica desarrolla con la obra es muy diferente de la que tiene el cantante folclórico o popular. El cantante lírico tradicionalmente respeta hasta la más mínima indicación de la partitura, lo cual limita sus posibilidades, en el sentido de que no puede alterar ni cambiar la melodía, o cambiar drásticamente los tiempos o la tonalidad, por ejemplo. Esta relación, si se la compara con la establecida en los sub-campos de canción folclórica y popular, es más rígida y está determinada por el modelo euro-centrista occidental de la enseñanza de la música en donde lo escrito es inalterable, reafirmando la "hegemonía de la palabra escrita sobre la tradición oral y la separación entre el cuerpo y la mente en el desarrollo de los procesos cognitivos"[30].

Propuesta para una nueva *perfomance practice* de la canción artística latinoamericana

En el siglo XXI, la canción artística continúa ejecutándose prácticamente de la misma forma que en el XIX. La mayoría de las veces se ejecuta en salas de conciertos en donde los espectadores permanecen pasivos y los ejecutantes se presentan prácticamente "desnudos", sin ningún apoyo de escenografía, decorado o amplificación.

En la formación del cantante clásico, se sigue animando al cantante a interpretar la canción artística de forma muy contenida físicamente, evitando grandes movimientos y concentrando su expresividad en la voz y expresiones faciales. Este uso del cuerpo probablemente esté influenciado por el dualismo filosófico en boga en la época en que floreció el *Lied*. Una filosofía que considera al cuerpo como algo inferior, corrupto.

La famosa frase de Descartes, "pienso luego existo", representa muy bien la idea de que a través del intelecto se puede llegar al conocimiento sin necesidad del cuerpo. En este marco de pensamiento, la experiencia del cuerpo no es intelectual y se limita a los sentidos, tacto, gusto, olfato, visión y audición[32].

Los sistemas educativos validaron esta filosofía, lo cual se tradujo en una aproximación puramente cognitiva en las ciencias y también en las artes. Al igual que en el pensamiento griego, en el Cartesiano, la música aparece como una estructura de ideas que debe ser conocida (intelectualizada), más que sentida o experimentada"[33]. Desde el pensamiento eurocéntrico, la experiencia del cuerpo, primitiva y poco refinada, no es valorada de la misma forma que la intelectual. El cuerpo y sus pasiones, sus movimientos, ritmos, contracciones, fueron así expulsados y satanizados desde la moral cristiana eurocéntrica. Estos pertenecían a los lugares salvajes, incontrolables, pecaminosos.

América Latina y la península ibérica pertenecían a estas periferias en donde los salvajes, mestizos, indígenas, negros y todas las mezclas resultantes, expresaban las pasiones decadentes del cuerpo, un mundo totalmente ajeno al del tradicional *Lied*. ¿Qué pasa entonces cuando este se produce e interpreta en contextos en donde el cuerpo tiene permiso para expresarse sin censura, como es el caso de América Latina?

John Dewey (1859-1952) y más tarde Maurice Merleu Ponty (1908-1961), se han aproximado al tema del cuerpo y del dualismo desde ópticas que integran cuerpo y mente[34], haciéndolas interdependientes. Según Dewey, los acontecimientos humanos, para ser considerados experiencias, requieren de la participación de cuerpo y mente. Para él, ninguna actividad intelectual constituye un evento integral (una experiencia), al menos que sea completada por el quehacer práctico[35]. Por su parte, Merleau-Ponty argumenta que nuestras percepciones del mundo están sujetas a la percepción del cuerpo[36]. Desarrolló la idea de motricidad intencional, implicando que se aprende desde el cuerpo, no desde el intelecto: experimentamos a partir del cuerpo, interiorizamos, nos hacemos conscientes, todo desde el cuerpo.

Estas ideas han sido reforzadas desde la psicología y la neurociencia que sugieren que la corporalización –*embodiment*- es un paso necesario para el aprendizaje[37]. La idea, el pensamiento, deben pasar por el cuerpo para ser experimentados, aprendidos, comunicados[38]. Hoy en día sabemos que la interacción de los eventos físicos o sensorimotores con los mentales o cognitivos, tienen un rol decisivo en la formación de las ideas y el aprendizaje[39].

En la interpretación musical, el ejecutante experimenta la música con todo su cuerpo-mente, corporaliza la música, su contexto y sus códigos. Al ser un fenómeno físico, la música se experimenta con todo el cuerpo. El ejecutante incorpora de forma consciente e inconsciente los códigos culturales, las convenciones del estilo y las expectativas del medio social para su género, clase social, edad, etc. Tal como dice Garland: "todos los sistemas, musicales o políticos se concretan en el individuo. Nuestros cuerpos son el campo de expresión de los movimientos privados y colectivos. Es absurdo creer que hay una "realidad" fuera de nuestros propios procesos mentales y físicos"[40].

Paradójicamente cuando el cantante lírico interpreta canciones artísticas latinoamericanas y/o ibéricas, su uso del cuerpo no varía con respecto al uso del cuerpo del *Lied* alemán, el canon dentro del género de canción artística. artísticas latinoamericanas y/o ibéricas, su uso del cuerpo no varía con respecto al uso del cuerpo del *Lied* alemán, el canon dentro del género de canción artística.

Las instituciones educativas que forman a los cantantes líricos no se han planteado que el uso del cuerpo asociado al repertorio centroeuropeo está asociado a su contexto de creación, a sus normas, valores y códigos sociales, y que no se puede extrapolar a otros repertorios. El mensaje implícito en esta falta de cuestionamiento, es que se asume que el canon provee el modelo ideal, el que se debe imitar, el deseable. Una expresión del colonialismo cultural que, al ignorar la propia cultura, la desvaloriza.

Una propuesta de interpretación de la canción artística latinoamericana debe entonces partir de la conciencia de que existe reciprocidad entre las personas y los lugares que estas habitan, una reciprocidad que se expresa a través del cuerpo. Debemos partir de la observación profunda de la propia cultura, de sus usos y costumbres, del rol que el cuerpo juega en las interacciones sociales.

Una interpretación que parte de esta observación será sin duda coherente con la música misma, pues la obra musical, como espejo que es de la cultura en cada momento histórico, ya refleja a su contexto de creación, sólo falta que el ejecutante también honre, conozca y valore el contexto de la obra.

Este acercamiento abrirá muchas posibilidades para los ejecutantes que, al usar su cuerpo de forma más libre y desinhibida, también estarán acercándose más a las audiencias contemporáneas que están acostumbradas al movimiento al color, a los dinámicos, cambiantes y rápidos medios audiovisuales, especialmente Internet.

Para que el *Lied* latinoamericano llegue a mayores audiencias se exige creatividad, flexibilidad, valentía y capacidad para desafiar las normas establecidas. Las audiencias contemporáneas y los intérpretes de este tiempo, demandan espectáculos que estimulen todos sus sentidos[41]. Debemos considerar integrar escenografías, proyecciones, maping, subtítulos, movimiento e iluminación y quizá incluso caracterizaciones en los conciertos de canción artística latinoamericana. Estas exigencias que al parecer van dirigidas exclusivamente a los intérpretes bien pueden extenderse al mundo de la composición. Podemos esperar que los compositores empiecen a componer obras que integren la utilización del color, el video, el movimiento, la gesticulación, la interactividad y las nuevas tecnologías.

Personalmente en mis actuaciones incorporo el uso de video, escenografía y fotografías alusivas al significado de las canciones. Hago también un uso del cuerpo mucho más desinhibido que incluye movimientos en el escenario, teatralidad y gesticulaciones más comunes en el mundo de la música popular-folclórica, que a mi modo de ver representan mejor la sensibilidad y expresividad Ibérica y latinoamericana. Esta aproximación que parte de una experiencia personal es sólo una de las maneras en las que se puede abordar la interpretación del repertorio. Los intérpretes deberán tener en cuenta que, todas las acciones que incorporen en sus ejecuciones deberán servir para realzar el significado de la obra musical y del poema.

Estas exploraciones contribuirán a reavivar un género, la canción artística, que necesita urgentemente una revitalización. De lo contrario corre el riesgo de extinguirse al no poder "competir" con las expresiones artísticas de la alta modernidad.

Por otro lado, para poder hacer flexible el campo de la canción, los intérpretes de formación académica deben conocer también los repertorios folclóricos y populares, conociendo no solo los aspectos musicales sino especialmente sus contextos de ejecución. Este conocimiento les permitirá integrar usos del cuerpo, inflexiones vocales y elementos que no se encuentran en la partitura y que contextualizan las obras. Esta exigencia plantea cambios en los curricula de las instituciones educativas que deben integrar la enseñanza de los citados repertorios y encuentra en Internet a un aliado al permitir que los estudiantes pueden acceder a videos y audios de interpretaciones de músicos tradicionales de todo el mundo.

Espero que en los años por venir los intérpretes de la canción artística latinoamericana generen espacios flexibles, vasos comunicantes entre los diversos tipos de canción, canten con todo su cuerpo y transmitan con sus ejecuciones toda la riqueza, diversidad, complejidad y belleza del mundo latinoamericano, un mundo queaún está, afortunadamente, en fase de construcción y descubrimiento.

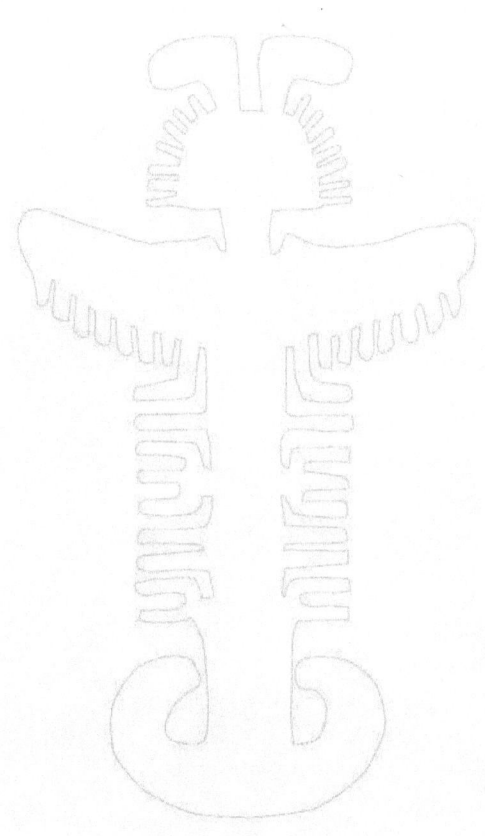

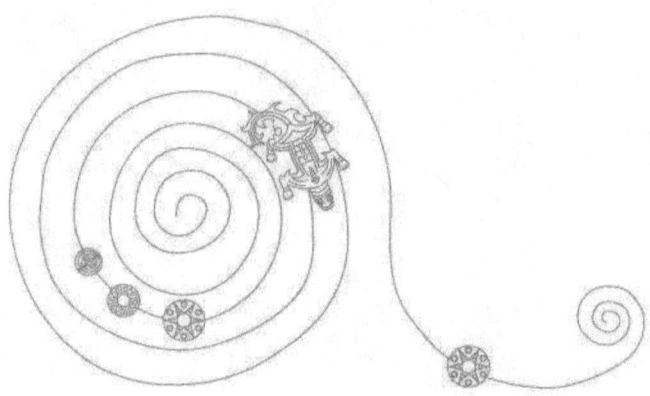

NOTAS

Preludio

1. Luís Cardoza y Aragón, *Guatemala: las líneas de su mano*. 3. ed. (México: Fondo de Cultura Económica, 2005), 56.

2. Néstor García Canclini, *Culturas híbridas: Estrategias para entrar y salir de la modernidad* (México: Grijalbo, 1989), 34.

3. Stuart Hall, *Negotiating Caribbean Identities* en *New Caribbean Thought: A Reader*, ed. B Meeks, F Lindahl (Kingston: The University of West Indies Press, 2001), 30-37.

4. Gertjan Dijkink, *National Identity and Geopolitical Visions. Maps of pride and pain* (London: Routledge, 1996), 30.

Introducción

1. Deborah R. Wagner: "Carlos Guastavino: An annotated bibliography of his solo vocal works" (DMA diss., University of Arizona, 1997).

2. Silvina Mansilla, *La obra musical de Carlos Guastavino* (Buenos Aires: Gourmet Musical, 2011).

3. Jonathan Kulp, "Carlos Guastavino: A Study of His Songs and Musical Aesthetics" (PhD diss., University of Texas at Austin, 2001).

4. Stela Brandão, "The Brazilian art song: A performance guide utilizing selected works by Heitor Villa-Lobos". (DMA diss., Columbia University Teachers College, 1999).

5. Niza de Castro Tank, Minhas pobres canções (São Paulo: Algol Editora Ltda., 2006).

6. Laura Hammack Chipe, "Alberto Beriot Nepomuceno: A performer's guide to selected songs" (DMA diss., The Southern Baptist Theological Seminary, 2000).

7. Marie E. Labonville, "Musical Nationalism in Venezuela: The work of Juan Bautista Plaza (1898-1965)" (PhD diss., University of California, 1999).

8. Harry M. Switzer, "The published art songs of Juan Bautista Plaza" (DMA diss., University of Miami, 1985).

9. Maria E. Labonville, Juan Bautista Plaza and Musical Nationalism in Venezuela (Bloomington: Indiana University Press, 2007).

10. Jeremy Tanner (Ed). *The Sociology of Art. A Reader* (London: Routledge, 2004), 71.

11. Clifford Geertz, *The Interpretation of Cultures.* (New York:Basic Books, Inc. Publishers, 1973), 14.

12. Gary Tomlinson. "The web of culture. A Context for Musicology", *19th Century Music* VII/3 University of California, (Abril, 1984.): 351.

13. IBID p.355.

Los sonidos de las naciones imaginadas

1. Hans Kohn, *Nationalism: Its Meaning and History* (New York: Van Nostrand Company, 1965), 58.

2. Ernest Gellner, *Encounters with Nationalism* (Oxford: Blackwell, 1994), 60.

3. Thomas Turino, "Nationalism and Latin American Music: Selected Case Studies and Theoretical Considerations". *Latin American Music Review.* Vol. 24 N.2 (Fall/Winter 2003): 169-209.

4. Eric J. Hobsbawm, *Nations and Nationalism since 1780. Programme, Myth, Reality* (Cambridge: Cambridge University Press, 1990).

5. Benedict Anderson. *Imagined Communities: Reflections on the Rise and Spread of Nationalism* (London: Editorial Verso. 1983),

6. IBID, 175

7. Don Michael Randel, ed. *The New Harvard Dictionary of Music*. (Cambridge and London: The Belknap Press of Harvard University Press, 1986), 5.

8. Traducción de la autora del siguiente texto: "The traditional view of a national style strictly defining nationalism is precisely what has prevented for so long a clear, all-inclusive conceptualization of musical nationalism."

9. Gerard Béhague, "Musical Nationalism in Mexico, Brazil and Argentina: Comparative Case Studies". Artículo inédito de la Conferencia presentada en Viena, abril 2001.

10. IBID.

11. Carl, Dahlhaus, *Fundamentos de la historia de la música* (Barcelona: Gedisa, 1997), 54.

12. Montserrat Guibernau, *Nationalisms: The Nation-State and Nationalism in the Twentieth Century* (Cambridge: Polity Press, 1996), 73.

13. Hassan Rachik, "Identidad dura e identidad blanda". *Revista CIDOB d 'Afers Internacionals*, N. 73-74, Barcelona. (2006), 9-20.

14. James Marcia, "The empirical study of ego identity" en H. A. Bosma, T. L. G. Graafsma, H. D. Grotevant, & D. J. de Levita (Eds.), *Sage focus editions, Vol. 172. Identity and development: An interdisciplinary approach*: 67-80.

15. Eric H. Erikson, *Identity and the life cycle* (New York: W.W. Norton and Co., 1959), 58.

16. W.R., Bion, *Experiences in group and other papers* (New York: Routledge, 1961), 78.

17. Yuri Guirin, "En torno a la identidad cultural de América Latina". [online]: <http://hispanismo.cervantes.es/documentos/guirin.pdf> Consultado 6 de junio, 2011.

18. Nicola Miller, "The historiography of nationalism and national identity in Latin America" en *Nations and Nationalism*. 12 (2), 2006:(201–221).

19. Néstor García Canclini, *Culturas híbridas: Estrategias para entrar y salir de la modernidad* (México: Grijalbo, 1989), 22.

20. IBID p.26.

21. Anabel Torres, *Medias nonas* (Medellín: Editorial Universidad de Antioquia, Colección Celeste, 1992), 8.

22. John Lynch, *Latin America between Colony and Nation: Selected Essays* (New York; Palgrave. 2001), 12.

23. José, Peñín, *Nacionalismo musical en Venezuela* (Caracas: Fundación Vicente Emilio Sojo, Editorial Texto, 1999), 17.

24. Parta Chatterjee, *Nationalist thought and the Colonial World: A derivative Discourse* (Minneapolis: University of Minnesota Press, 1986), 57.

25. IBID

26. IBID

27. Emilio Grenet, *Popular Cuban Music. 80 Revised and Corrected Compositions* (La Habana: Carasa y Cia. 1939), XI.

28. Walter D. Mignolo, *The idea of Latin America* (Oxford: Blackwell Publishing, 2005), 63.

29. IBID, 63.

30. Carlos Fuentes, *The Buried Mirror: Reflections on Spain and the New World* (USA: Mariner Books Edition,1999), 4.

31. Jesús Martín Barbero, *De los medios a las mediaciones* (México: Gustavo Gili ,1987), 15-16.

32. Néstor García Canclini, *Culturas híbridas: Estrategias para entrar y salir de la modernidad* (México: Grijalbo, 1989), 197.

33. Nicola Miller, "The historiography of nationalism and national identity in Latin America" en *Nations and Nationalism*. 12 (2), (2006): 201–221.

34. Michel Rolph Trouillot, Silencing *the Past: Power and the Production of History* (Boston: Beacon Press, 1995).

35. Gerard Béhague, *Music in Latin America: An introduction.* (New Jersey: Englewood Cliffs, Prentice-Hall, 1979), 13.

36. Bernardo Illari, "Ética, estética y nación: las canciones de Juan Pedro Esnaola" en *Cuadernos de Música Iberoamericana*. Volumen 10, ICCMU, Madrid, 2005.

37. Luís, Cardoza y Aragón, *Guatemala: las líneas de su mano* (México: Fondo de Cultura Económica, 1976), 56.

38. John Baily, *Music and the Afghan National Identity* en Martin Stokes (ed.), *Ethnicity, Identity and Music. The Musical Construction of Place* (Oxford: Berg, 1994).

39. Thomas Turino, "Nationalism and Latin American Music: Selected Case Studies and Theoretical Considerations" *Latin American Music Review*. Vol. 24 N.2 (Fall/Winter, 2003): 179.

40. José Maurício Nunes García (1767-1830) fue un compositor y sacerdote brasileño considerado uno de los más grandes compositores de América. Fue maestro de la Capilla Real de la Casa Real de Portugal en Río de Janeiro.

41. Craig H. Russell, Materiales entregados en el *Barcelona Festival of Song*, 2011 y 2012.

42. Craig H. Russell, "Sumayas's *Rodrigo* (1708) and *Partenope* (1711): Mexican Theatricality and European Inspiration," presentado en la conferencia *Musical Theater and Identity in Eighteenth-Century Spain and America*, UCLA and the Clarke Center, Los Angeles, California, 27-28, octubre, 2006.

43. Referencia a Sumaya y a su obra Parténope se encuentra en Sutro Library, Sept. 2, 2005.
Call number Z1420.B47 6 vols. Beristáin de Souza, José Mariano. *Biblioteca Hispano Americana Septentrional o Catálogo y noticias de los literarios que o nacidos o educados, o florecientes en la América septentrional española, han dado a luz algún escrito, o lo han dejado preparado para la prensa. 1521-1850. La escriba el Dr. D. José Mariano Beristáin de Souza de las Universidades de Valencia y Valladolid, Caballero de la Orden de Carlos III. Y Comendador de la Real Americana de Isabel la Católica, y Deán de la Metropolitana de México.* 6 vols. 3ª ed., tomada de la segunda. Amecameca, México, 1883. Revisada conforme a la primera, México, D.F. 1816-1821. Ciudad de México: Ediciones Fuente Cultural, n.d.?
ZUMAYA (D. Manuel) natural de México, presbítero, maestro de capilla de la iglesia metropolitana de su patria. Fué muy estimado por su habilidad música del virrey duque de Linares, para cuya diversión tradujo al castellano y puso en música varias óperas italianas. De esta capital pasó a Oaxaca en compañía del Illmo. Montaño, deán de México, obispo electo de aquel obispado, en cuya catedral fue cura párroco. Allí dedicado exclusivamente al estudio de las ciencias sagradas y al cumplimiento de su ministerio pastoral, murió en paz llorado de sus feligreses. Escribió: *Vida del P. Sertorio Caputo, jesuita, traducida del italiano*. MS. Es traducción diferente de la que corre hecha por el P. *Mora*, jesuita / [p. 202] mexicano. — "*El Rodrigo.*" Drama que se representó en el palacio real de México para celebrar el nacimiento del príncipe Luis Fernando. Imp. en México por Ribera, 1708. 8°—*La Partenope*. Ópera que se representó en el palacio real de México en celebridad de los días del Sr. Felipe V." Imp. en México por Ribera, 1711. 8°.

44. Obertura del Guarany de Carlos Gomes.
https://www.youtube.com/watch?v=lxbR0k8AhBs

45. José Maria Neves. *Música Contemporânea Brasileira* (São Paulo: Ricordi Brasileira, 1981), 16.

46. En Argentina se destacó el compositor Francisco A. Hargreaves (1849-1900) quien compuso la ópera *La gatta bianca*, considerada la primera ópera argentina. Se estrenó en Italia en 1875.

47. Jonathan Lance Kulp "Carlos Guastavino: A study of his songs and musical aesthetics" (PhD. diss., The University of Texas at Austin, 2001), 66.

48. William Gradante, en *The Garland Encyclopedia of World Music*, Vol 6 Latin America, 1996, 376.

49. María Eugenia Soux, "La música en la ciudad de La Paz:1845-1885". Tesis de pregrado. Universidad Mayor de San Andrés, La Paz, Bolivia, 1992.

50. Información sobre los hermanos Rebagliatis se encuentra en Carlos Raygada, "Panorama musical del Perú", *Boletín Latinoamericano de Música 2* (1936), 193-195.

51. Violinista, compositor y director de orquesta. La figura más importante de la música peruana del siglo XIX, conjuntamente con José Bernardo Alcedo. Nació en Savona, Italia y murió en Lima en 1909. Fue un increíble promotor de la música clásica en el Perú. Llegó a Lima en 1863 con 20 años de edad, en compañía de su padre Angel Rebagliati y de sus hermanos que también fueron músicos. Era un excelente maestro y durante más de 40 años enseñó y adiestró a varias generaciones de intérpretes y compositores peruanos. Si bien no abandonó el género operístico fue el introductor en Lima de música de cámara de categoría, como lo demuestran sus estrenos de obras de Haydn, Beethoven, Weber, Schubert, Mendelssonn, etc.

52. Género musical y de baile típico del Perú considerado de origen mestizo.

53. Gerard Béhague, *Music in Latin America: An introduction* (New Jersey: Englewood Cliffs, Prentice-Hall, 1979).

54. Ricardo Miranda: "Un siglo de ópera en México". en *La ópera en España e Iberoamérica*. Vol II. En Emilio Casares Rodicio, y Álvaro Torrente, (Ed), (Madrid: ICCMU, 1999)161.

55. Jorge Isaacs, *María* (Madrid: Ediciones Cátedra, 2001), 13.

56. Patricia Caicedo y Jack Rain interpretando Róseas Flores D'Alvorada https://www.youtube.com/watch?v=dixbdF-kXJo

57. Mario de Andrade: *Modinhas imperiais* (São Paulo: Martins Fontes, 1964).

58. Representativas de este periodo son las canciones escritas por los siguientes compositores: *Argentina*: Juan Pedro Esnaola (1808-1878), Herman Bemberg (1859-1931), Arturo Berutti (1858-1938), Pablo Berutti (1866-1914), Oreste Bimboni (1846-1905) y Arturo Luzatti (1875-1959) - *Colombia:* Las obras de Joaquín Guarín (1825-1854) y Atanasio Bello (1800-1876) representan casos excepcionales de canciones escritas en español durante esta época. - *Brasil*: Henrique Oswald, Leopoldo Miguez, Francisco Braga y Carlos Gómez. La colección de *Modinhas Imperiais* recopilada por Mario De Andrade. - *Perú*: Federico Gerdes (1873-1953).

59. Guadalupe Campos y Gabriel Saldivar, "La música mexicana para canto y piano en el siglo XIX y sus vinculaciones con la Europea". Conferencia pronunciada en el Primer Curso de Historia de Interpretación e Historia de la Canción Artística de América Latina y España del Barcelona Festival of Song. Barcelona, junio 25 del 2006.

60. Luís Cardoza y Aragón, "Dije lo que he vivido". [Online] <http://webspace.webring.com/people/pl/luis_cardoza_y_aragon/fdije.htm>. Consultado el 30 de agosto de 2006.

61. Guillermo Scarabino, *El Grupo Renovación (1929-1944) y la nueva música argentina del siglo XX* (Buenos Aires: Instituto de Investigación Musicológica "Carlos Vega", Ediciones de la Universidad Católica Argentina, 1999), 13-14.

62. Ricardo Rojas, *La restauración nacionalista. Informe sobre la educación* (Buenos Aires, Ministerio de Justicia, 1909), 48.

63. Peter Wade, *Music, Race and Nation. Música Tropical in Colombia* (Chicago: University of Chicago Press, 2000), 34.

64. Guillermo Scarabino, Op. Cit, 21.

65. Carolina Santamaría Delgado. "El bambuco, los saberes mestizos y la academia: un análisis histórico de la persistencia de la colonialidad en los estudios musicales latinoamericanos". *The Latin-American Music Review*. (Spring/Summer 2007), 28:1.

66. El bambuco es un género musical autóctono de Colombia típico de la región andina y uno de los más importantes. Se encuentra como composición vocal e instrumental y como danza. Rítmicamente se encuentra en compás de 6/8 o ¾. El tiempo y el compás se seleccionan libremente y veces se alternan, como característica es sincopado.

67. El pasillo es un estilo musical de la zona andina colombiana escrito en métrica triple de ¾. Se estructuran en tres secciones escritas en claves relacionadas. El pasillo de acuerdo a su velocidad puede denominarse pasillo lento o pasillo festivo. Según Slonimsky, está relacionado con el vals europeo y en un principio se conoció como vals del país.

68. Nicolas Slonimsky, *Music of Latin America* (New York: Vail-Ballow Press, 1946), 167.

69. La danza es un estilo musical de la zona andina colombiana que tiene sus orígenes en la danza inglesa y posteriormente en la Habanera cubana. Al igual que las otras especies rítmicas de la zona andina puede ser instrumental o vocal.

70. Considerado ritmo nacional de Venezuela, el *joropo* se encuentra también la zona de los llanos orientales de Colombia. Se asume que proviene del fandango español al que se le sumaron elementos nativos venezolanos.

Se encuentra como canción o en versión instrumental, es también una danza. Se interpreta tradicionalmente por grupos de arpa llanera, cuatro y maracas llamadas capachos. Existen numerosos tipos de joropo de acuerdo con el lugar de procedencia geográfica y con sus progresiones armónicas. Comúnmente escrito en ¾ o 6/8 es rítmicamente sofisticado y produce polirítmos.

71. Ver definición en el capítulo de Brasil.

72. IBID.

73. Conocido también como tango brasilero, el *maxixe* es un ritmo sincopado que incorpora elementos africanos y europeos. Se relaciona con el tango brasilero que es considerado una adaptación local de la habanera cubana. Inicialmente fue una danza.

74. De origen africano la *samba* es una danza de ritmo sincopado con métrica doble. Se distingue de otras especies por su acentuación del primer tiempo.

75. El *choro*, que significa literalmente llanto, es una especie brasilera interpretada comúnmente por grupos de guitarra, cavaquinhos, tambores e instrumentos de viento. Se escribe en compás de 2/4 y tiene estructura simple en forma de rondó (A B A C A). Es un género vivas y virtuosístico.

76. La *habanera* es ritmo de danza lento, en compás binario. Puede ser puramente instrumental, aunque lo habitual es que sea cantada. Es un género adaptado y usado por diferentes formaciones musicales, como grupos corales, bandas de música y rondallas, etc.

77. Ver definiciones en la sección dedicada a Argentina.

78. Compositores destacados de este periodo incluyen a Emilio Murillo y Rozo Contreras en Colombia; Ernesto Elorduy y Felipe Villanueva en México; Manuel Saumell e Ignacio Cervantes en Cuba; Francisco Manuel da Silva en Brasil; Federico Villena y Sebastián Díaz Pena en Venezuela; y Andrés Sas en Perú, solo por nombrar a algunos.

79. Nicolas Slonimsky, Music of Latin America (New York: Vail-Ballow Press, 1946), 167.

80. Ulf Hannerz, "Scenarios for peripheral cultures", Anthony D. King ed. *Culture, Globalization and the World-System* (Binghamton, NY: State University of New York at Binghamton, 1991), 270.

81. Gerard Béhague, *The beginnings of Musical Nationalism in Brazil*. (Detroit: Information Coordinators, Inc., 1971), 9.

82. Guillermo Scarabino, Op. Cit. 13-14.

83. La música y nuestro folclore". Cuarta encuesta de *Nosotros*; Año XII; Nos. 108. 109, 110; Buenos Aires; abril, mayo y junio de 1918 en Scarabino Guillermo, Op.cit p.31.

84. IBID, 32.

85. Vasco Mariz, *A canção brasileira: erudita, folclórica, popular* (cuarta edición). (Rio de Janeiro: Editora Cátedra, 1980), 20.

86. Traducción de la autora. "El pueblo que no canta en su propia lengua no tiene patria".

87. Gerard Béhague, *Music in Latin America: An introduction*. Englewood Cliffs, New Jersey, Prentice-Hall, 1979. p. 120.

88. Sergio Alvim Correa, *Alberto Nepomuceno: Catalogo general* (Brasil: FUNARTE, Instituto Nacional de Música, 1985), 9–10.

89. Laura Hammack Chipe, "Alberto Beriot Nepomuceno: A performers guide to selected songs" (DMA diss., The Southern Baptist Theological Seminary, 2000), 25.

90. Estas primeras canciones en portugués se titulan: *Ora dize-me a verdade, Amo-te muito, Tu és o sol, Desterro, Medroso amor* y *Madrigal*.

91. *Coração triste* de Alberto Nepomuceno. Interpretan Patricia Caicedo y Jack Rain https://www.youtube.com/watch?v=CoB560q_cKU.

92. Patricia Caicedo, *La canción artística en América Latina: Antología crítica y guía interpretativa para cantantes* (Barcelona: Edicions Trító, 2005), 25.

93. IBID, 114.

94. Gerard Béhague, *The beginnings of musical nationalism in Brazil* (Detroit: Monographs in Musicology, no.1, Information coordinators, Inc., 1971).

95. Guillermo Scarabino, Op. Cit.

96. José Peñín, *Nacionalismo musical en Venezuela* (Caracas: Fundación Vicente Emilio Sojo. Editorial Texto CA, 1999), 55.

97. *Cuatro canciones argentinas* de Carlos Guastavino interpretan Desirée Halac y Dalton Baldwin interpretan https://open.spotify.com/track/75s6OKMdAkfrazojd4papF?si=AxYSdBOKSFuLs6PgWbUHeg

98. *Vidalita* de Alberto Williams Interpretan Maria Teresa Uribe y Balazs Szocolay. http://spoti.fi/2nO43lB

99. *Quena* de Alberto Williams. Interpretan Maria Teresa Uribe y Balazs Szocolay. https://open.spotify.com/track/3hEjLHbNvuWuSMYtdveye0?si=ibTCEi0iTXi4QoFyqTOWnA

100. *Kapuri* de Eduardo Caba. Interpretan Patricia Caicedo, soprano, Eugenia Gassull, piano. https://open.spotify.com/track/6bsHPHyIJaXGPPSOkmeE9n?si=yiCZGt1gQQq4XdTFurHrNw

101. *Flor de Bronce* de Eduardo Caba. Interpretan Patricia Caicedo, soprano, Eugenia Gassull, piano. https://open.spotify.com/track/4aE3oH0aRIxjuVdvPig4sN?si=rfZNaMw8Sa2Sq_B_e7zhpg

102. *Minha Terra* de Waldemar Henrique. Interpretan Patricia Caicedo y Jack Rain. https://www.youtube.com/watch?v=k9vXunT2mZs

103. *Rolinha* de Waldemar Henrique interpretada por Patricia Caicedo e Irene Aisemberg. https://www.youtube.com/watch?

104. *Cartagena* de Adolfo Mejía. Interpretan Patricia Caicedo e Irene Aisemberg.

105. *Cuatro canciones incaicas* de Theodoro Valcárcel. Interpretan Patricia Caicedo y Eugenia Gassull. https://open.spotify.com/track/7qiHGUpgGFJ5MDwkKeZlZU?si=rKw_BjovRZiKJ6IqG8oBPg

106. *Cuando el caballo se para* de Juan Bautista Plaza. Interpretan Patricia Caicedo y Eugenia Gassull. https://open.spotify.com/track/6WuTv8618njhAzVWVgd8kX?si=lpy9vnXHSz2walhEiSLMOg

107. Patricia Caicedo, *La canción artística en América Latina: Antología crítica y guía interpretativa para cantantes* (Barcelona: Edicions Tritó, 2005), 25.

108. Entrevista concedida por Marlos Nobre a Patricia Caicedo el 18 de marzo del 2011.

109. Entrevista concedida por Juan María Solare a Patricia Caicedo el 15 de marzo del 2011.

110. IBID

111. Rodrigo Torres Alvarado, "Gabriela Mistral y la creación musical de Chile". Revista Musical Chilena (Santiago de Chile, año XLIII. N. 171, enero-junio 1989), 42-65.

112. Jorge Urrutia Blondel, "Gabriela Mistral y los músicos chilenos". *Revista Musical Chilena* (Santiago de Chile, año XI, N.52, abril-mayo 1957), 22-25.

113. J*Piecesitos* de Carlos Guastavino. Interpretan Jesús Suaste y Alberto Cruzprieto. https://open.spotify.com/track/1khMsrZBVPZiQfMypkB0Rs?si=5wFYJNiCS4-R6B3Zig8pwQ

114. Rodrigo Torres Alvarado, "Gabriela Mistral y la creación musical de Chile". *Revista Musical Chilena* (Santiago de Chile, año XLIII, N.171, enero-junio 1989), 42-65.

115. Samuel Claro, "La música vocal de Alfonso Letelier". *Revista Musical Chilena* (Santiago de Chile, N. 106, enero-marzo 1969), 47-63.

116. IBID

117. Hamlet Lima Quintana, *Los referentes (una historia de amistad)* (Buenos Aires: Torres Agüero, 1994), 31.

118. Forma de referirse al lugar de origen, a la tierra o distrito de donde se procede. Esta expresión se usa tradicionalmente en el cono sur de América Latina con predominio en Argentina.

119. Forma tradicional del organización social y política de las comunidades indígenas descendientes de los Incas que habitan los Andes.

120. Este ciclo fue publicado en el libro *La canción artística latinoamericana: antología crítica y guía interpretativa para cantantes* publicado en el 2005 por Edicions Tritó de Barcelona y editado por la autora.

121. Ketty Wong, "La "nacionalización y "rocolización" del pasillo ecuatoriano" en https://www.dlh.lahora.com.ec/paginas/debate/paginas/debate1329.htm 23 de agosto de 2006.

Una tormenta creativa 1910-1930

1. El antropólogo Eric Wolf habla de "people without history" para referirse a la gente proveniente de sociedades sin escritura o que utilizaban lenguas diferentes a las de los seis imperios de la Europa moderna. De esta manera la historia es el privilegio de la modernidad europea.

2. Wolf, Eric R.: Europe and the people without history. (Berkeley: University of California Press, 1982).

3. Rorty, Richard. Philosophy and the mirror of nature. (Princeton: Princeton University Press, 1979).

Argentina

4. Guillermo Scarabino, El grupo renovación (1929-1944) y la nueva música argentina del siglo XX (Buenos Aires: Instituto de Investigación Musicológica "Carlos Vega", Ediciones de la Universidad Católica Argentina, 1999).

5. Alberto Williams compuso un gran número de canciones en el estilo nacionalista. Sus obras son sobre todo estilizaciones de las canciones folclóricas. Entre ellas se destacan: El ciclo Rumores del parque Opus 131, compuesto de las canciones 1. Reclamo, 2. Arpas Eólicas, 3. Al llegar, 4. Nocturno en las frondas, 5. La siesta, 6. La madrugada, 7. Atardecer en el parque, 8. Titular de estrellas, 9. Vidalita del Payador, 10. Milonga para ti. El ciclo Canciones femeniles Opus 94 compuesto por las canciones N.1 En el baile - Maldición, N.2 En el baile - Aspiración, N.3 Después del Baile-Bendición y el ciclo de Tres canciones incaicas Opus 45, compuesto por las canciones I. Quena, II. Yaraví y III. Vidalita. La más conocida de estas canciones es Vidalita que está escrita para dos voces femeninas con acompañamiento de piano. Todas publicadas por Editorial La Quena.

6. Ercilia Moreno Chá, "Alternativas del proceso de cambio de un repertorio tradicional argentino" en Latin American Music Review 8 (1), (Austin: 1987), 104-106.

7. Isabel Aretz, El folclore musical argentino (Buenos Aires: Ricordi Americana, 1965), 68.

8. El huayno es uno de los principales bailes en la región de los Andes. Aunque era tradicionalmente un baile rítmico indígena, ha sido adoptado por los mestizos que viven en las tierras altas y se interpreta con instrumentos de cuerda introducidos por los españoles, como el arpa, la guitarra y la mandolina, o con el charango indígena, los huaynos tienen un tiempo rápido, normalmente de compás binario con dos diferentes frases melódicas de igual longitud que son repetidas de forma constante.

9. Una muestra de la danza huella se encuentra en: http://youtu.be/ubvs8dEY1is.

10. Pampamapa de Carlos Guastavino. Interpretan Teresa Berganza y Juan Antonio Álvarez Parejo.

11. Deborah Schwartsz-Kates, "The Gauchesco tradition as a source of National Identity in Argentine Art Music (ca.1890-1955)". PhD Dissertation, University of Texas at Austin, 1997, p. 230.

12. Ejemplo de malambo en http://youtu.be/MnLI1G9Mbv8, http://youtu.be/vVZU4dGz5t8, http://youtu.be/EoPsJh58toI

13. Deborah Schwartsz-Kates,"The Gauchesco tradition as a source of National Identity in Argentine Art Music (ca.1890-1955)" (PhD diss.,, University of Texas at Austin, 1997), 230.

14. *Gato* de Alberto Ginastera. Interpretan Patricia Caicedo, soprano y Pau Casan, piano.

15. *Zamba* de Alberto Ginastera. Interpretan Patricia Caicedo, soprano y Pau Casan, piano.

16. *Chacarera* de Alberto Ginastera. Interpretan Patricia Caicedo, soprano y Pau Casan, piano.

17. Las canciones de este ciclo están dedicadas respectivamente a María Barrientos, Gastón Talomón, Luis V. Ochoa, Enrique Susini, Sarah Sagasta de Sagarna y a la memoria de Julián Aguirre. Julián Aguirre el ilustre compositor argentino había muerto justamente el año de composición del ciclo. El ciclo editado por Ricordi Americana puede encontrarse fácilmente pues se continúa editando, su número de edición es el E.A.M.18.

18. *Canción del carretero* de Carlos López Buchardo. Interpretan Marcos Fink y Cármen Piazzini.

19. Allison Weiss, "A Guide to The Songs of Carlos López Buchardo (1881-1948)". (MM diss, University of Portland; 2009).

20. Este ciclo, compuesto sobre poesías de Miguel A. Camino está formado por las canciones *Prendiditos de la mano, Si lo hallas, Frescas sombras de sauces, Oye mi llanto* y *Malhaya la suerte mía!* Fue publicado por Ricordi Americana, BA7207.

21. *Copla Criolla* (poesía anónima popular), *Querendona* (motivos serranos de Tilde Perérez Pieroni), *Canta* tu canto, ruiseñor y vuela (Ignacio B. Anzoátegui), Acuarela (Rafaél Obligado), *Lamento - Mírala como ha venido* (poesía anónima popular), *Porteñita - canción* (María Luz Regas

Velasco), *Hormiguita - Canción infantil* (Enrique Amorín), *La canción desolada* (Margarita Abella Caprile), *Canción de Perico* (Fryda Schutz de Mantovani), *Canción del niño pequeñito* (Ida Reboli), *Canción de ausencia* (Gustavo Caraballo).

22. Omar Corrado, "Luis Gianneo-Juan Carlos Paz: encuentros y bifurcaciones en la música argentina del siglo XX", *Cuadernos de Música Iberoamericana* Vol.4 (Madrid: Fundación Autor, 1997).

23. *El mate amargo* de Felipe Boero. Interpreta Victor Torres. https://open.spotify.com/track/1fahaC5GYjDDpoIsCRwQHI?si=sjPrH7h5QGmom42T_cRYAw

Brasil

1. María Elisa Pereira, Dorotéa Kerr, "Mario de Andrade e o dono da voz" (Belo Horizonte: Per Musi (UFMG), v. 1, 2002), 101-111.

2. Sarah Malia Hamilton, "Uma canção interessada - M. Camargo Guarniero, Mario de Andrade and the politics of musical modernism in Brazil, 1900-1950" (PhD diss., University of Kansas, 2003), 87.
3. IBID, 88.

4. Alexandre Saggin Dossin, "Edino Krieger's Solo Piano Works from the 1950s: a Dialectical Synthesis in Brazilian Musical Modernism" (DMA diss., University of Texas at Austin, 2001).

5. Maria Alice Volpe, "Indianismo and Landscape in the Brazilian Age of Progress: Art Music from Carlos Gomes to Villa-Lobos, 1870s-1930s" (PhD diss., University of Texas at Austin, 2001).

6. Gerard Béhague, "Popular Musical Currents in the Art Music of the Early Nationalistic Period in Brazil, Circa 1870-1920" (PhD diss., Tulane University, 1966), 26.

7. IBID, 27.

8. Gerard Béhague, "Popular Musical Currents in the Art Music of the Early Nationalistic Period in Brazil, Circa 1870-1920" (PhD diss., Tulane University, 1966), 57.

9. Julia De Brito Mendes, (Ed.), *Canções Populares do Brasil*. (Rio de Janeiro: J. Ribeiro Dos Santos, 1911).

10. IBID, X, XI.

11. Mario de Andrade, *Modinhas Imperiais*. Obras Completas 19. (Belo Horizonte: Editora Itatiaia, Fac-simile da edicao, 1930).

12. Mario de Andrade, "Origens do fado" en *Revista da Música Popular*, no. 6 (Rio de Janeiro, 1955), 2-4.

13. Mario de Andrade, *Modinhas Imperiais*. Obras Completas 19. (Belo Horizonte: Editora Itatiaia, Fac-simile da edicao, 1930).

14. Léa Freitag, "A dinámica social da modinha e do lundú". *Momento de música brasileira*. (São Paulo: Livraria Nobel, 1985), 73-77.

15. Julia De Brito Mendes, (Ed.), *Canções Populares do Brasil*. (Rio de Janeiro: J. Ribeiro Dos Santos, 1911).

16. "Colleção escolhida das mais conhecidas e inspiradas modinhas brasileiras, acompanhadas das respectivas musicas, a maior parte das quaes trasladada da tradição oral pela distincta pianista D. JÚLIA DE BRITO MENDES.

17. *Modinha* de Jayme Ovalle. Interpretan Patricia Caicedo y Pau Casan. https://open.spotify.com/track/67WMdpScXUpv8qqZd9LKPK?si=vLobM8HyRFu9knSzS4T7SA

18. Mario de Andrade, *Aspector da música brasileira*. 3rd ed. (Belo Horizonte y Rio: Villa Rica, 1991).

19. Mario de Andrade, "Distanciamentos e aproximaçoes", en *Música, doce música* (São Paulo: Martins, 2ª ed., 1976), 363-67. La frase original decía: "...a arte não é, nunca foi nos seus momentos grandes de manifestacão, a realizacão pura e simple da beleza. A beleza é...uma consequéncia da arte...".

20. Mario de Andrade, *Modinhas Imperiais*. Obras Completas 19. (Belo Horizonte: Editora Itatiaia, Fac-simile da edicao, 1930), 12.

21. Las normas que resultaron del primer congreso solo fueron revisadas hasta el año 2005, cuando se celebró el cuarto encuentro de la canción brasilera.

22. Mario de Andrade, Exposição de motivos en: *Anais do Primeiro Congresso da Língua Nacional Cantada* (São Paulo: Departamento de Cultura), 717-8.

23. Traducción de la autora del siguiente texto:"a pronúncia carioca é a mais evolucionada dentre as pronúncias regionais do Brasil, é a mais rápida e incisiva de todas, apresenta tonalidades próprias de bastante relevo, é de maior musicalidade na pronúncia oral, dá menos impressão de falar cantando, é a mais elegante e urbana de todas as pronúncias regionais, por ter se fixado na capital do país é a síntese das colaborações de todos os brasileiros e sendo a pronúncia padrão a da capital do país onde os brasileiros mais afluem é mais fácil de ser ouvida e propagada, tendo grandes possibilidades de se generalizar a pronúncia".

24. Bandas populares integradas por flautas, clarinetes, trombones, mandolinas, guitarras y cavaquinhos (pequeñas guitarras de origen portugués).

25. Lisa Peppercorn, "Villa-Lobos's Brazilian Excursions" en *Musical Times* 113, no. 1549 (Marzo): 263–65.

26. Se dice que en 1905 partió rumbo al norte del Brasil a los estados de Espíritu Santo, Bahía y Pernambuco y se detuvo en ciudades como Salvador y Recife. Más tarde en 1907 viajó a Fortaleza, Belém, Amazonas y Barbados.

27. Darious Milhaud, "Brésil" en *La Revue Musicale*, 1920, 60-61.

28. Recordamos que las llamadas naciones "occidentales" que generalmente son equiparadas con Europa occidental y hoy en día con los Estados Unidos, en el proceso de comparar y contrastar su cultura con otros, tienen unos parámetros de desarrollo que los hacen percibirse a si mismos como "equipados culturalmente". Ellos comparten valores, objetivos, necesidades y habilidades o tecnologías. Por otra parte, las naciones "orientales", probablemente no comparten los mismos valores, necesidades y pueden no estar al nivel de desarrollo que les permita alcanzar los niveles de las sociedades que imponen los modelos.

29. Mario de Andrade, *Ensaio sobre a música brasileira*. 3ª ed. (São Paulo: Vila Rica; Brasília: INL, 1972), 1-2.

30. IBID

31. El listado completo y más actualizado de su obra se puede encontrar en la web del Museo Villa-Lobos en: http://www.museuvillalobos.org.br/bancodad/VLSO_1.0.pdf

32. Don Pedro I fue un personaje histórico que instó a la independencia de Brasil y que compuso, pues era músico, el *Himno de independencia* y el *Himno de la Constitución Portuguesa* entre otras obras. El texto de esta canción, escrito por el poeta Viriato Corrêa se refiere a la Marqueza de

Santos, título nobiliario que Don Pedro I otorgó a su amante Doña Domitila de Castro Canto e Melo, a quien el emperador llamaba *Titilia*.

33. *Lundú de Marqueza de Santos* de Heitor Villa-Lobos interpretada
https://www.youtube.com/watch?v=aRaAnWclggY&feature=youtu.be

34. *Modinha* de Heitor Villa-Lobos interpretada por Maria Lucía Godoy
https://www.youtube.com/watch?v=R1OyWfpRCcc&feature=youtu.be

35. Flavio Silva, *Camargo Guarnieri: O tempo e a música* (São Paulo: Imprensa Oficial del Estado, FUNARTE, 2001).

36. José Vianey Dos Santos, "*Treze Canções de Amor* de Camargo Guarnieri" (Belo Horizonte: Per Musi, n.13, 2006), 72-84.

37. Treze Canções de Amor: 1. *Canção do passado*–Poesia: Corrêa Junior 2. *Se você compreendesse...* – Poesia: Rossine Camargo Guarnieri 3. *Milagre* – Poesia: Olegário Mariano 4. *Você...* – Poesia: Francisco de Mattos 5. *Acalanto do amor feliz* – Poesia: Rossine Camargo Guarnieri 6. *Em louvor do silêncio...* – Poesia: Corrêa Junior 7. *Ninguém mais...* – Poesia: Cassiano Ricardo 8. *Por que?* – Poesia: Camargo Guarnieri 9. *Cantiga da tua lembrança* – Poesia: Rossine Camargo Guarnieri 10. *Tal vez...* – Poesia: Carlos Plastina 11. *Segue-me* – Poesia: *Quadra popular* 12. *Canção tímida* – Poesia: Cleómenes Campos 13. *Você nasceu...* – Poesia: Rossine Camargo Guarnieri.

38. Mario de Andrade, *Música e jornalismo* (São Paulo: Edusp, 1993), 332. "Talvez sejam os *Lieder* a parte mais acessível, mais amável de criação de Camargo Guarnieri. Persiste neles, é certo, aquele ascetismo básico do pensamento musical deste paulista, que o leva a não fazer nenhuma concessão a nós outros, indo à mais amarga, à mais desértica dedução lógica de seu próprio pensamento e individualidade: mas sempre a linha cantada de Camargo Guarnieri se reveste de maior sensualidade, é mais gostosa por assim dizer, tomando as suas bases mais constantemente na melódica das modinhas. p. 311.

39. *Vai azulão!* de Camargo Guarnieri interpretan Patricia Caicedo e Irene Aisemberg.
http://www.youtube.com/watch?v=edK1Chwn62U

Cuba

1. María Elisa Pereira, Dorotéa Kerr, "Mario de Andrade e o dono da voz" (Belo Horizonte: Per Musi (UFMG), v. 1, 2002), 101-111.

2. Emilio Casares Rodicio (dir.), *Diccionario de la música española e hispanoamericana vol 5* (Madrid: ICCMU, 1999), 431-436.

3. El Grupo Minorista fue un grupo de jóvenes, que no pertenecieron a ningún partido u organización política y que provenían, de la pequeña burguesía, alcanzaron un prestigio nacional e internacional porque, entre otras razones, impulsaron el rompimiento contra el atraso cultural que existía en Cuba, aunque supieron valorar su pasado y, a la vez, asimilar las más novedosas corrientes artísticas. Por eso los miembros del Grupo Minorista fueron los que propulsaron el desarrollo de la vanguardia en Cuba a través de diversos géneros y por diferentes vías de realización, lo que propició que se abrieran al universo intelectual y establecieran fuertes vínculos con grupos afines del continente y de España.

4. Emilio Casares Rodicio (dir.), *Diccionario de la música española e hispanoamericana vol 5* (Madrid: ICCMU, 1999), 432.

5. William J. Bennett, *The last best hope* (Nashville: Thomas Nelson, 2006), 471.

6. A su llegada a La Habana se desempeña como maestro de música y como músico de las Orquestas Sinfónica y Filarmónica, convirtiéndose en el concertino de la Orquesta Filarmónica de la Habana y más tarde, en 1932, en su director. En 1931 fundó la Escuela Normal de Música en donde enseña armonía y composición. Muere a los 39 años.

7. Un sistema de creencias que une la religión yoruba, procedente del África y traída por los esclavos a la región del Caribe con las creencias de la religión católica.

8. Es una fraternidad o secta afrocubana, masculina, que aparece en La Habana en el silo XIX cuyos orígenes se encuentran en la región Calabar de Nigeria y en el sureste de Camerún. Sus miembros son llamados ñáñigos y su código de conducta se basa en el honor y las buenas conductas sociales

9. Matías Barchino Pérez y María Rubio Martín, (Coord). *Nicolás Guillén, hispanidad, vanguardia y compromiso social* (Cuenca: Ediciones de la Universidad de Castilla-La Mancha, 2004), 56.

10. Cintio Vitier, *Lo cubano en la poesía* (La Habana: Instituto del Libro, col. Letras Cubanas, 1970, 2ed.), 420.

11. Alejo Carpentier, *Obras Completas XI. Ese músico que llevo dentro* (México: Editorial Siglo XXI, 1986), 9.

12. El compositor cubano Alejandro García Caturla fue el hijo mayor de una distinguida familia de generales, gobernadores y abogados de la ciudad de Remedios. A la edad de 17 años provoca un escándalo al tomar como compañera a una sirvienta de la familia de origen africano.

13. En la tradición de la santería la ceremonia de bembé o toque de santo es una ceremonia de celebración por los favores recibidos de los dioses y en la que la más gratificante experiencia de cualquier asistente es haber sido elegido como portavoz de los dioses. Normalmente un bembé se celebra en la intimidad doméstica de la casa donde cualquier santero puede tener su altar dedicado a Ochún, Yemayá, Obatalá o Babalú Ayé. También se puede convocar en un solar -que es como se denomina a la densa vecindad de las casas habaneras-, presididas por un patio central rodeado de balcones. En estas ceremonias se vive una atmósfera de excitación y humo, música y ritmo. Ritmo y melodía están indivisiblemente unidos al bembé, que se convierte de esta manera en un rezo bailable.

14. José Lezcano, "Afro-Cuban rhythmic and metric elements in the published choral and solo vocal Works of Alejandro Garcia Caturla and Amadeo Roldan". (PhD diss., The Florida State University, 1991.

15. Alejo Carpentier, *Ese músico que llevo dentro* (México: Siglo XXI editores, México, 1987), 89.

16. Robin Moore, *Nationalizing Blackness* (Pittsburgh, PA: University of Pittsburgh Press, 1997) 96-97.

Perú

1. Cinthya Vich, *Indigenismo de vanguardia en el Perú: un estudio sobre el Boletín Titikaka* (Perú: Pontificia Universidad Católica del Perú. Fondo Editorial, 2000), 65.

2. La creación de este grupo se debe al impulso del embajador argentino en el Perú Robert Leviller.

3. Zoila S. Mendoza, *Creating our own: Folklore, Performance, and Identity in Cuzco, Peru* (Duke University Press, 2008), 15-18.

4. Considerado el padre de la antropología en el Perú, Luis Eduardo Valcárcel Vizcarra (1891-1987) fue un historiador e investigador del Perú prehispánico y uno de los protagonistas de la corriente indigenista peruana. Su obra buscó revalorizar la civilización inca y cultura andina.

5. Fernando Emilio Ríos, "Music in Urban La Paz, Bolivian nationalism, and the early history of Cosmopolitan Andean music: 1936-1970." (PhD diss., University of Illinois, 2005), 71.

6. Publicado en el diario *La Razón*, enero 8 de 1936. Citado en Fernando Emilio Ríos "Music in Urban La Paz, Bolivian nationalism, and the early history of Cosmopolitan Andean music: 1936-1970." (PhD diss., University of Illinois, 2005), 94.

7. Publicado en *El Diario*, enero 11 de 1936. Citado en Fernando Emilio Ríos "Music in Urban La Paz, Bolivian nationalism, and the early history of Cosmopolitan Andean music: 1936-1970." (PhD diss., University of Illinois, 2005), 98.

8. Fernando Emilio Ríos, "Music in Urban La Paz, Bolivian nationalism, and the early history of Cosmopolitan Andean music: 1936-1970." PhD Dissertation. University of Illinois, 2005. UMI Number: 3202162, p. 71.

9. *El Diario*, junio 7 de 1936,4. Citado en Fernando Emilio Ríos, "Music in Urban La Paz, Bolivian nationalism, and the early history of Cosmopolitan Andean music: 1936-1970." (PhD diss., University of Illinois, 2005), 97.

10. Hans C. Buechler, *The Masked Medya: Aymara Fiestas and Social Interaction in the Bolivian Highlands* (The Hague, Paris, New York: Mouton Publishers, 1980), 45.

11. Roberto del Carpio escribió las canciones: *Canción* (1926), texto de Guillermo Mercado; *Ya dormir* (1926), *La cristalina corriente* (1928), texto de Mariano Melgar, *Alba de sueños* (1931), *Dos canciones* (1938), *Cava panteonero* Lied, texto de José María Eguren.

12. Notas de la presentación hecha por el Maestro Valcárcel en el encuentro "Songs Across Americas" celebrado en La Paz, Bolivia en agosto de 2003.

Venezuela

1. Los integrantes del "*Círculo de Bellas Artes*" empezaron a pintar descripciones costumbristas del paisaje local, llenas de colorido y con la luz y estilo de vida del trópico. Manuel Cabré (1890-1984), fue uno de sus representantes más importantes.

2. Pedro Rafael Aponte "The invention of the National in Venezuelan Art Music, 1920-1960" (PhD diss., 2008), 13-14.

3. La Escuela de composición de Chacao fue fundada en Caracas en 1781 por Juan Manuel Olivares y el padre Pedro Ramón Palacios y Sojo (conocido como el Padre Sojo), quien fue su principal impulsor. Gracias a esta iniciativa académica se formaron más de 30 compositores y 150 instrumentistas en la Venezuela del siglo XVIII. Esta generación se conoce como la Escuela de Chacao. Los orígenes de la escuela se remontan al año de 1771, fecha en que el padre Sojo regresó de Europa y que el obispo Mariano Martí instala el oratorio de San Felipe de Neri. Allí el padre Sojo combina su vocación religiosa con su interés por la música y funda la escuela junto al músico Juan Manuel Olivares. El nombre de la Escuela proviene del lugar donde se reunían periódicamente los alumnos para estudiar y ejecutar música: las haciendas *La Floresta* del padre Sojo, *San Felipe* del padre José Antonio García Mohedano y la de Bartolomé Blandín, ubicada en *Chacao*.

4. Juan Bautista Plaza, "Urge salvar la música nacional". *Cultura Universitaria* LXXXIX (Caracas, Universidad Central, Oct -Dec. 1965), 66-69.

5. http://www.fundacionjuanbautistaplaza.com

6. Cuando el caballo se para de Juan Bautista Plaza. Interpretan Patricia Caicedo y Eugenia Gassull.
https://open.spotify.com/track/6WuTv8618njhAzVWVgd8kX?si=am-AZ9-lSB-1Q29vveyq-A

7. El joropo es una danza rápida relacionada en su origen con el fandango español. Su forma es simple y repetitiva es sus estructuras melódicas y rítmicas y generalmente tiene dos secciones que se alternan ABAB.

8. Felipe Izcaray, "The legacy of Vicente Emilio Sojo: Nationalism in twentieth-century Venezuelan orchestral music" (PhD diss., The University of Wisconsin-Madison, 1996), 56-113.

9. Entre las obras vocales de Modesta Bor se encuentras dos ciclos de romanzas y canciones para contralto y el ciclo titulado Tríptico sobre poesía cubana. El segundo ciclo de romanzas se encuentra en mi antología de la canción artística latinoamericana publicado en 2005.

Nuevas facetas del nacionalismo en el siglo XX

La canción artística a partir de 1940

1. Entrevista concedida a la autora el día 18/3/2011.

2. Mário de Andrade, *Ensaio sobre a música brasileira* (São Paulo: Vila Rica; Brasília: INL, 3ª ed., 1972).

Alberto Ginastera: del estilo nacional al nacionalismo de atmósfera

3. La *Chacarera* es una danza folclórica rápida en la que se combinan los compases de 6/8 y 3/4. La melodía en Do mayor se mantiene dentro de la tonalidad, pero es enriquecida por acordes de naturaleza disonante. El texto es picaresco y de doble sentido.

4. *Triste* es una canción lenta y melancólica. Tiene una larga introducción de piano que es de carácter misterioso y delicado en la que el compositor hace uso reiterado de la tonalidad de Sol embellecida con escalas pentatónicas. Entre las frases cantadas el acompañamiento hace uso de arpegios que simulan los acordes de la guitarra.

5. La *Zamba,* otra danza en 6/8 con acompañamiento sincopado, es una canción lenta, triste y un poco etérea. La melodía en la tonalidad de Fa mayor y el acompañamiento entre Fa y Re menor refleja una forma típica de la música folclórica argentina de origen indígena. Los arpegios que van debajo de la línea melódica le otorgan un aire de misterio a la canción al hacer uso de la politonalidad.

6. *Arrorró*, es una canción de cuna, lenta y misteriosa. El texto conocidísimo en gran parte de América Latina es recreado aquí en la tonalidad de Sol Mayor. Ginastera le añade un ostinato en sol que crea la sensación de misterio y lentitud que induce al sueño.

7. *Gato,* es una canción inspirada en la danza folclórica del mismo nombre en la que se combinan los compases de 3/4 y 6/8. Rítmicamente es similar al malambo. La melodía está escrita en 6/8 mientras que el acompañamiento

está dividido y la mano derecha va en 6/8 y la izquierda en 3/4. La melodía está escrita en Do mayor. El acompañamiento mantiene la tonalidad, pero añade disonancia. Es una canción rápida, de texto picaresco y exigente para los intérpretes.

8. Alberto. "Alberto Ginastera Speaks", *Musical America*, 82/10 (Octubre, 1962), 10.

Carlos Guastavino: la voz de la tradición

9. Silvina Luz Mansilla, "Carlos Guastavino" *El mundo de la guitarra* 5 (Sept-Oct, 1988): 2-4.

10. Silvina Luz Mansilla, Bernardo Illari, Melanie Plesch. Guastavino, Carlos Vicente" en *Diccionario de la Música española e hispanoamericana*, Ed. Emilio Casares Rodicio. (Madrid: Sociedad General de Autores y Editores, 1999.

11. Deborah Wagner. "Carlos Guastavino: an annotated bibliography of his solo vocal works". (DMA diss., Arizona State University, 1997.

12. Silvina Luz Mansilla (Ed.). *Cinco estudios sobre Carlos Guastavino. Homenaje en su centenario.* (Buenos Aires: UNL, 2015).

13. Silvina Luz Mansilla (Ed.). *La obra musical de Carlos Guastavino. Circulación, recepción, mediaciones.* (Buenos Aires: Gourmet Musical, 2011).

14. Jonathan Kulp, "A study of his songs and musical aesthetics" (PhD diss., The University of Texas at Austin, 2001).

Jaime León: una voz panamericana

15. La obra vocal de Jaime León fue editada en dos volúmenes por Patricia Caicedo. Los libros incluyen partituras, biografía y cronología del compositor, biografías de los poetas, trascripciones fonéticas y traducciones al inglés de las poesías, guía de dicción del español y partituras.

16. Patricia Caicedo, *The Colombian Art Song: Jaime León: Analysis and Compilation of his works for voice & piano Vol.1&2.* Mundo Arts Publications, New York, 2009.

17. *La campesina* de Jaime León. Interpretan Patricia Caicedo, soprano y Pau Casan, piano.
https://open.spotify.com/track/5koWc9BBw2YTJwsMLZS44h?si=FXzSTCuCSuG6Kk67dQrmzA

SIGLO XXI:
¿Hacia un trans-nacionalismo musical?
o la disolución de las fronteras...

18. Cardoza y Aragón, Luís. *Guatemala: las líneas de su mano* (México: Fondo de Cultura Económica, 4 ed. 2005), 68.

19. Homi, K Bhabha, "Introduction: Narrating the Nation." In *Nation and Narration* (New York: Routledge. 1990), 25.

20. StevenVertovec, "Transnationalism and identity" en *Journal of Ethnic and Migration Studies* 27.4 (Oct 2001): 573 (10).

21. Mitchell Cohen, "Rooted Cosmopolitanism: Thoughts on the left, nationalism, and Multiculturalism". *Dissent* 39.4 (1992): 483.

22. Luís Cardoza y Aragón en Nestor García Canclini, *Latinoamericanos en busca de su lugar en este mundo (*Buenos Aires: Editorial Paidós, 2002), 23.

23. Nestor García Canclini, *Latinoamericanos en busca de su lugar en este mundo*. (Buenos Aires: Editorial Paidós, 2002), 24.

24. D. Held, A. McGrew, D. Goldblatt, J. Perraton, *Global Transfromations (*Cambridge: Polity, 1999).

25. Anthony Giddens, *The Consequences of Modernity (London:* Polity Press, 1995), 71.

26. Nestor García Canclini, *Culturas híbridas: Estrategias para entrar y salir de la modernidad.* México: Grijalbo, 1989, 89.

27. Anthony Giddens, *The Consequences of Modernity (London:* Polity Press, 1995), 28.

28. Deniz Tukay Erkmen, "Deciphering Professionals: Transnationalism and Cosmopolitanism in Comparison" (PhD diss., University of Michigan, 2009), 41.

29. Anthony Giddens, *Modernity and Self-Identity*. (Cambridge, UK: Polity Press, 1999), 16.

30. Entrevista realizada a Gilberto Mendes por la autora.

31. Carta escrita por Osvaldo Lacerda a Patricia Caicedo el día 4 de enero de 2006. Texto original: Estou lhe enviando mina última cançao, que dedico a voce. Espero que goste! Chama-se "Oraçao de Tagore", e nela uso algunas constancias melódicas da música afro-brasileira religiosa. O nacionalismo é tambem uma técnica! Será que essa cançao tem a tal de ....universalidade? Veja: poesía – India; música – Brasil; influencia melódica-Africa; cantora dedicanda-Espanha".

Un compositor transnacional: Moisès Bertran (Catalunya, 1967)

32. Moisès Bertran: "Re: saludo y preguntas". E-mail a Patricia Caicedo. 31 de abril del 2018.

33. "Si el compositor pensó una obra musical como de carácter nacional y sus oyentes lo creen, este hecho es algo que el historiador debe considerar como un hecho estético, aun si el análisis estilístico no presenta ninguna evidencia".

34. Gerard Béhague,. "La problemática de la identidad cultural en la música culta hispano-caribeña", *Latin American Music Review* - Volume 27, Number 1, Spring/Summer 2006, 38-46.

35. https://open.spotify.com/album/4OMHWC9rd1vpbznIl1GQHg?si=-A5Vy8eTQKGFwDX5d_2FZg

36. Moisès Bertran: "Re: saludo y preguntas". E-mail a Patricia Caicedo. 31 de abril del 2018.

37.Thomas Turino, *Nationalists, Cosmopolitans, and Popular music in Zimbabwe* (Chicago: University of Chicago Press, 2000).

38. James Clifford, "Diasporas". *Cultural Anthropology*, Vol. 9, No. 3, Further Inflections: Toward Ethnographies of the Future. (Aug., 1994), 302-338.

39. Mark A. Cheetham, "A Renewed Cosmopolitanism: Specifying Artists, Curators, and Art-writers", *The London Consortium Static*. Issue Dec.08 – General. 4.

37. James Clifford, "Diasporas". *Cultural Anthropology*, Vol. 9, No. 3, Further Inflections: Toward Ethnographies of the Future. (Aug., 1994), 302-338.

38. Mark A. Cheetham, "A Renewed Cosmopolitanism: Specifying Artists, Curators, and Art-writers", *The London Consortium Static*. Issue Dec.08 – General. 4.

*¿Transnacionalismo, cosmopolitanismo,
multi-localidad, neonacionalismo?*

40. El compositor se refiere a Music Television MTV http://www.mtv.com/

*La performance Practice de la
canción artística latinoamericana*

1. Roberto Contreras (Ed.) *Habla y canta Víctor Jara* (La Habana: Casa de las Américas, Colección Nuestros países, 1978), 20.

2. E-mail recibido el 25 de enero de 2011: Le escribe Luis Fernando Moreno Aguilar, estudiante de Canto Lírico de Guayaquil, Ecuador. El presente correo electrónico es comunicarme con usted por mi urgente necesidad de elegir una obra de compositor latinoamericano. Estoy preparándome para el Cuarto Concurso de Música Clásica "Jóvenes Talentos" que se desarrollará en Cuenca. Yo entraría en la categoría de 18 a 22 años…Sobre la Ronda 1 se piden 3 obras: - obra de un compositor del período clásico. - obra de un compositor del período romántico. - obra de un compositor latinoamericano. De modo que consulté lo siguiente al correo del concurso: "En la obra de compositor latinoamericano ¿qué época o estilo se exige?". Ellos me respondieron: "Ninguna, pero es obvio que una aria perteneciente a algún compositor como Ginastera o Villa-Lobos va a tener más peso que "las mañanitas". Perdón por el ejemplo".

3. Richard Schechner, *Performance Studies. An Introduction*, second edition (New York: Routledge, 2006), X.

La performance: un espacio de comunicación
entre intérpretes y audiencia

4. Howard Mayer Brown: "Performance Practice", *The New Grove Dictionary of Music and Musicians* (London: Macmillan Publishers Limited, 1980, vol. 14), 370.

5. Gerard Béhague: "A performance and listener-centered approach to musical analysis", artículo inédito, 2001.

6. Gerard Béhague: *Performance Practice. Ethnomusicological perspectives*. (Connecticut: Greenwood Press, 1984), 8.

La performance de la canción artística: un espacio integrador

7. Me remito a la historia del cantaor de flamenco Camarón de la Isla: Desde muy pequeño cantaba en las ventas cercanas a San Fernando y en fiestas privadas. Se hace profesional a los 16 años con las compañías flamencas de Miguel de los Reyes y Dolores Vargas. En el mundo de la interpretación existen infinidad de historias como la de Camarón, intérpretes que desde la infancia estuvieron en contacto con los quehaceres y ambientes de la música en áreas específicas.

8. Gregorio Klimovsky: *Las desventuras del conocimiento científico. Una introducción a la epistemología* (Buenos Aires: A-Z editora, 1997), 33.

La canción artística y su performance

9. Leon W. Gray: "The American Art Song: An inquiry into its development from the colonial period to the present" (PhD diss., Columbia University, 1966), 11.

10. Raymond Gibbs: *Embodiment and Cognitive Science* (New York: Cambridge, 2006), 3.

11. IBID, 4.

12. Tomado de la página web del cantante http://www.enriquemorente.com/morente.htm#. Sección biografía.

13. Simon Bronner. *Explaining traditions. Folk behavior in Modern Culture.* (Kentucky: The University Press of Kentucky, 2011), 23.

14. La palabra Folklore se deriva de Folk, raíz que hace referencia al pueblo o nación y lore a un cuerpo de tradiciones y conocimientos preservados en un grupo particular, típicamente por transmisión oral.

15. Dan Ben-Amos, "The Idea of Folklore: An Essay," en Issachar Ben-Ami and Joseph Dan, eds. *Studies in Aggadah and Jewish Folklore.* Folklore Research Center Studies VII. (Jerusalem: The Magnes Press, 1983), 11-17.

La canción popular y su performance

16. Martha Blache, Ana María Dupey. "Itinerarios de los estudios folclóricos en la Argentina", Relaciones de la Sociedad Argentina de Antropología XXXII, Buenos Aires, 308.

17. Tom C Avendaño: "Un éxito tiene precio (y factura)". Publicado en *El País*. Sección de música p. 4. EP3, viernes 22 de julio de 2011.

18. En la página web del software Melodyne se encuentra la descripción de las herramientas que este software ofrece, la más llamativa la habilidad de afinar al cantante dentro o fuera del estudio. https://www.celemony.com

Buscando las fronteras entre la canción artística y la canción folclórica: El modelo de Marcel Duchamp.

19. Pierre Bourdieu, *The Field of cultural production. Essays on Art and Literature*, Edited and Introduced by Randal Johnson (New York: Columbia University Press, 1993), 46.

20. Dalia Judovitz: *Unpacking Duchamp: Art in transit*, E-book, (Berkeley: Berkeley University of California Press, 1998), 1.

21. Calvin Tompkins: *Duchamp.* (Barcelona: Editorial Anagrama, Colección Compactos, 2006), 80.

Pierre Bourdieu y los conceptos de habitus y campo aplicados al estudio de la canción

22. P. Bordieu: *The Field of cultural*..., 23.

23. IBID, 4.

24. IBID, 6.

Agentes productores de significado en la canción

25. IBID, 17.

26. Ketty Wong: ""La "nacionalización y "rocolización" del pasillo ecuatoriano". En https://www.dlh.lahora.com.ec/paginas/debate/paginas/debate1329.htm. 23 de agosto de 2006.

27. David Swartz; Vera Zolberg, (eds.). *After Bourdieu: Influence, Critique, Elaboration* (New York, Boston: Kluwer Academic Publishers, 2005).

El doble status de la canción folclórica y artística: Marcel Duchamp y los "ready mades".

28. Steven Feld: "Sound Structure as Social Structure", *Ethnomusicology*, Septiembre de 1984, 383-409.

29. Dalia Judovitz: *Unpacking Duchamp: Art in transit*. (Berkeley: University of California Press, 1998), 72.

30. Ministerio de Cultura de Colombia. "Mincultura rindió homenaje a la "negra grande"" [online]. En http://www.mincultura.gov.co/?idcategoria=23045 (Consulta, 18 de ene. de 2012)

31. Carolina Delgado Santamaría, "El bambuco, los saberes mestizos y la academia: un análisis histórico de la persistencia del colonialismo en los estudios musicales latinoamericanos", *Latin-American Music Review*. Spring/Summer 2007, 1.

32. Jay Seitz, "The Bodily Basis of Thought," *New Ideas in Psychology: An International Journal of Innovative Theory* 18, N, 2000, p.23

33. Marja-Leena Juntunen y Heidi Westerlund. "Digging Dalcroze, or, Dissolving the Mind-Body Dualism: Philosophy and Practical Remarks on the Musical Body in Action." *Music Education Research* 3, septiembre 2001, 203-214.

34. John Dewey: *Art as Experience* (New York: Minton, Balch & Company, 1934), 56.

35. IBID, 8.

36. Maurice Merleau-Ponty, *Phenomenology of Perception*, (London: Routledge, 1962), 203.

37. H. J. Chiel y R. D. Beer, "The Brain as a Body: Adaptive Behavior Emerges from Interactions of Nervous System, Body, and Environment," *Trends in Neurosciences 20*, Diciembre, 1997, 555.

38. Howard Gardner, *Frames of Mind: The Theory of Multiple Intelligences.* (New York: BasicBooks, 1993), 69.

39. Bonnie Bainbridge Cohen: *Sensing, Feeling, Action*, (Massachusetts: Contact Editions, 1993), 403.

40. Peter Garland, Americas: *Essays on American Music and Culture 1973–80* (Santa Fe: Soundings Press, 1982), 3-4.

41. Jay G. White: "Cirque de la voix: Vocal performances for the XXI Century Audiences" (DMA diss., University of Maryland, 2005), 36.

BIBLIOGRAFÍA

Alvim Correa, Sergio. *Alberto Nepomuceno: Catalogo general*. Brasil: FUNARTE, Instituto Nacional de Música, 1985.

Anderson. Benedict. *Imagined Communities: Reflections on the Rise and Spread of Nationalism*. London: Editorial Verso. 1983.

Aponte, Pedro Rafael "The invention of the National in Venezuelan Art Music, 1920-1960". PhD diss., 2008.

Avendaño, Tom C. "Un éxito tiene precio (y factura)". *El País*. Sección de música p. 4. EP3, viernes 22 de julio de 2011.

Bainbridge Cohen, Bonnie. *Sensing, Feeling, Action*. Massachusetts: Contact Editions, 1993.

Baily, Jhon. "Music and the Afghan National Identity" in *Ethnicity, Identity and Music. The Musical Construction of Place* edited by Martin Stokes. Oxford: Berg. 1994.

Barbero, Jesús Martín. *De los medios a las mediaciones*. México: Gustavo Gili ,1987.

Barchino Pérez, Matías, Rubio Martín, María (Coord*)*. *Nicolás Guillén, hispanidad, vanguardia y compromiso social*. Cuenca: Ediciones de la Universidad de Castilla-La Mancha, 2004.

Bautista Plaza, Juan. "Urge salvar la música nacional". Cultura Universitaria LXXXIX. Caracas, Universidad Central, Oct -Dec. 1965.

Béhague, Gerard. "La problemática de la identidad cultural en la música culta hispano-caribeña". Latin American Music Review - Volume 27, Number 1, Spring/Summer 2006, pp. 38-46.

Béhague, Gerard. *Performance Practice. Ethnomusicological perspectives.* Connecticut: Greenwood Press, 1984.

Béhague, Gerard. "Musical Nationalism in Mexico, Brazil and Argentina: Comparative Case Studies". Artículo inédito de la Conferencia presentada en Viena, abril 2001.

Béhague, Gerard. *Music in Latin America: An introduction.* New Jersey: Englewood Cliffs, Prentice-Hall, 1979.

Béhague, Gerard. *The beginnings of musical nationalism in Brazil.* Detroit: Monographs in Musicology, no.1, Information coordinators, Inc., 1971.

Béhague, Gerard. "Popular Musical Currents in the Art Music of the Early Nationalistic Period in Brazil, Circa 1870-1920". PhD diss., Tulane University, 1966.

Bennett, William J. *The last best hope.* Nashville: Thomas Nelson, 2006.

Ben-Amos, Dan. "The Idea of Folklore: An Essay," in *Studies in Aggadah and Jewish Folklore* edited by Issachar Ben-Ami and Joseph Dan. Folklore Research Center Studies VII. Jerusalem: The Magnes Press, 1983.

Bhabha, Homi. "Introduction: Narrating the Nation." in *Nation and Narration.* New York: Routledge. 1990.

Bion, W.R., *Experiences in group and other papers.* New York: Routledge, 1961.

Blache, Martha, Blache, Dupey. Ana María. "Itinerarios de los estudios folclóricos en la Argentina", *Relaciones de la Sociedad Argentina de Antropología* XXXII, Buenos Aires, 2007.

Blondel, Jorge Urrutia, "Gabriela Mistral y los músicos chilenos". *Revista Musical Chilena.* Santiago de Chile, año XI, N.52, abril-mayo 1957), 22-25.

Bourdieu, Pierre. *The Field of cultural production. Essays on Art and Literature.* Edited by Randal Johnson. New York: Columbia University Press, 1993.

Brandão, Stela. "The Brazilian art song: A performance guide utilizing selected works by Heitor Villa-Lobos". DMA diss., Columbia University Teachers College, 1999.

Bronner, Simon. *Explaining traditions. Folk behavior in Modern Culture.*Kentucky: The University Press of Kentucky, 2011.

Buechler, Hans C. *The Masked Medya: Aymara Fiestas and Social Interaction in the Bolivian Highlands.* The Hague, Paris, New York: Mouton Publishers, 1980.

Caicedo, Patricia. *La canción artística en América Latina: Antología crítica y guía interpretativa para cantantes.* Barcelona: Edicions Tritó, 2005.

Caicedo, Patricia. *The Colombian Art Song: Jaime León: Analysis and Compilation of his works for voice & piano Vol.1&2.* New York: Mundo Arts Publications, 2009.

Caicedo, Patricia. *The Bolivian Art Song: Alquimia a song cycle for voice and piano by Agustin Fernandez.* Barcelona: Mundoarts Publications, 2006.

Caicedo, Patricia. *El Barcelona Festival of Song: construyendo una narrativa para la canción artística latinoamericana.* Barcelona: Mundoarts Publications, 2014.

Cardoza y Aragón, Luís. *Guatemala: las líneas de su mano.* 3. ed. México: Fondo de Cultura Económica, 1976.

Casares Rodicio, Emilio (ed), *Diccionario de la música española e hispanoamericana* vol 5 (Madrid: ICCMU, 1999.

Carpentier, Alejo. *Obras Completas XI. Ese músico que llevo dentro.* México: Editorial Siglo XXI, 1986.

Chatterjee, Parta. *Nationalist thought and the Colonial World: A derivative Discourse.* Minneapolis: University of Minnesota Press, 1986.

Cheetham, Mark A. "A Renewed Cosmopolitanism: Specifying Artists, Curators, and Art-writers". The London Consortium Static. Issue Dec.08.

Chiel, H. J.; Beer, R. D. "The Brain as a Body: Adaptive Behavior Emerges from Interactions of Nervous System, Body, and Environment," *Trends in Neurosciences* 20, Diciembre, 1997.

Claro, Samuel. "La música vocal de Alfonso Letelier". *Revista Musical Chilena*. Santiago de Chile, N. 106, enero-marzo 1969), 47-63.

Clifford, James. "Diasporas". *Cultural Anthropology*, Vol. 9, No. 3, Further Inflections: Toward Ethnographies of the Future. (Aug., 1994), pp. 302-338.

Cohen, Mitchell. "Rooted Cosmopolitanism: Thoughts on the left, nationalism, and Multiculturalism". *Dissent* 39.4 (1992): 483.

Contreras, Roberto (Ed.) *Habla y canta Victor Jara*. La Habana, Casa de las Américas, Colección Nuestros países, 1978.

Corrado, Omar. "Luis Gianneo-Juan Carlos Paz: encuentros y bifurcaciones en la música argentina del siglo XX", Cuadernos de Música Iberoamericana Vol.4 (Madrid, Fundación Autor, 1997).

Dahlhaus, Carl. *Fundamentos de la historia de la música*. Barcelona: Gedisa, 1997.

De Andrade, Mario. *Modinhas Imperiais*. Obras Completas 19. Belo Horizonte: Editora Itatiaia, Fac-simile da edicão, 1930.

De Andrade, Mario. *Ensaio sobre a música brasileira*. São Paulo: Vila Rica; Brasília: INL, 3ª ed., 1972.

De Andrade, Mario. "Origens do fado" en *Revista da Música Popular*, no. 6. Rio de Janeiro, 1955.

De Andrade, Mario. *Aspector da música brasileira*. 3rd ed. Belo Horizonte y Rio: Villa Rica, 1991.

De Andrade, Mario. "Distanciamentos e aproximaçoes", en *Música, doce música.*São Paulo: Martins, 2ª ed., 1976.

De Andrade, Mario. *Exposição de motivos en: Anais do Primeiro Congresso da Língua Nacional Cantada*. São Paulo: Departamento de Cultura, 1937.

De Brito Mendes, Julia. (Ed.), *Canções Populares do Brasil*. Rio de Janeiro: J. Ribeiro Dos Santos, 1911.

De Castro Tank, Niza. *Minhas pobres canções*. São Paulo: Algol Editora Ltda., 2006.

Delgado Santamaría, Carolina. "El bambuco, los saberes mestizos y la academia: un análisis histórico de la persistencia del colonialismo en los estudios musicales latinoamericanos", *Latin-American Music Review*. Spring/Summer 2007.

Dewey, John. *Art as Experience*. New York: Minton, Balch & Company, 1934.

Dijkink, Gertjan. *National Identity and Geopolitical Visions. Maps of pride and pain*. London: Routledge, 1996.

Dos Santos, José Vianey. "Treze Canções de Amor de Camargo Guarnieri". Belo Horizonte: Per Musi, n.13, 2006.

Erikson, Eric H. *Identity and the life cycle*. New York: W.W. Norton and Co., 1959.

Feld, Steven. "Sound Structure as Social Structure", *Ethnomusicology*, Septiembre de 1984.

Freitag, Léa. "A dinámica social da modinha e do lundú". Momento de música brasileira. São Paulo: Livraria Nobel, 1985.

Fuentes, Carlos. *The Buried Mirror: Reflections on Spain and the New World*. USA: Mariner Books Edition,1999.

García Canclini, Néstor. *Culturas híbridas: Estrategias para entrar y salir de la modernidad*. México: Grijalbo, 1989.

García Canclini, Nestor. *Latinoamericanos en busca de su lugar en este mundo*. Editorial Paidós, Buenos Aires, 2002.

Gardner, Howard. *Frames of Mind: The Theory of Multiple Intelligences*. New York: BasicBooks, 1993.

Garland, Peter. *Americas: Essays on American Music and Culture 1973–80*. Santa Fe: Soundings Press, 1982.

Geertz, Clifford. *The Interpretation of Cultures*. New York: Basic Books, Inc. Publishers, 1973.

Gellner, Ernest. *Encounters with Nationalism*. Oxford: Blackwell, 1994.

Gibbs, Raymond: *Embodiment and Cognitive Science*. New York: Cambridge, 2006.

Giddens, Anthony. *The Consequences of Modernity*. Polity Press, London, 1995.

Giddens, Anthony. *Modernity and Self-Identity*. Polity Press, Cambridge, UK, 1999. p.16.

Ginastera, Alberto. "Alberto Ginastera Speaks", *Musical America*, 82/10 (octubre, 1962), 10.

Gray, Leon W. "The American Art Song: An inquiry into its development from the colonial period to the present". PhD diss. Columbia University, 1966.

Grenet, Emilio. *Popular Cuban Music. 80 Revised and Corrected Compositions*. La Habana: Carasa y Cia. 1939.

Guerra y Sánchez, Ramiro. *Historia elemental de Cuba*. La Habana, Cuba: Edición Cultural S.A., 1940.

Guibernau, Montserrat. *Nationalisms: The Nation-State and Nationalism in the Twentieth Century*. Cambridge: Polity Press, 1996.

Guirin, Yuri. "En torno a la identidad cultural de América Latina". [online]: <http://hispanismo.cervantes.es/documentos/guirin.pdf> Consultado 6 de junio, 2011.

Hall, Stuart, "Negotiating Caribbean Identities" *en New Caribbean Thought: A Reader, edited by* Meeks, Brian, Lindahl, Folke, 30-37. Kingston: The University of West Indies Press, 2001.

Hamilton, Sarah Malia. "Uma canção interessada - M. Camargo Guarniero, Mario de Andrade and the politics of musical modernism in Brazil, 1900-1950". PhD diss., University of Kansas, 2003.

Hammack Chipe, Laura. "Alberto Beriot Nepomuceno: A performer's guide to selected songs". DMA diss., The Southern Baptist Theological Seminary, 2000.

Hannerz, Ulf. "Scenarios for peripheral cultures" in *Culture, Globalization and the World-System* edited by Anthony D. King. Binghamton, NY: State University of New York at Binghamton, 1991.

Held, D. McGrew, Goldblatt, D. y Perraton, J. *Global Transfromations*. Cambridge Polity, 1999.

Hobsbawm, Eric J. *Nations and Nationalism since 1780. Programme, Myth, Reality*. Cambridge: Cambridge University Press, 1990.

Illari, Bernardo. "Ética, estética y nación: las canciones de Juan Pedro Esnaola" en *Cuadernos de Música Iberoamericana*. Volumen 10, ICCMU, Madrid, 2005.

Isaacs, Jorge. *María*. Madrid: Ediciones Cátedra, 2001.

Izcaray, Felipe. "The legacy of Vicente Emilio Sojo: Nationalism in twentieth-century Venezuelan orchestral music". PhD diss., The University of Wisconsin-Madison, 1996.

Judovitz Dalia, *Unpacking Duchamp: Art in transit*.Berkeley: University of California Press, 1998.

Juntunen, Marja-Leena; Westerlund, Heidi. "Digging Dalcroze, or, Dissolving the Mind-Body Dualism: Philosophy and Practical Remarks on the Musical Body in Action." *Music Education Research* 3, septiembre 2001.

Klimovsky, Gregorio. *Las desventuras del conocimiento científico. Una introducción a la epistemología*. Buenos Aires, A-Z editora, 1997.

Kohn, Hans. *Nationalism: Its Meaning and History*. New York: Van Nostrand Company, 1965.

Kulp, Jonathan Lance. "Carlos Guastavino: A study of his songs and musical aesthetics". PhD. diss., The University of Texas at Austin, 2001.

Labonville, Marie E. "Musical Nationalism in Venezuela: The work of Juan Bautista Plaza (1898-1965)". PhD diss., University of California, 1999.

Labonville, Maria E. *Juan Bautista Plaza and Musical Nationalism in Venezuela*. Bloomington: Indiana University Press, 2007.

Lezcano, José. "Afro-Cuban rhythmic and metric elements in the published choral and solo vocal Works of Alejandro Garcia Caturla and Amadeo Roldan". PhD diss., The Florida State University, 1991.

Lima Quintana, Hamlet. *Los referentes (una historia de amistad*. Buenos Aires: Torres Agüero, 1994.

Lynch, John. *Latin America between Colony and Nation: Selected Essays*. New York; Palgrave. 2001.

Mansilla, Silvina Luz. *La obra musical de Carlos Guastavino*. Buenos Aires: Gourmet Musical, 2011.

Mansilla, Silvina Luz. "Carlos Guastavino" *El mundo de la guitarra* 5 (Sept-Oct, 1988): 2-4.

Mansilla, Silvina Luz, Illari, Bernardo, Plesch, Melani. "Guastavino, Carlos Vicente" in *Diccionario de la Música española e hispanoamericana* edited by Emilio Casares Rodicio. Madrid: Sociedad General de Autores y Editores, 1999.

Mansilla, Silvina Luz. (Ed.). *Cinco estudios sobre Carlos Guastavino. Homenaje en su centenario*. Buenos Aires: UNL, 2015.

Mansilla, Silvina Luz. (Ed.). *La obra musical de Carlos Guastavino. Circulación, recepción, mediaciones*. Buenos Aires: Gourmet Musical, 2011.

Marcia, James, "The empirical study of ego identity" in *Identity and development: An interdisciplinary approach* edited by Bosma H. A., Graafsma, T. L. G., Grotevant, H. D. &. de Levita, D. J. Sage focus editions, Vol. 172.: 67-80.

Mariz, Vasco. *A canção brasileira: erudita, folclórica, popular* (cuarta edición). Rio de Janeiro: Editora Cátedra, 1980.

Mayer Brown, Howard. "Performance Practice", The New Grove Dictionary of Music and Musicians. London: Macmillan Publishers Limited, 1980, vol. 14), 370.

Mendoza, Zoila S. *Creating our own: Folklore, Performance, and Identity in Cuzco, Per*. Duke University Press, 2008.

Merleau-Ponty, Maurice. *Phenomenology of Perception*. London: Routledge, 1962.

Mignolo, Walter D. *The idea of Latin America*. Oxford: Blackwell Publishing, 2005.

Milhaud, Darious. "Brésil" en La *Revue Musicale*, 1920, 60-61.

Miller, Nicola. "The historiography of nationalism and national identity in Latin America" in *Nations and Nationalism*. 12 (2), 2006:(201–221).

Miranda, Ricardo. "Un siglo de ópera en México". en *La ópera en España e Iberoamérica*. Vol II. Edited by Emilio Casares Rodicio and Álvaro Torrente, (Ed), (Madrid: ICCMU, 1999).

Moreno Chá, Ercilia. "Alternativas del proceso de cambio de un repertorio tradicional argentino" *Latin American Music Review* 8 (1): 1987, pp.104-106.

Moore, Robin. *Nationalizing Blackness*. Pittsburgh, PA: University of Pittsburgh Press, 1997.

Neves, José Maria Neves. *Música Contemporânea Brasileira*. São Paulo: Ricordi Brasileira, 1981.

Peñín, José. *Nacionalismo musical en Venezuela*. Caracas: Fundación Vicente Emilio Sojo, Editorial Texto, 1999.

Pereira, María Elisa, Dorotéa Kerr. "Mario de Andrade e o dono da voz". Belo Horizonte: Per Musi (UFMG), v. 1, 2002), 101-111.

Peppercorn, Lisa. "Villa-Lobos's Brazilian Excursions" en *Musical Times* 113, no. 1549 (March): 263–65.

Randel, Don Michael, ed. *The New Harvard Dictionary of Music*. Cambridge and London: The Belknap Press of Harvard University Press, 1986.

Rachik, Hassan. "Identidad dura e identidad blanda". *Revista CIDOB d 'Afers Internacionals*, N. 73-74, Barcelona. (2006), 9-20.

Ríos, Fernando Emilio. "Music in Urban La Paz, Bolivian nationalism, and the early history of Cosmopolitan Andean music: 1936-1970". PhD diss., University of Illinois, 2005.

Rojas, Ricardo. *La restauración nacionalista. Informe sobre la educación.* Buenos Aires, Ministerio de Justicia, 1909.

Rorty, Richard. *Philosophy and the mirror of nature.* Princeton University Press, 1979.

Russell, Craig H. Materiales entregados en el Barcelona Festival of Song, 2011 y 2012.

Russell, Craig H. "Sumayas's Rodrigo (1708) and Partenope (1711): Mexican Theatricality and European Inspiration," presentado en la conferencia Musical Theater and Identity in Eighteenth-Century Spain and America, UCLA and the Clarke Center, Los Angeles, California, 27-28 Octubre, 2006.

Santamaría Delgado, Carolina. "El bambuco, los saberes mestizos y la academia: un análisis histórico de la persistencia de la colonialidad en los estudios musicales latinoamericanos". *The Latin-American Music Review.* (Spring/Summer 2007), 28:1

Slonimsky, Nicolas. *Music of Latin America.* New York: Vail-Ballow Press, 1946.

Saggin Dossin, Alexandre. "Edino Krieger's Solo Piano Works from the 1950s: a Dialectical Synthesis in Brazilian Musical Modernism". DMA diss., University of Texas at Austin. 2001.

Silva, Flavio. *Camargo Guarnieri: O tempo e a música.* São Paulo: Imprensa Oficial del Estado, FUNARTE, 2001.

Scarabino, Guillermo. *El Grupo Renovación (1929-1944) y la nueva música argentina del siglo XX.* Buenos Aires: Instituto de Investigación Musicológica "Carlos Vega", Ediciones de la Universidad Católica Argentina, 1999.

Schechner, Richard. *Performance Studies. An Introduction*, second edition. New York: Routledge, 2006.

Schwartsz-Kates, Deborah: "The Gauchesco tradition as a source of National Identity in Argentine Art Music (ca.1890-1955)". PhD diss., University of Texas at Austin, 1997. p. 257.

Seitz, Jay. "The Bodily Basis of Thought," *New Ideas in Psychology: An International Journal of Innovative Theory* 18, N, 2000.

Soux, María Eugenia. "La música en la ciudad de La Paz:1845-1885". Tesis de pregrado. Universidad Mayor de San Andrés, La Paz, Bolivia, 1992.

Swartz, David; Zolberg, Vera (eds.). *After Bourdieu: Influence, Critique, Elaboration*. New York, Boston, Kluwer Academic Publishers, 2005.

Switzer, Harry M. "The published art songs of Juan Bautista Plaza". DMA diss., University of Miami, 1985.

Tanner, Jeremy (Ed). *The Sociology of Art. A Reader*. London: Routledge, 2004.

Tomlinson, Gary. "The web of culture. A Context for Musicology", 19th Century Music VII/3 University of California, Abril, 1984.

Tompkins, Calvin: *Duchamp*. Barcelona: Editorial Anagrama, Colección Compactos, 2006.

Torres, Anabel. *Medias nonas*. Medellín: Editorial Universidad de Antioquia, Colección Celeste, 1992).

Torres Alvarado, Rodrigo. "Gabriela Mistral y la creación musical de Chile". *Revista Musical Chilena*. Santiago de Chile, año XLIII. N. 171, enero-junio 1989), 42-65.

Trouillot, Michel- Rolph. *Silencing the Past: Power and the Production of History*. Boston: Beacon Press, 1995.

Tukay Erkmen, Deniz: "Deciphering Professionals: Transnationalism and Cosmopolitanism in Comparison". PhD diss., University of Michigan, 2009.

Turino, Thomas. "Nationalism and Latin American Music: Selected Case Studies and Theoretical Considerations". *Latin American Music Review*. Vol. 24 N.2 (Fall/Winter 2003).

Valcárcel, Theodoro. *Cuatro canciones incaicas*. Paris: Edicions Senart, 1936.

Vertovec, Steven. "Transnationalism and identity" in *Journal of Ethnic and Migration Studies* 27.4 (Oct 2001): 573 (10).

Vich, Cinthya. *Indigenismo de vanguardia en el Perú: un estudio sobre el Boletín Titikaka*. Perú: Pontificia Universidad Católica del Perú. Fondo Editorial, 2000.

Vitier, Cintio. *Lo cubano en la poesía*. La Habana: Instituto del Libro, col. Letras Cubanas, 1970, 2ed.

Volpe, Maria Alice. "Indianismo and Landscape in the Brazilian Age of Progress: Art Music from Carlos Gomes to Villa-Lobos, 1870s-1930s". PhD diss., University of Texas at Austin, 2001.

Wade, Peter, *Music, Race and Nation. Música Tropical in Colombia* (Chicago: University of Chicago Press, 2000), 34.

Wagner, Deborah R. "Carlos Guastavino: An annotated bibliography of his solo vocal works". DMA diss., University of Arizona, 1997.

Weiss, Allison. "A Guide to The Songs of Carlos López Buchardo (1881-1948)". Thesis Master of Arts. University of Portland; 2009.

White, Jay G. "Cirque de la voix: Vocal performances for the XXI Century Audiences". DMA diss., University of Maryland, 2005).

Wolf, Eric R. *Europe and the people without history*. Berkeley, University of California Press, 1982.

Wong, Ketty. ""La "nacionalización y "rocolización" del pasillo ecuatoriano" en https://www.dlh.lahora.com.ec/paginas/debate/paginas/debate1329.htm 23, Agosto, 2006.

DISCOGRAFÍA

Alfredo Krauss. *Con el corazón*. [CD]. Kubaney Label, 1999.

Alicia Nafe, *Alicia Nafe singt Lieder*. [LP]. Germany: Bellaphon, 1982. [With Carmen Piazzinni, piano]

Annette Celine. *Cantigas*. [CD]. Lóndres: Brana Records, 2002. [With Christopher Gould].

Bernarda Fink; Marcos Fink. *Canciones Argentinas*. [CD]. Harmonia Mundi, 2006. [With Cármen Piazzini].

Bertha Casares. *Lieder*. [LP]. Saarbrucken, West Germany: TGF Records, 1985. [With Wolfgang Lendle, guitar]

Carmen Balthrop. *Con amores: Spanish and Portuguese Songs*. [CD]. England?: Elan, 1988. [With Robert McCoy, piano]

Conxita Badía. *Conxita Badía. Homenaje*. [CD]. Buenos Aires: Producciones Piscitelli, 1997.

Denise de Freitas. *Lembrança de amor*. [CD]. São Paulo: ABM Digital 2005. [With Eudoxia De Barros].

Elly Ameling, *Think of me*. [LP] New York: CBS Masterworks, 1981. M36682. [With Dalton Baldwin, piano].

Encarnación Vázquez. *Manuel M. Ponce II*. [CD]. México: Conalcuta, 1998. [With Josef Olechowski]

Encarnación Vázquez. *Manuel M. Ponce. Canciones clásicas de amor.* [CD]. México: México Antiguo, 1998.

Encarnación Vázquez. *Canciones de Manuel Ponce.* [CD]. Tharsis Records, México, 1998.

Eudoxia de Barros, Claudio Micheletti, Denise de Freitas, Sávio Sperandio, Mario Balzi. *Ouvindo Osvaldo Lacerda.* [CD]. São Paulo: Som Puro Records, 2002.

Gastón Paz. *Gastón Paz a excelsos poetas bolivianos.* [CD]. Madrid: Gran sol discos, 1991.

José Carreras. *Canciones españolas.* Digital Classics. [CD]. Holland: Phillips, 1985. [With Martin Katz, piano]

Isabel Barrios. *Por la calleja de pinos.* [CD]. Montevideo: Perro Andaluz Records, 2005. [With Eduardo Gilardoni].

José Cura. Anhelo: *Argentinian Songs.* [CD]. Paris: Erato, 1998. [With Eduardo Delgado, piano; Ernesto Bitetti, guitarra]

José Hue. Canções de amor e preludios. [CD]. São Paulo: 2003. [With Heitor Alimonda].

Laurindo Almeida. Brazilian reflections. [CD]. California: Mel Bay Publications, 1996.

Lourdes Ambriz. *Canciones arcaicas.* [CD]. México: Quindecim recordings, 1999. [With Alberto Cruzprieto].

Lupita Campos. *30 canciones de Manuel Ponce.* [CD]. México: Gritos y susurros producciones, 1999. [With Gabriel Saldivar].

Lenine Santos. *Canção.* [CD]. São Paulo: Algol editora, 2007. [With Achille Picchi].

Margot Pares-Reyna. *Guastavino: Melodie, Songs, Lieder.* [CD]. Opus 111, 1990. [With Georges Rabol].

Maria Aragón. CAPELLI, Norberto. *Carlos Guastavino.* [CD]. Barcelona: Columna Música, 2006. [With Norberto Capelli].

María Teresa Uribe. *Canciones de las Américas*. [CD]. Hugaroton Classic, Hungría, 2002. [With Balázs Szokolay].

Marina Tafur. *Songs from Latin America*. [CD]. London: Lorelt, 2002. [With Nigel Foster].

Margot Pares-Reyna. *Carlos Guastavino: songs. Classics of the Americans, vol.2*. [CD]. Paris: Opus111, 1990. [With Georges Rabol, piano].

Nora Usterman. *La canción*. [CD]. Cuenca: ACMA, 1996. [With Alberto Ureta].

Osvaldo lacerda. *Música de cámara*. [CD]. Manaos: Sonopress Rimo da Amazónia, 1999.

Patricia Caicedo. *Art Songs of Latin America*. [CD]. Barcelona: Edicions Albert Moraleda, 2001. [With Pau Casan].

Patricia Caicedo. *A mi ciudad nativa - Art Songs of Latin America* Vol II. [CD]. Barcelona: Mundo Arts Records, 2005. [With Eugenia Gassull].

Patricia Caicedo. *De mi corazón latino*. [CD]. Barcelona: Mundo Arts Records, 2010. [With Orquesta Iberoamericana, Dir. Javier Martínez].

Patricia Caicedo. *Estrela é Lua Nova....* [CD]. Barcelona: Mundo Arts Records, 2011. [With Irene Aisemberg].

Patricia Caicedo. *Aves y Ensueños*. [CD]. Barcelona: Mundo Arts Records, 2012. [With Irene Aisemberg].

Patricia Caicedo. *Miraba la noche el alma: Latin American Arts Songs by Women Composers*. [CD]. Barcelona: Mundo Arts Recors, 2016. [With Nikos Stavlas].

Raúl Giménez. Argentinean Songs. [CD]. London: Nimbus Records, 1988. [With Nina Walker, piano].

Rosa Vento. *Perlas cubanas*. [CD]. New York: Romeo Records, 2001.

Teresa Berganza. *Villa-Lobos, Braga, Guastavino*. [CD]. Madrid: Claves Digital, 1984. [With Juan Antonio Parejo].

ÍNDICE DE ILUSTRACIONES

1. Círculo vicioso que ha impedido la difusión del repertorio de canción artística latinoamericana — 24
2. Partitura del Himno nacional de Uruguay — 49
3. Fragmento de *Roseas flores d'alvorada* — 54
4. Partitura de *Coração triste* de Alberto Nepomuceno — 62
5. Partitura de *Vidalita* de Alberto Williams — 66
6. Partitura de *Quena* de Alberto Williams — 67
7. Partitura de *Piecesitos* de Carlos Guastavino — 72
8. Partitura de *Pampamapa* de Carlos Guastavino — 82
9. Células rítmicas del gato — 83
10. Partitura de *Gato* de Alberto Ginastera — 85
11. Primera página de la *Canción del Carretero* — 88
12. Partitura de *El mate amargo* de Felipe Boero — 91
13. Cartel de presentación de la Semana de Arte Moderna — 94
14. Partitura de *Modinha* de Jayme Ovalle — 91
15. Partitura de *Lundú de Marqueza de Santos* de Heitor Villa-Lobos — 101
16. Partitura de *Modinha* de Heitor Villa-Lobos — 102
17. Partitura de *Vai, azulão* de Camargo Guarnieri — 106
18. Célula rítmica del son — 113
19. Partitura de *Ayé me dijeron negro* de Amadeo Roldán — 114

20. Partitura de *Mari-Sabel* de Alejandro García Caturla   117
21. Partitura de *Suray Surita* de Theodoro Valcárcel   126
22. Partitura de *Cuando el caballo se para* de Juan Bautista Plaza   131
23. Partitura de *Canción del árbol del olvido* de Alberto Ginastera 139
24. Partitura de *La campesina* de Jaime León   144
25. Gráfico que muestra la situación de la canción según su contexto de ejecución   183
26. Grafico que muestra la participación de los agentes productores de significado en los diversos tipos de canción   187

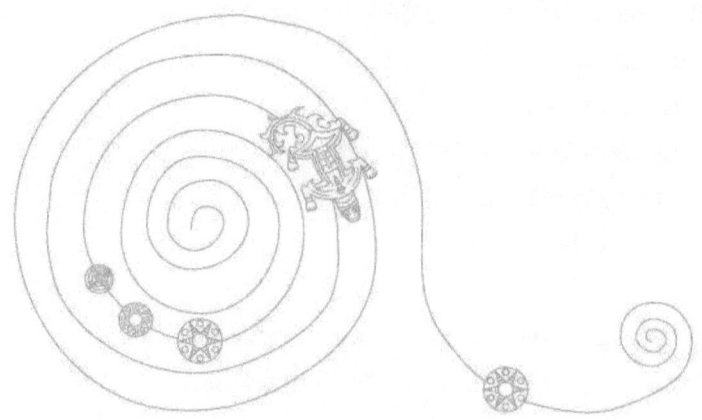

ÍNDICE ALFABÉTICO DE NOMBRES

Advis, Luís, 70
Alcoa, 140
Alcorta, Amancio, 62
Aguirre, Julián 62
Aguirre, Juan de Dios, 119
Alberti, Rafael, 73, 188
Alcalde, Andrés, 70
Alomía Robles, Daniel, 117, 121
Allende Blin, Juan, 70
Allende, Pedro Humberto, 59, 64, 72
Antúnes, Jorge, 136
Amat, José, 93
Amengual, Rene, 70
André, José, 133
Aracena Infanta, Aníbal, 70
Aponte Ledée, Rafael, 136
Arahonian, Coriún, 136
Arlen, Harold, 139
Arias, Luis, 136
Arroyo Lameda, Eduardo, 132
Astaire, Fred, 152
Atheortúa, Blas Emilio, 136
Badia, Conxita,87, 140, 188
Bandeira, Manuel, 68, 75, 90, 106
Balmaceda, Jorge, 67,182
Ballivián, Adolfo 53
Ballivián, José 53 1
Barba Jacob, Porfirio, 72
Barbero, Martín, 63
Barrios Cruz, Luís, 130
Barros Palomino, José, 188
Barroso Neto, 26
Bautista Plaza, Juan, 125, 126
Béhague, Gerard 37, 38, 59, 93, 158
Bellini, Vincenzo 48, 50
Berlín, 58, 59, 132
Berlin, Irving, 139
Berni, Antonio, 147
Bertran, Moisès, 157-159
Bilac, Olavo, 59
Boero, Felipe, 25, 66, 88
Bogotá 46, 50, 139
Bolaños, César, 136
Bolívar, Simón, 33, 68
Bor, Modesta, 129, 132
Borges, Jorge Luís, 73, 80
Boulanger. Nadia, 104
Braga, Ernani, 101, 104

Brncic, Gabriel, 136
Broqua, Alfonso
Bourdieu, Pierre, 175, 176
Buenos Aires 24, 50, 52, 76, 77, 84
Buesa, José Ángel, 115
Busoni,   125Calcaño,   Miguel Ángel, 132
Caldas Barbosa, Domingos, 73
Caba, Eduardo, 59, 74
Camus, Albert, 85
Cantú, Agostinho, 26
Caracas, 125, 127, 129
Carpentier, Alejo, 108, 115, 117
Cartagena de Indias, 138
Chávez, Carlos, 132
Chatterjee, Parta, 42, 96, 121
Cotapos, Acario, 112
Calcaño, Emilio, 127
Calcaño, José Antonio, 125
Calcaño, Miguel Ángel, 127
Calcaño, Octavio, 127
Caldas Barbosa, Domingos, 75
Calderón, Juán Carlos, 174
Calvo, Luís Antonio, 59
Camargo Guarnieri, Mozart, 91, 104
Campos, Guadalupe, 55
Campos Parsi, Héctor, 68,152
Castellanos, Dora, 72
Castellanos, Evencio, 133
Castro, Juan José, 85, 82, 138
Castro, José María, 85
Caraballo Gustavo, 85
Cardoza y Aragón, 15, 47,149,152
Carnicer, Ramon 48
Carpio, Roberto, 124
Carranza, Eduardo, 74, 140

Carreño, Inocente, 129
Casares, Bioy, 80
Cernuda, Luís, 73
Chacao, 126
Cimaglia de Espinosa, Lia, 72
Cochabamba, 158
Cohen, Mitchell, 152
Coehlo Netto, 63
Corrêa, Raymundo, 63, 75
Costa, Gal, 147
Crespo, Gonçalves, 59
Crosby, Bing, 152
Cuzco, 117
Da Silva, Francisco Manoel 47
Dalhaus, Carl 36, 130
Debali, José Francisco 48, 49
Donizetti, Gaetano46, 48
Debenedetti, Salvador, 60
Debussy, Claude, 98
De Egaña, Mariano 46
Dewey, John, 192
De Andrade, Mário, 54, 86, 89, 90, 91, 92, 96, 105, 102
De Andrade, Oswald, 92
De Assis, Machado, 60, 73
De Brito Mendes, Julia, 93, 94
de Carvalho, Ronald, 73
De Deus, João, 59
De Elías, Manuel, 154
De Falla, Manuel, 87, 126, 140
De Greiff, Otto, 74
De Ibarbourou, Juana, 115
de Morais, Vinicius, 75
De Rogatis, Pascual, 119
De Silva, Alfonso, 120, 123
De Souza, Oswaldo, 104
De Sumaya, Manuel 48
De Picchia, Menotti, 87
Dias, Goncalves, 61, 73
Dorsey, Tommy, 152
Donizetti, Gaetano, 48

Duchamp, Marcel, 175, 186
Dunker Lavalle, Luis, 125
Drummond de Andrade, Carlos, 68, 75
Duprat, Rogerio, 147
Dvořák, Antonín, 109
Enrique, Waldemar, 104
Ellington, Duke, 152
Estevez, Antonio, 129, 133
Estrella, Blanca, 133
Fabini, Félix Eduardo
Fernández, Oscar Lorenzo, 26, 88, 104
Ferreira, Ascenção, 68
Fischer, Jacobo, 25, 64, 87
Figueroa, Narciso
Florencia, 49
Flores, Julio, 72
Fontes, Hermes, 61,73
Fornarini, Eduardo, 82
Fortaleza, 58
Galeno, Juvenal, 59, 60, 73
Galindo, Blas, 66
Gallet, Luciano, 104
Figueroa, Narciso
Florencia, 49
Flores, Julio, 72
Fontes, Hermes, 61,73
Fornarini, Eduardo, 82
Fortaleza, 58
Galeno, Juvenal, 59, 62, 75
Galindo, Blas, 68
Gallet, Luciano, 107
García Canclini, Nestor, 17, 45,147, 148
García Caturla, Alejandro, 107, 117
García Lorca, Federico, 73, 74, 80, 112
García Mansilla, Eduardo, 64
Guimarães Filho, Luis, 59

Gellner, Ernest 35
Guimarães Filho, Luis, 59
Gellner, Ernest 33
Grenet, Eliseo 43
Grieg, Edvard, 58
Guevara, Gerardo, 66
Gil, Gilberto, 141
Gilardi, Gilardo, 25, 87
Gilardoni, Eduardo, 66, 68
Ginastera, Alberto, 24, 27, 83, 123, 132, 141, 190
Giannini, Vittorio, 138
Graça Aranha, José Pereira, 87
Grieg, Edvard, 60
Gnattali, Radamés, 104
Guillén, Nicolás, 114
Gomes, Carlos 27, 51, , 93, 97
Gómez, Juan Vicente, 128
Gómez Carillo, Manuel, 25
Gonçalves Dias, 63
González, Enrique, 127
González Mina, Leonor, 189
González, Luís Jorge, 136
Gershwin, George, 139
Goodman, Benny, 152
Guastavino, Carlos, 7, 24, 27, 64, 73, 79 133, 137, 188, 190
Guidens, Anthony, 153
Heine, Heinrich, 68, 115
Heinlein, Federico, 72
Helm, Everett, 25
Henrique, Waldemar, 104, 138
Hermansen, Valborg
Hobsbawn, Eric 35
Holzmann, Rodolfo, 127
Huxley, Aldous, 85
Illari, Bernardo 46
Inca Garcilaso, 121
Inti-llimani, 141
Isaacs, Jorge 53, 72
Jara, Victor, 141

Jijena Sánchez, Rafael, 135
João VI, 73
Jurafsky, Abraham, 25, 66
Klos, Alberto
Koechlin, Charles, 104
Kohn, Hans, 35
La Habana, 107, 112
La Paz, 50, 51, 119
Lacerda, Osvaldo, 104, 132, 133, 152
Lamas, José Ángel, 129
Lameda, Pascual, 127
Lamour, Dorothy, 152
Lanza, Alcidez, 136
Lasala, Ángel, 25, 64
Laya, José Clemente, 129
Lauro, Antonio, 129
Leão, Nara, 147
Lecuona, Ernesto, 118
León, Jaime, 143-146
Leng, Alfonso, 72
Letelier, Miguel, 136
Letelier, Alfonso, 72
Lima Quintana, Hamlet, 73
Lleras Restrepo, Isabel, 143
Lifchtiz, Max, 154
Lima Quintana, Hamlet, 71
Londres 46
Lopes Vieira, Adelina, 61, 73
López Buchardo, Carlos 25, 66, 80, 85
Loyola, Margot, 147
Lugones, Leopoldo, 71, 77, 83
Machado, Gerardo, 108
Maiguashca, Mesías, 136
Machado de Assis, 62
Malfatti, Anita, 90
Malroux, André, 85
Manns, Patricio, 147
Marinello, Juan, 106
Martín Barbero, Jesús, 61
Martínez Villena, Rubén, 109

Martí, José, 115
Meireles, Cecilia, 75
Mejia, Adolfo, ello Moraes Filho Alexandre, 60
Mendes, Gilberto, 156, 158, 159
Mendoza, Zoila, 123
Merleu Ponty, Maurice, 192
Milanés, Pablo, 147
Milhaud, Darius, 98
Mignone, Francisco, 91, 104
Mistral, Gabriela, 70, 71
Montevideo, 135
Morales, Melesio 51
Mozart, Wolfram, 51
Mujica Láinez, Manuel, 85
Netto, Coehlo, 61, 73
Nepomuceno, Alberto, 27, 60, 61, 93
Neruda, Pablo, 71, 123, 159
Nova, Jacqueline, 138
Nobre, Marlos, 69, 131, 135, 159
Nueva York, 107, 131, 138, 139
Nunes, José Mauricio, 93
Núñez Allauca, Alejandro, 136
Núñez, Rafael, 46
Ocampo, Silvina, 85, 140
Ocampo, Victoria, 85
Ojeda, Roberto, 119
Ortega, Aniceto 53
Ortega y Gasset, José, 85
Oswald, Henrique, 26
Outes, Félix, 60
Ovalle, Jayme, 91
Palma, Athos, 138
Paraskavaídis, Graciela, 136
Parera, Blas 48
Parra, Violeta, 141
Paz, Juan Carlos, 87, 138

Pedrell, Felip, 125
Pereira, Raimundo, 66
Pérez Valero, Luís, 154, 164
Piazzolla, Astor, 62
Picasso, Pablo, 109
Plaza, Juan Bautista, 27, 59, 68, 129
Piazzolla, Astor, 64
Pimenta, Altino, 107
Ponce, Manuel M. 24, 66
Poma, Guaman, 121
Ponce Manuel, 57, 190
Porter, Cole, 139
Pozadas, Florencio, 136
Puno, 121
Quarantino, Pascual, 25
Rachik, Hassan, 39
Rebagliati, Claudio 52
Recife, 131
Rebelo, Arnaldo, 107
Rendtler, Valborg, 60
Revueltas, Silvestre
Ribiero Couto, 73
Rico, Regulo, 132
Río de Janeiro 47, 60, 95
Ríos Toledano, Miguel, 55
Rivera, Diego 152
Rivera, José Eustacio, 72
Róa, Fabian, 155
Rodgers, Richard, 139
Rodríguez, Silvio, 147
Roig, Emilio, 109
Rojas, Ricardo 54
Roldán, Amadeo, 107, 110, 112
Roma, 58, 59, 125
Rolón, José 57
Roquette Pinto, Edgardo, 57
Rorty, Richard, 78
Rossini, Gioachino, 46, 50
Rousseau, Jean-Jaques, 34

Sánchez de Fuentes, Eduardo, 68
Sánchez Málaga, Carlos, 120, 127
Sangüesa, Iris, 136
Sanjinés, Modesta 53
Santa Cruz, Domingo, 70
Santa Fe, 137
Santamaría, Carolina 57
Saão Paulo, 131
Sas, Andrés, 68, 127
Scarabino, Guillermo, 57, 64
Schenkmann, Edgard, 138
Schubert, Franz, 26, 80
Schumann, Robert, 26
Serrat, Joan Manuel, 188
Silva Valdés, Fernán, 73, 133
Silva, José Asunción, 72
da Silva, Francisco Manoel, 49
Sinatra, Frank, 152
Sindici, Oreste 46
Siqueira, José, 104
Sojo, Vicente Emilio, 66, 129, 132
Solare, Juan María, 70, 149, 156, 162
Sosa, Mercedes, 147
Sumaya, Manuel, 50
Tavares, Hekel, 107
Teixeira, Orlando, 63, 73
Tlatelolco, 140
Torres, Anabel, 41
Torrealba, Juan Vicente, 66
Trouillot, Michel Rolph 45
Turino, Thomas 35
Ugarte, Floro, 25
Uribe Holguín, Guillermo 57
Urrutia Blondel, Jorge, 66, 67, 72
Valcárcel, Edgar, 132, 141
Valcárcel, Luís, 123

Valcárcel, Theodoro, 66, 74, 124, 121
Vasconcellos, Dora, 73
Veloso, Caetano, 147
Viana, Frutuoso, 107
Venecia, 126
Vietnam, 140
Villalpando, Alberto, 62, 65, 72, 136, 152, 190
Villa-Lobos, Heitor, 24, 27, 63, 64, 88, 99, 97, 112
Villani-Cortes, Edmundo, 107, 163
Vieira Brandão, José, 104
Vincenti, Benedetto 46
Vitier, Cintio, 112
Von Herder, Johann, Gottfried, 34
Wagenaar, Bernard, 138
Williams, Alberto 59., 63, 65, 66, 67, 79, 138
Wolf, Hugo, 26
Wong, Ketty, 74
Zacarías, José 109
Zenea, Juan Clemente, 115

SOBRE LA AUTORA

Una de las más activas intérpretes e investigadoras del repertorio vocal Ibérico y latinoamericano, la soprano hispano-colombiana Patricia Caicedo ha actuado en escenarios de Italia, España, Alemania, Portugal, Rusia, Holanda, Dinamarca, Estados Unidos, Canadá y numerosos países de América Latina.

Como experta en el estudio e interpretación del repertorio vocal Ibérico y latinoamericano es invitada con frecuencia a dar clases en universidades de los Estados Unidos y Europa. Ha publicado cinco libros y nueve CDs considerados de referencia en su campo.

Patricia es la fundadora y directora del *Barcelona Festival of Song®*, curso de verano y ciclo de conciertos dedicado al estudio de la historia y la interpretación del repertorio vocal Ibérico y latinoamericano que en 2020 llega a su decimosexta edición.

Por su valioso aporte a la música fue incluida en 2008 en la prestigiosa publicación *Who's Who in America* y a partir del 2010 en *Who's Who in American Women* and *Who's Who in the World*.

Es doctora en musicología por la Universidad Complutense de Madrid y médica por la Escuela Colombiana de Medicina.

www.patriciacaicedo.com

ÍNDICE DE CONTENIDOS

Prólogo por Walter Clark 11

Preludio 15

Introducción 23

1. Los sonidos de las naciones imaginadas 33

    Hacia una definición amplia de nacionalismo 35

    América Latina: identidades múltiples 39

    Nacionalismo musical en América Latina: 1810-1880 41

    Los himnos nacionales latinoamericanos: ¿hacia una identidad nacional? 47

    Música de salón e influencia de la ópera italiana 50

    Se inicia la construcción del sonido nacional: 1880-1920 53

    Criollismo 55

    Alberto Nepomuceno y el canto en portugués 60

    Desarrollando el "estilo nacional" 63

    Alberto Williams y la estilización de la canción folclórica 64

    La doble naturaleza verbal-musical de la canción: musicalizando a poetas hispanoamericanos 69

2. Una tormenta creativa: 1910-1930

Una tormenta creativa: 1910-1930 77
Argentina 79
   El movimiento renovación 76
   Los motivos nacionales y su aparición en la canción 80
   Carlos López Buchardo: Canciones al estilo popular 84
Brasil 89
   La *Semana de Arte Moderna* 86
   La canción como medio de expresión del nacionalismo
   modernista 92
   La *Modinha* 92
   El *lundu* 95
   Mário de Andrade y la canción brasilera 95
   Heitor Villa-Lobos y la canción nacional 97
   Camargo Guarnieri: una canción con ideología 104
Cuba 108
   El movimiento afrocubanista 105
   Amadeo Roldán y el ciclo *Motivos de son* 110
   Nicolás Guillén: lo negro en la poesía 111
   Alejandro García Caturla: *Dos poemas afrocubanos* 116
Perú y Bolivia 120
   Nacionalismo indigenista 120
   Theodoro Valcárcel: *Treinta y un cantos del alma vernácula* 125

Venezuela 128

    El *Grupo Renovación* 128

    Juan Bautista Plaza: *Siete canciones venezolanas* 129

    El legado de Vicente Emilio Sojo 132

3. Nuevas facetas del nacionalimo en el siglo XX

    La canción artística a partir de 1940 135

    Alberto Ginastera: del estilo nacional al nacionalismo de atmósfera 138

    Carlos Guastavino: la voz de la tradición 142

    Jaime León: una voz panamericana 143

    El movimiento de nueva canción latinoamericana y su relación con la canción artística 146

4. Siglo XXI: hacia un transnacionalismo músical o la disolución de las fronteras 149

    Transnationalismo: lugares múltiples o el no lugar 150

    Un compositor transnacional: Moisès Bertran 157

    Transnacionalismo, cosmopolitanismo, multilocalidad: neo-nationalismo? 163

5. La *performance practice* de la canción artística latinoamericana 165

    El concepto de *performance practice*. 167

    La performance: espacio de comunicación entre intérpretes y audiencia 168

La performance de la canción artística: un espacio integrador 169

La canción artística y su performance 171

La canción folclórica y su performance 173

La canción popular y su performance 177

Buscando las fronteras entra la canción artística y la canción folclórica: el modelo de Marcel Duchamp 180

Pierre Bordieu y los conceptos de habitus y campus aplicados al mundo de la canción. 181

Agentes productores de significado en la canción 183

Agentes productores de significado en la canción artística 185

Contexto de ejecución de la canción artística 187

Agentes productores de significado en la canción folclórica 188

Contexto de ejecución de la canción folclórica 189

Agentes productores de significado en la canción popular 189

Contexto de ejecución de la canción popular 190

El doble status de la canción folclórica y artística: Marcel Duchamp y los *"ready mades."* 191

La canción: espacio elástico, flexible e integrador 195

Propuesta para una nueva performance practice de la canción artística latinoamericana 197

Notas 203

Bibliografía 237

Discografía..249

Índice de ilustraciones 253

Índice alfabético de nombres..255

Sobre la autora   261

Indice de contenidos 263

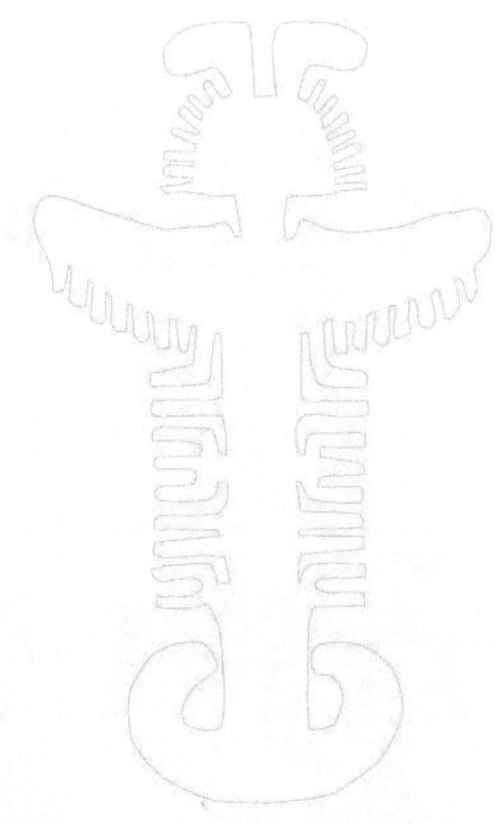

Curso de verano y ciclo de conciertos para cantantes líricos y acompañantes dedicado al estudio de la historia e interpretación del repertorio vocal ibérico y latinoamericano.

www.barcelonafestivalofsong.com

The world of Latin American Music and Arts

www.mundoarts.com

www.ingramcontent.com/pod-product-compliance
Lightning Source LLC
Chambersburg PA
CBHW030437300426
44112CB00009B/1048